Klartext

Zweite Ausgabe

2

Klartext

Zweite Ausgabe

2

Richard Marsden
Elizabeth Gobey

Consultant editor: Phil Horsfall

JOHN MURRAY

Acknowledgements

The authors and publishers would like to thank Philip Behrens, Sylvia Hensel, Werner Kastor, Kathrin Knoll, Christiaan van Marle, Pete O'Connor, Katherine Pageon, Erich Redman and Felix Schröder for their contributions to the recordings.

Photographs are reproduced courtesy of:

The characters

Bettina: © Sally Greenhill/Sally & Richard Greenhill Photo Library
Achim: © Sally Greenhill/Sally & Richard Greenhill Photo Library
Karin: © Richard Greenhill/Sally & Richard Greenhill Photo Library
Erkan: David Simson
Gunay Aygün: © Richard Greenhill/Sally & Richard Greenhill Photo Library
Harold Essler: Photographer's Library
Eva Essler: Photographer's Library

Cover © Getty Images; **p.10** *t* AKG London/ Gardi, *c* © SIPA-PRESS; **p.11** *t* Angela Hampton Family Life Pictures, *c, b* © John Walmsley; **p.12** © G. Montgomery/Photofusion; **p.29** *l* © David Simson, *c* Angela Hampton Family Life Picture Library, *r* Greg Evans International Photo Library; **p.30** Richard Greenhill/Sally & Richard Greenhill Photo Library; **p.38** The Stock Market; **p.42** *a* © Sally & Richard Greenhill, *b* Angela Hampton Family Life Pictures, *c, d* © John Walmsley; **p.43** *t* © KaKi/Helga Lade Fotoagentur, *b* © J. Henkelmann/Helga Lade Fotoagentur; **p.47** *t* The Stock Market, *b* © Earl Young/Robert Harding Picture Library; **p.49** © John Walmsley; **p.50** *all t* Mary Evans Picture Library, *all b* AKG Photo; **p.54** © John Walmsley; **p.56** © David Simson; **p.60** *t* Barnaby's Picture Library, *c* Photos from www.johnbirdsall.co.uk, *b* © David Simson; **p.63** © John Walmsley; **p.64** Angela Hampton Family Life Picture Library; **p.72** *t, c* AKG London, *b* AKG London/Jürgen Raible; **p.73** Uwe Latza/Helga Lade Fotoagentur; **p.74** AKG London; **p.75** *t* AKG London, *b* © dpa; **p.76** *l* Robert Harding Picture Library, *r* © BAV/Helga Lade Fotoagentur; **p.83** © David Simson; **p.84** *both* © dpa; **p.85** © John Walmsley; **p.87** Greg Evans International Photo Library; **p.92** *t* © David Simson, *bl, br* Photographer's Library; **p.94** The Stock Market; **p.96** *clockwise* Robert Harding Picture Library, The Stock Market, © Ott/Helga Lade Fotoagentur, Robert Harding Picture Library, © John P. Stevens/Ancient Art and Architecture Collection; **p.97** © John Walmsley; **p.101** © BMW AG; **p.102** Robert Harding Picture Library; **p.118** *t* © Roy Riley/Solent News, *b* © Toyota; **p.119** *l* Mary Evans/Sigmund Freud Copyrights, *r* Österreich Werbung Wien/Stadt Wien

l = left, *r* = right, *t* = top, *b* = bottom, *c* = centre

Copyright material is reproduced courtesy of:

Basta/Universum Verlagsanstalt pp.84–85; Bild am Sonntag pp.67, 110, 116, 117; BMW AG, München p.101; Euro>26 Magazin p.113; Juma p.115 (right); PZ p.91; Rennbahn Express p.94; Tourismusverband Obergurgl-Hochgurgl p.38.

Layouts by Amanda Hawkes
Artwork by Art Construction, Mary Hall/Linden Artists
Cartoons by Andy Robb/Linden Artists
Cover design by John Townson/Creation

Language Adviser: Eva Hood
Cassettes engineered by: Motivation Sound Studios Ltd
Colour separations by: Colourscript, Mildenhall

Typeset in 12 on 14pt Goudy by Wearset, Boldon, Tyne and Wear
Printed and bound in Spain by Bookprint, S.L., Barcelona

A catalogue entry for this title is available from the British Library

ISBN 0 7195 8103 6
Teacher's Resource File ISBN 0 7195 8104 4
Audio on cassette ISBN 0 7195 8105 2
Audio on CD ISBN 0 7195 8106 0

Contents

Introduction

Klartext is a two-stage course for GCSE German. This book, *Klartext 2*, is the second stage: it provides practice in all the German language structures you will need in the examination, and the vocabulary you need for the following topics:

The storyline and the characters

The course is based on the lives and relationships of a group of German-speaking people. The four main characters are:

Bettina   Achim   Karin   Erkan

Also important to the story are:

Erkan's father, **Gunay Aygün**

Bettina and Achim's father, **Harold Essler**

Bettina and Achim's mother, **Eva Essler**

The language structures and the activities

Just as important as the topics and the characters are the **language structures** or **grammar points** you will learn as you work through *Klartext 2*. Each 'spread' or pair of pages concentrates on one particular structure and explains it – in English – in a blue **Grammatik** box. The activities on the two pages practise the structure, as well as the vocabulary you need. When you want to look up or revise a particular language structure, use the **Grammar Information** section at the back of the book (pages 124–141).

Vocabulary help and study tips

The blue **Hilfe** columns on the right-hand pages give vocabulary help; they sometimes also include tips (in English) to develop your study skills, such as effective ways to learn vocabulary, and tips for effective **exam preparation and revision**. There is also a **Glossary** (English to German as well as German to English) at the back of the book, with a page explaining how to use it. The glossary is presented in dictionary style, and using it fully will improve your dictionary skills.

Words given in the Hilfe lists or in the Glossary at the back of the book have abbreviations after them to tell you whether the word is:

(nm)   a masculine noun
(nf)   a feminine noun
(nn)   a neuter noun
(npl)   a plural noun
(adj)   an adjective
(adv)   an adverb
(prep)   a preposition
(conj)   a conjunction
(v)   a verb

On pages 120–121 at the back of the book you will find a glossary of the German instructions you are likely to find in *Klartext* and in the German GCSE exam papers. You need to be familiar with these by the time you come to the exam; *Klartext* gives you plenty of practice and the list is there for your reference.

The following symbols are used in the book:

listening   speaking

reading   writing

speaking tasks which could be recorded onto a 'personal' cassette

groupwork

Eine neue Freundin

1

Ist das richtig oder falsch? Schreib R oder F.

Karin . . .

1 arbeitet seit einer Woche im Café.
2 kommt aus Berlin.
3 hat eine Wohnung in der Nähe.
4 möchte in einer Großstadt wohnen.
5 ist älter als ihr Bruder, Michael.
6 hat zwei Nichten.
7 geht gern ins Kino.
8 würde gerne etwas mit Erkan und Bettina unternehmen.

2

Hör dir das Gespräch an.
Was ist richtig? Schreib a), b) oder c).

1 Karin arbeitet
   a) in einem Café.
   b) in einem Geschäft.
   c) nicht gern.
2 Sie muss
   a) servieren und abtrocknen.
   b) abwaschen und Tische decken.
   c) kassieren und kochen.
3 Bettina arbeitet
   a) am Sonnabend und Sonntag.
   b) am Samstagabend und Dienstag.
   c) am Sonnabend und Donnerstag.
4 Karin findet die Messer
   a) auf dem Tisch.
   b) in der Schublade.
   c) bei den Löffeln.
5 Bettina ist heute ohne
   a) eine Schürze
   b) eine Hose
   c) eine Jacke ins Café gekommen.
6 Frau Grünewald möchte
   a) mit Karin sprechen.
   b) in der Küche arbeiten.
   c) mit Bettina reden.

Grammatik

The case system in German

You already know that German nouns may be masculine, feminine or neuter, as well as plural. Nouns also have cases: nominative, accusative, dative.

- Use the nominative for the subject of a sentence.
- Use the accusative for the object of a sentence, and after certain prepositions (see page 16).
- Use the dative after certain prepositions (see page 16).

You can find information about the nominative, accusative and dative of nouns on pages 124–125 of this book.

3

Schreib die Sätze richtig.

*Beispiel: 1 Bettina muss **eine Schürze** tragen.*

1 Bettina muss NREZIEECSHÜ tragen.
2 Karin trägt LENKIDIE.
3 Im Café ist es verboten, SNIHEEEO zu tragen.
4 In der Schule hat Bettina meistens NNJESAEEI an.
5 Frau Grünewald trägt im Café Fester FNIUENEOMRI.
6 In der Küche muss man aus hygienischen Gründen TMNIEÜEZE tragen.
7 Am liebsten trägt Bettina KNNRCIEMIIOEN.
8 Heute hat sie KNIEBIINNIE mit. Sie geht nach der Arbeit schwimmen.

4

Was passt hier? Wähl die richtigen Wörter aus dem Kästchen.

*Beispiel: 1 Bettina braucht eine Schürze **für die Arbeit**.*

1 Bettina braucht eine Schürze _____ .
2 Karin wohnt hier _____ .
3 In ihrer Freizeit geht Karin gern _____ .
4 Im Café müssen Bettina und Karin _____ arbeiten.
5 Sie müssen nie _____ ankommen.
6 Die Messer findet Karin _____ .
7 Karin geht _____ in die Küche.
8 _____ geht Bettina mit Erkan ins Kino.
9 Karin geht um 7.55 _____ .
10 Karin wohnt _____ in Berlin.

nach der Arbeit   für die Arbeit

ins Kino   an der Kasse
        durch die Tür

aus dem Haus   seit einer Woche

in der Nähe   ohne eine Schürze
        in der Schublade

Hilfe

abspülen (v) – to wash up
Gabel (nf) (-n) – fork
kassieren (v) – to work at the till
Lappen (nm) (-) – cloth
Löffel (nm) (-) – spoon
Messer (nn) (-) – knife
Schublade (nf) (-n) – drawer

5

Partnerarbeit.

A — Wann hast du Geburtstag?

B — Hast du Geschwister? Beschreib sie.

A — Wo wohnst du? Beschreib dein Haus oder deine Wohnung.

B — Was machst du in deiner Freizeit? Wie oft? Wo?

A — Was sind deine Lieblingsfächer? Warum?

B — Wohin bist du dieses Jahr in Urlaub gefahren? Wie war es?

A — Was hast du gestern gemacht?

B — Was möchtest du am Wochenende machen?

6

Erkan hat eine neue Wohnung.
Hör dir das Gespräch an.

1 In welcher Reihenfolge hörst
   du das? Mach eine Liste.

   Beispiel: **b** . . .

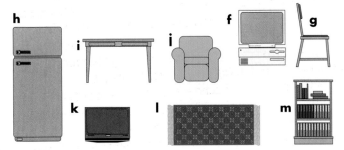

2 Hör noch einmal zu.
   Vervollständige die Sätze.

   Beispiel: **a)** *Das kommt in das* **Wohnzimmer***.*

   a) Das kommt in das _____ .
   b) Der Computer ist in dem _____ .
   c) Der Stuhl kommt in __ _____ .
   d) Der Stuhl kommt unter __ _____ .
   e) Der Schrank kommt nicht in __ _____ .
   f) Der Sessel kommt zwischen __ _____ und
           __ _____ .
   g) Der Kühlschrank kommt in __ _____ ,
           nicht in __ _____ .

Grammatik

Prepositions – with the accusative or dative?

Some prepositions are followed by the accusative in one context but by the dative in another (see page 125).

If there is a sense of **approaching**, use the accusative.
If there is **no** sense of approaching, use the dative.

Erkan geht in **die** *Küche.*
(He approaches the kitchen, and goes in – use the accusative: *in* **die** *Küche.*)
Erkan steht in **der** *Küche.* (He is standing in the kitchen, not moving into it, so there is no idea of approaching – use the dative: *in* **der** *Küche.*)
Bettina geht in **die** *Schule.* (approaching)
Bettina lernt Französisch in **der** *Schule.*
(no approaching)
Bring das Sofa in **das** *Wohnzimmer.* (approaching)
Das Sofa ist in **dem** *Wohnzimmer.* (no approaching)

7

Erkan hat Besuch. Hör dir das Gespräch an.
Was hat Erkan und woher? Kopiere die Tabelle
und füll sie aus.

	Was?	**Woher?**
Beispiel: **1**	*Tisch*	*Flohmarkt*
2		
3		
4		
5		

8

Setz die beiden Hälften zusammen.

Beispiel: **1** *d)*

1 Erkan geht   a) in die Ecke
2 Meine Wohnung ist   b) auf dem Tisch
3 Der Fernseher steht   c) in das Wohnzimmer
4 Wir bringen das Sofa   d) in die Küche
5 Stell die Lampe   e) neben der Autobahn
6 Meine Bücher sind   f) in den Schrank
7 Der Herd ist   g) in das Schlafzimmer
8 Der Sessel kommt   h) auf dem Regal
9 Mein Bett kommt   i) in der Küche
10 Die Lampe kommt   j) neben das Sofa

9

Sieh dir das Haus an.

1 Wo sind die Möbel?
2 Wo kommen die Möbel hin?

Beispiel:
1 Das Bett ist in dem Schlafzimmer.
2 Die Lampe kommt in das Schlafzimmer.

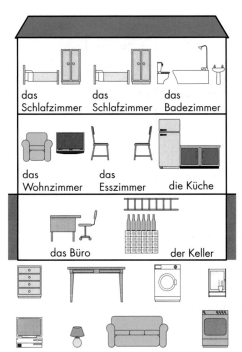

das Schlafzimmer das Schlafzimmer das Badezimmer

das Wohnzimmer das Esszimmer die Küche

das Büro der Keller

10

Partnerarbeit.
Beantworte diese Fragen.

1 Wie viele Zimmer hat deine Wohnung/dein Haus?
2 Was hast du in der Küche?
3 Wo ist der Fernseher?
4 Wo sind deine Kleider?
5 Wo ist das Telefon?
6 Welche Farbe hat der Teppich im Wohnzimmer?
7 Wo sind deine Schulsachen?
8 Was hast du in deinem Zimmer?

11

Was passt in die Lücken?

Beispiel: **(a)** *Dusche*

> Spandau, den 13. September
> Liebe Kristina,
> da bin ich nun endlich in Berlin! Ich habe durch Frau Grünewald (meine Chefin) eine Wohnung gefunden. Sie ist zwar sehr klein aber nicht zu teuer (was das Wichtigste ist). Ich habe ein Zimmer mit Kochecke und Bad mit **(a)** _____ und **(b)** _____ . Im Bad ist genug Platz für den Wandschrank von Oma und den **(c)** _____ von Tante Julia. Der **(d)** _____ war schon in der Küche – auch ein winziger **(e)** _____ und das Spülbecken natürlich. Meine Pflanzen stehen da alle auf der Fensterbank. Im großen Zimmer habe ich ein neues **(f)** _____ – viel praktischer als ein normales Bett, den Tisch von zu Hause, den Sessel aus meinem Schlafzimmer und eine **(g)** _____ . Den **(h)** _____ habe ich auf den **(i)** _____ gestellt und alle meine **(j)** _____ sind noch in dem Koffer. Ich muss unbedingt eine Kommode oder einen **(k)** _____ finden – vielleicht auf dem Flohmarkt. Ich gehe am Samstag hin – mit der Bettina. Sie arbeitet auch im Café und ist sehr freundlich. Der **(l)** _____ ist leider dunkelbraun und die **(m)** _____ rosa – wenn ich Geld habe, werde ich alles anstreichen aber das wird noch ein bisschen dauern.
> Wann kommst du mich besuchen?
> Alles Liebe
> deine Karin

Hilfe

Bücherregal (nn) (-e) – bookshelves
Herd (nm) (-e) – cooker
Kochecke (nf) (-n) – kitchenette
Kommode (nf) (-n) – chest of drawers
Kühlschrank (nm) (-) – fridge
Schulsachen (npl) – things for school
Sessel (nm) (-) – armchair
Spülbecken (nn) (-) – sink
Spülmaschine (nf) (-n) – dishwasher
Teppich (nm) (-e) – carpet, rug
winzig (adj) – tiny

Think 'AA': Accusative for Approaching!

an dem is often shortened to *am*
in dem is often shortened to *im*
in das is often shortened to *ins*

12

Hör dir das Gespräch an und lies den Text.
Was ist im Text falsch? Korrigiere den Text.

*Beispiel: Karins Familie wohnt in **Steinbach**.*

Karins Familie wohnt in Leipzig. In der Familie sind sechs Personen. Karin hat zwei Brüder und eine Schwester. Ihr Haus ist relativ klein und Karin muss ihr Schlafzimmer teilen. Im Zimmer sind die Wände rot und der Teppich weiß. Ihre Schwester, Tina, hat ihr Klavier und ihre Nähmaschine da. Karins Bruder hat sein eigenes Wohnzimmer. Ihr anderer Bruder wohnt nicht mehr zu Hause. Er ist verheiratet und wohnt in Dresden.

13

Hör den Sprechern zu.
Wo wohnen diese Personen? Und wie finden sie das?

		Wo?	Wie?
Beispiel: **1**	Erkan	*Wohnung*	*toll*
2	Bettina		
3	Herr Fischler		
4	Frau Schmidt		
5	Franz Beckermann		
6	Gerald Schneider		
7	Barbara Niedermeyer		

Grammatik

Possessive adjectives

mein	my
dein	your
sein	his, its
ihr	her
unser	our
euer	your (plural)
Ihr	your (polite)
ihr	their

These change according to the gender and the case of the noun they are with. They take the same endings as *ein* (see page 126).

***Ein** Haus ist groß – **Mein** Haus ist groß.*
*Ich habe **einen** Hut – Ich habe **deinen** Hut.*
*Er spielt mit **einem** Hund – Er spielt mit **unserem** Hund.*
*Eine Lehrerin ist freundlich – **Seine** Lehrerin ist freundlich.*

14

Wie heißt das richtig?

*Beispiel: **1** Wir wohnen sehr gerne in **unserem Haus**.*

1 Wir wohnen sehr gerne in USRAHSUNEEM.
2 Hast du einen Balkon in NUWDNRIEOEHGN?
3 Für WIENZESSMLINUAFUHEARI haben wir viel bezahlt.
4 Was habt ihr in FIMRUECSHEALZRMEM?
5 Der Computer meiner Schwester steht auf IRHSCIEIEHBRHCMTS.
6 Unter TINMSBTEEE hat Erkan viele Computerzeitschriften.
7 Stellen Sie das Sofa neben KMNCARINESNEH.
8 Der Fernseher kommt auf RLDÜREAGHCEBSA, nicht wahr?

15

Partnerarbeit.

Beispiel: 1

A — Was hast du in deinem Zimmer?

B — In meinem Zimmer habe ich ein Bett, einen Schreibtisch, einen Stuhl . . .

Hilfe

Nähmaschine (nf) (-n) – sewing machine
teilen (v) – to share
Wand (nf) (¨e) – (interior) wall
zu vermieten – for rent

1 — Was hast du in *dein/deinem* Zimmer?

2 — Habt ihr viele Pflanzen in *eurem/euer* Haus?

3 — Hat dein Vater einen Schrank in *sein/seinem* Zimmer?

4 — Was hast du in *deiner/deine* Küche?

5 — Ist *deinem/dein* Haus in der Stadt?

6 — Hörst du Musik in *ihrem/deinem* Zimmer?

7 — Was haben *deine/dein* Eltern für *ihren/ihr* Zimmer gekauft?

8 — Wo machst du *dein/deine* Hausaufgaben für die Schule?

16

Lies die Anzeigen. Welcher Buchstabe passt hier?

Beispiel: 1 d

Welches Haus/
Welche Wohnung . . .

1 hat einen privaten Parkplatz?
2 hat Zentralheizung?
3 hat eine Terrasse?
4 ist neu?
5 hat mehr als zwei Schlafzimmer?
6 hat zwei Badezimmer?
7 liegt günstig für die Bahn?
8 ist nur für eine Frau?
9 hat eine Garage?
10 ist am größten?

Zu Vermieten

a
Einfam-haus m. Garten/Terrasse
Nähe Bhf. 145m²
5Z K 2B Garage Gas-ZH
€980 kalt

b
Herrl. 1Z-Whng ca. 53m²
€300 kalt
sof. beziehb.

c
Studiowohnung 39m²
2Z K B Schöne Lage
Fußbodenheizung
€440 kalt

d
3Zi-Whng 75m²
beste Ausstattung
priv. Parkplatz
€575 Kaltmiete

e
großzügiges Einfamilienhaus Neubau
165 qm Wfl. 3 Schlafz.
K B Gar. Öl-ZH gr.
Garten Balk.
€1050 kalt

f
Appartement mit Bad
frei ab sofort teilmöbliert an alleinst.
Frau zu vermieten

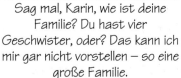

Sag mal, Karin, wie ist deine Familie? Du hast vier Geschwister, oder? Das kann ich mir gar nicht vorstellen – so eine große Familie.

Na ja, für mich ist es ganz normal. Wir sind aber nicht reich und unsere Wohnung ist nicht sehr groß. Mein Vater ist arbeitslos, weißt du. Er hat seit mehr als fünf Jahren keinen Job. Die Fabriken der Region – die haben Probleme. Da ist nicht genug Arbeit für alle. Meine Mutter arbeitet in einem Krankenhaus, aber das ist nicht gut bezahlt.

Und deine Brüder?

Der Michael – der ist 23 Jahre alt. Der ist verheiratet. Der wohnt in Leipzig und arbeitet in einer Glasfabrik. Er war auch arbeitslos aber er hat letztes Jahr eine Stelle gefunden.

Und er wohnt mit seiner Frau in Leipzig?

Ja, er wohnt mit seiner Frau und seinen beiden Töchtern, die fünf und drei Jahre alt sind.

Oh weh! Und deine Schwestern? Was sind denn die Hobbys deiner Schwestern?

Die Steffi, die ist sechzehn Jahre alt. Die hört gern Popmusik, geht gern tanzen, denkt nur an Jungen und Klamotten. Sie war Mitglied einer Tanzgruppe, aber jetzt nicht mehr. Tina ist zwölf Jahre alt. Sie kann sehr gut nähen. Sie macht Kleider, Röcke, Jacken – sehr modische Sachen. Sie ist auch Mitglied des Schulchors. Sie singt sehr gern. Der Leiter des Chors wohnt auch in unserem Wohnblock. Er ist ein Freund meines Vaters.

Und die Haustiere der Familie? Habt ihr Haustiere?

Na, der Fisch meines Bruders, der heißt Orca, sonst keine.

Das ist dein Bruder Dirk, ja?

Ja.

Und was für Hobbys hat Dirk?

Na ja, Dirk ist Mitglied eines Fußballklubs und auch Mitglied einer Fahrradgruppe.

17

Karen Rilke spricht über ihre Familie.

1 Wer ist das?

Beispiel: ***a) Herr Rilke*** *ist arbeitslos.*

a) _____ ist arbeitslos.
b) _____ arbeitet in einer Glasfabrik.
c) _____ heißt Orca.
d) _____ hat zwei Töchter.
e) _____ war Mitglied einer Tanzgruppe.
f) _____ ist sechzehn Jahre alt.
g) _____ ist ein Freund ihres Vaters.

2 Was passt hier zusammen?

Beispiel: ***a)*** *iii)*

a) Die Fabriken
b) Was sind die Hobbys
c) Und die Haustiere
d) Der Fisch
e) Er ist Mitglied
f) Sie ist Mitglied
g) Der Leiter
h) Ein Freund

i) des Chors ist ein Familienfreund.
ii) meines Bruders heißt Orca.
iii) der Region haben Probleme.
iv) meines Vater leitet den Chor.
v) deiner Schwestern?
vi) der Familie?
vii) einer Fahrradgruppe.
viii) des Schulchors.

Grammatik

The genitive case

You have met the nominative, the accusative and the dative cases. To check these, see page 124. Another case is the genitive.

masculine: **des**   feminine: **der**   neuter: **des**   plural: **der**

This is the equivalent of saying 'of the':

*die Kinder **des** Dorfes*   the children of the village
*die Industrie **der** Region*   the industry of the region

You can find more information on the genitive on page 124. However, you will notice that the genitive is often avoided: *die Industrie **von der** Region.*

Hilfe

arbeitslos (adj) – unemployed
Fabrik (nf) (-en) – factory
Leiter (nm) (-) – leader
Mitglied (nn) (-er) – member
Priester (nm) (-) – priest
unordentlich (adj) – untidy
Wende (nf) – end of communism/
   the GDR in 1989/90

18

Karin spricht über ihre Heimatstadt. Ist das richtig oder falsch? Oder wissen wir das nicht? Schreib 'richtig', 'falsch' oder 'wir wissen nicht'.

Leipzig• SACHSEN

1 Leipzig ist eine historische Stadt.
2 Bach war Priester der Thomaskirche.
3 In der Region fabriziert man Porzellan und Autos.
4 Seit der Wende sind viele arbeitslos.
5 Leipzig war 1945 eine Ruine.
6 In Leipzig gibt es sehr viel für junge Leute.
7 Man kann in Leipzig gut einkaufen.
8 Die Arbeitslosigkeit ist ein großes Problem für die Stadt.

19

Welches Bild passt hier? Schreib **a** oder **b**.

1 Das Schlafzimmer meines Bruders ist immer unordentlich.
2 Die Tiere meiner Freunde finde ich faszinierend.
3 Sie haben alle Fenster des Hauses gebrochen.
4 Hier sehen Sie ein Foto meiner Onkel.
5 Das Auto meines Großvaters ist seit Sonnabend in der Werkstatt.

20

Sprich für eine Minute über drei Mitglieder deiner Familie oder über drei Freunde/Freundinnen. Benutze diese Kategorien.

Haus   Job   Haare Geburtstag
Garten   Auto   Lieblingsmusik
Lieblingssport
Lieblingshobby   Lieblingsessen

Beispiel: Das Haus meines Vaters ist modern und ziemlich groß…

a   b

a    b

a    b

a   b

a    b

Die Bundesrepublik, die DDR, die Berliner Mauer

Es ist 1945, das Ende des Weltkriegs. Adolf Hitler ist tot. Viele Städte und Dörfer sind zerstört. Der Wiederaufbau beginnt. Die Amerikaner, die Briten, die Franzosen wollen helfen, aber sie wollen eine demokratische kapitalistische Regierung haben – wie in Amerika, Großbritannien oder Frankreich. Die Russen wollen helfen, aber sie wollen einen kommunistischen Staat haben – wie in der Sowjetunion. Zwei Systeme, zwei Regierungen.

Im Westen entsteht die Bundesrepublik (oder BRD) und im Osten die Deutsche Demokratische Republik (oder DDR). Der Westen wird immer reicher. Der Osten wird immer ärmer. Viele Leute verlassen ihr Haus und ihre Familie und gehen von der DDR in die Bundesrepublik. Was kann die Regierung machen? Wie kann sie das verhindern?

Sie bauen eine große Mauer an der Grenze – mit Soldaten mit

Maschinengewehren und Hunden. Es ist jetzt unmöglich, von der DDR in die Bundersrepublik zu fahren. In Berlin gibt es die Berliner Mauer. Jetzt ist die Stadt geteilt: Ostberlin (kommunistisch) und Westberlin (kapitalistisch). Diese Situation dauert bis zum Fall der Mauer 1989. 1990 ist Deutschland wieder vereinigt. Heutzutage gibt es nur ein Deutschland.

Die Berliner Mauer

1989 – das Ende der Mauer

Was meinen sie? Leute sprechen über die Berliner Mauer.

Die Bundesrepublik, die DDR, was bedeutet das für dich, Achim? Was bedeutet das für junge Leute?

Tja, ich bin zu jung. Das war am Ende des zweiten Weltkriegs. Die Berliner Mauer – ja, das war 1989 zu Ende, oder? Das ist nichts für mich. Das ist alles Geschichte. Meine Eltern waren da, aber ich nicht. Deutschland ist Deutschland. Das ist alles.

Und du, Erkan? Was bedeutet das?

Ja, das stimmt. Das ist eigentlich nichts für junge Leute. Kommunisten, Kapitalisten . . . das ist heute nicht mehr wichtig. Das spielt keine Rolle. Wir sind Europäer. Wir sollen die Zukunft aufbauen. Wir wollen eine bessere Welt haben – ohne Krieg, ohne Rassismus, ohne Sozialprobleme.

Und Sie, Herr Kenzia?

Ja, ich kann die Berliner Mauer nie vergessen. Ich war acht Jahre alt. Sie haben über Nacht die Mauer gebaut. Meine Mutter hat geweint. Vier Jahre lang hat sie ihre Mutter nicht gesehen. Meine Oma hat in Ostberlin gewohnt, und es war nicht möglich. Es war nicht erlaubt. Wir haben sie nicht besucht. Die Familie war geteilt. Das war furchtbar. 1989 war es wunderbar. Die Mauer ist gefallen. Wir haben eine Party am Brandenburger Tor gehabt. Wir haben gesungen, getanzt . . .

Was bedeutet das für Sie, Frau Heinrich?

Na ja, ich habe in der DDR gewohnt, aber wir sind heimlich in die Bundesrepublik gekommen. Das war verboten, aber mein Mann und ich, wir haben viel Geld bezahlt und ein Mann hat uns falsche Papiere – neue Pässe und so weiter – gegeben. Wir sind nach Ungarn gefahren, dann nach Österreich, dann sind wir nach Westberlin gekommen. Das war gefährlich, aber ich hatte keine Lust, in der DDR zu bleiben. Es war illegal, aber viele Leute sind gekommen.

Was sagen Sie, Frau Rilke?

Ich sage, wir sollen das alles vergessen. Die Bundesrepublik war reich – reicher als wir in der DDR, aber sie haben auch Sozialprobleme gehabt. Man kann viel Geld haben und immer noch unglücklich sein. Kapitalismus, Kommunismus, das ist alles vorbei. Materialismus – das ist unser Problem heute.

21

Lies den Text und hör dir das Gespräch an.
Setz die Hälften zusammen.

Beispiel: **1 d)**

1 Herr Kenzias Großmutter hat früher
2 Die Berliner Mauer ist
3 Erkan denkt an eine
4 Frau Heinrich ist illegal
5 Heute ist der Materialismus
6 Im November 1989 hat eine Party
7 Frau Heinrich hat die DDR
8 Die Zukunft ist wichtiger

a) 1989 gefallen.
b) am Brandenburger Tor stattgefunden.
c) als die Vergangenheit für Erkan.
d) in Ostberlin gewohnt.
e) mit falschen Papieren verlassen.
f) in die BRD geflüchtet.
g) bessere Welt ohne Probleme.
h) das größte Problem für Frau Rilke.

Hilfe

Grenze (nf) (-n) – border
Regierung (nf) (-en) – government
Wiederaufbau (nm) – reconstruction
Zukunft (nf) – future

22

Gerald ist obdachlos in Berlin. Hör zu. Ist das richtig oder falsch? Schreib R oder F.

1 Gerald wohnt in Wiesbaden.
2 Er ist seit zwei Jahren obdachlos.
3 Er schläft nie am Fluss.
4 Er hat früher in einem Geschäft gearbeitet.
5 Er hatte nie Krach mit seinem Chef.
6 Geralds Mutter war Alkoholikerin.
7 Seine Eltern waren geschieden.
8 Gerald bekommt ab und zu Geld von Passanten.
9 Die Heilsarmee bringt Kleidung.
10 Viele Obdachlose haben Probleme mit Drogen oder Alkohol.

24

Welches Wort passt hier nicht? Gib das Wort.

Beispiel: 1 Zeitschrift

1 Stuhl Tisch Kommode Zeitschrift
2 Fenster Poster Wände Tür
3 Obdachlosigkeit Geld Hunger Arbeitslosigkeit
4 Schlafzimmer Bar Kasse Küche
5 Kleid Messer Hose Schürze
6 Schulchor Wohnblock Dorf Studiowohnung

23

Lies den Text. Welches Bild passt zu dem Text?

Unser Haus ist ganz groß und ich habe mein eigenes Zimmer im ersten Stock. Die Wände meines Schlafzimmers sind hellblau und der Teppich ist dunkelblau. Die Vorhänge sind gemustert – dunkelblau und weiß. Auf der rechten Seite meines Zimmers steht mein blauer Kleiderschrank. Neben dem Kleiderschrank ist ein Stuhl mit meinen Klamotten darauf. Mein Bett habe ich jetzt in der linken Ecke. Über dem Bett sind zwei Poster und ein Foto meines Freundes. Zwischen meinem Bett und dem Fenster habe ich eine Kommode. Darauf ist ein Spiegel und auch mein Make-Up. Meinen Schreibtisch mit Stuhl habe ich unter dem Fenster. Rechts von der Tür ist ein Bücherregal. Darauf sind natürlich Bücher, aber auch CDs und Zeitschriften.

a

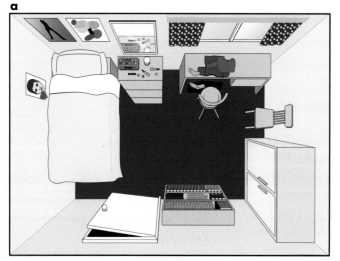

b

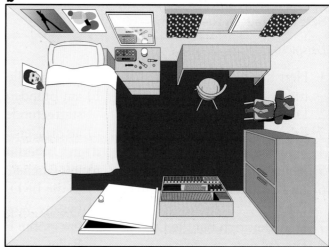

25

Wie ist dein Schlafzimmer?
Beschreib es.

26

Welche Antworten gehören
zu welchen Fragen?

Beispiel: **1** j)

1 — Wofür ist Leipzig bekannt?

2 — Seit wann arbeiten Sie hier in der Fabrik?

3 — Was machst du gern in deiner Freizeit?

4 — Wo finde ich bitte die Tassen?

5 — Ist das das Auto deines Vetters?

6 — Was müssen Sie auf der Arbeit tragen?

7 — Was brauchst du noch für deine Wohnung?

8 — Was sind die Hauptprobleme der Region?

9 — Ist deine Tante auch Mitglied des Chors?

10 — Wann ist die Berliner Mauer gefallen?

a) Nein, sie kann gar nicht singen.

b) 1989, glaube ich.

c) Na, eine scheußliche Uniform. Dunkelgrau ist sie.

d) Umweltverschmutzung und Arbeitslosigkeit.

e) Schon sehr lange her. Ich habe 1989 angefangen.

f) Ich hätte gern noch einen Stuhl, und ein Schrank wäre auch nützlich.

g) Ich bin Mitglied eines Chors und ich tanze auch gerne.

h) Wahrscheinlich im Schrank neben den Tellern.

i) Nein, er hat nur ein Rad.

j) Für Kunst und Kultur.

Hilfe

gemustert (adj) – patterned
geschieden (adj) – divorced
Hauptproblem (nn) (-e) – main
 problem
Heilsarmee (nf) – Salvation Army
Krach haben (v) – to argue
obdachlos (adj) – homeless
Passant (nm) (-en) – passer-by
stattfinden (vs) – to take place
Umweltverschmutzung (nf) – pollution
Vergangenheit (nf) – past
Vorhang (nm) (¨e) – curtain

Study tip
It's a fact!
We remember:

10% of what we read
20% of what we hear
30% of what we see
50% of what we see and hear
90% of what we ourselves do.

Try and make your learning as active
as possible. Don't just read notes –
try and write them out yourself. Test
yourself or get someone else to test
you. Try teaching something to
someone else – that's the real test of
whether you know it!

Checklist

I understand:
• the accusative.   *Ich habe einen Bruder.*
              Ich gehe in die Küche.

• the dative.   *Wir essen in der Küche.*

I recognise the genitive.   *die größte Stadt der Region*
              das Ende des Krieges

I know words for household items. *der Herd, der Kleiderschrank,*
                  die Kommode

Einheit zwei

Was machen wir heute Abend?

Hallo, Marga? Hallo, hier Eva. Ich habe mit Harold gesprochen. Wir wollen das „Haus am See" probieren. Ja, in der Berchtestraße . . . nee, nee, nicht die Straße neben der Post, das ist die Straße hinter dem Kindergarten.

Ja, ja, man geht über die Brücke, immer geradeaus, und vor dem Park siehst du eine Straße auf der linken Seite. Da ist eine Wurstbude an der Ecke, glaube ich. Das Restaurant liegt ganz hinten, am Wasser, neben den Bäumen. Auf dem Dach haben sie so eine, eine große Katze aus Stein. Sie sitzt auf dem Dach des Restaurants. Es ist ganz leicht zu finden.

Um wie viel Uhr? Sagen wir um acht Uhr?

OK, halb acht ist gut. Und treffen wir uns am Eingang oder im Restaurant? Ihr wartet auf dem Parkplatz? Gut, OK.

Kein Problem. Ja, ja, wir freuen uns auch. Ist gut. Tschüß.

1

Hör dir das Gespräch an.
Bring die Wörter (und dann die Sätze) in die richtige Reihenfolge.

Beispiel: 1 Das wäre das Beste.

1 das Beste das wäre
2 interessant das wäre
3 ihr Sachen hättet da schöne
4 zu wäre das laut
5 vielleicht das wäre schön
6 es „Capanna Luigi" wie mit wäre?
7 das hätten Geld Restaurant für wir bestimmt genug nicht
8 nicht Ruhe wir hätten unsere

2

Lies den Text und hör zu.
Füll die Lücken.

*Beispiel: 1 Eva spricht mit **Marga** am Telefon.*

1 Eva spricht mit _____ am Telefon.
2 Eva hat schon mit ihrem _____ gesprochen.
3 Sie werden zum _____ gehen.
4 Das Restaurant ist in der _____ .
5 Um zum Restaurant zu kommen, geht man über _____ .
6 Es befindet sich am _____ .
7 Auf dem Dach des Restaurants sieht man _____ _____ .
8 Marga und ihr Mann werden auf _____ _____ warten.

Grammatik

Wäre and hätte

If you want to say 'would be' or 'would have' in all the different persons, use the following:

ich wäre	I would be	*ich hätte*	I would have
du wärest	you would be	*du hättest*	you would have
er/sie/es wäre	he/she/it would be	*er/sie/es hätte*	he/she/it would have
wir wären	we would be	*wir hätten*	we would have
ihr wärt	you (plural) would be	*ihr hättet*	you (plural) would have
Sie wären	you (polite) would be	*Sie hätten*	you (polite) would have
sie wären	they would be	*sie hätten*	they would have

3

Was passt in die Lücken?

Beispiel:
1 A *Was denkst du? Stuhl oder Hocker?*

B *Ein Stuhl wäre praktischer als ein Hocker.*

1 A Was denkst du?
B Ein _____ _____
praktischer als ein _____ .

2 A Was für ein Eis?
B Ich _____ gern
ein _____ .

3 A Was isst du lieber?
B Wie _____ es mit einer
_____ ?

4 A Was sagen Sie?
B _____ es nicht besser, ins
_____ zu gehen?

5 A Was möchten
Sie als Geschenk?
B Ich _____ lieber ein
_____ .

6 A Was brauchst
du noch für deine
Wohnung?
B Ein _____ _____ sehr
nützlich.

4

Was ist hier richtig?

1 Eva und Harold gehen in das/dem Restaurant.
2 Eva spricht an das/dem Telefon.
3 In das/dem Chinapalast bekommt man viele gute Sachen.
4 Die Berchtestraße ist hinter den/dem Kindergarten.
5 Vor den/dem Park sieht man eine Straße.
6 Das Restaurant liegt ganz hinten, an das/dem Wasser.
7 Eine Katze aus Stein sitzt auf das/dem Dach.
8 Eva und Harold werden auf den/dem Parkplatz warten.

5

Lies diesen Dialog mit einem Partner/einer Partnerin.

A Wann treffen wir uns?

B Wie wäre es mit Donnerstag?

A Das wäre gut. Um wie viel Uhr?

B Für mich wäre der Morgen besser. So, gegen 11 Uhr.

A Das passt mir auch ganz gut. Und wo treffen wir uns?

A Kennst du das Café Hagen auf dem Schlossplatz?

A Neben dem Hotel zum Schloss? Ja, natürlich.

B Also, bis Donnerstag um 11 Uhr vor dem Café Hagen. Tschüß.

A Bis dann.

Erfindet weitere Dialoge, indem ihr diese Wörter austauscht.

6

Partnerarbeit.
Lies diese Fakten. Erfinde dann den Dialog zwischen Petra und Matthias.

- Petra und Matthias sprechen am Telefon. Sie haben Lust, sich zu treffen.
- Für Petra ist ein Treffen am Sonnabend möglich, aber Matthias muss dann arbeiten.
- Matthias schlägt dann Sonntag vor. Das ist in Ordnung für Petra, aber erst nach 13 Uhr. Am Vormittag muss sie nämlich ihre Tante besuchen.
- Matthias schlägt den Bahnhof als Treffpunkt vor, aber das ist zu weit für Petra.
- Sie entscheiden sich endlich für das Rathaus.
- Sie werden sich um 14 Uhr am Sonntag vor dem Rathaus treffen.

Hilfe

Baum (nm) (¨e) – tree
Dach (nn) (¨er) – roof
Ruhe (nf) – peace, quiet
sich befinden (vs) – to be situated
sich entscheiden (vs) für – to decide on
vorschlagen (vs) – to suggest

8

Wo treffen wir uns?

Hör dir das Gespräch an. Was fehlt hier?

*Beispiel: 1 So, wir gehen **zum** Kartoffelcafé.*

1 So, wir gehen _____ Kartoffelcafé.
2 Er hat _____ einiger Zeit seine eigene Wohnung.
3 Du wohnst nicht _____ deinen Eltern?
4 Wie komme ich _____ deiner Wohnung?
5 Du kommst _____ dem Markt, ja?
6 Nach der Ampel gehst du _____ die Ecke.
7 Das ist _____ der linken Seite.
8 Das ist _____ der Post, oder?
9 Du gehst _____ die Tür.
10 Ja, _____ dem Bus.

7

Wer ist das?

Beispiel: 1 Bettina

Wer . . .

1 möchte Musik hören und tanzen?
2 würde gern am Computer spielen?
3 wird etwas feiern?
4 ist für ein paar Tage verreist?
5 möchte gern einen Film sehen?

Grammatik

Prepositions followed by the accusative or dative only

Some prepositions do not follow the 'Accusative Approaching' rule (see page 4). The following are always followed by the **accusative**:

durch	for
für	for
ohne	without
um	around

The following are always followed by the **dative**:

aus	out of
bei	at the house of
gegenüber	opposite
mit	with
nach	after
seit	since
von	from
zu	to

Note that *zu der* and *zu dem* are often shortened to *zur* and *zum*. *Von dem* is often shortened to *vom*.

9

Schreib Sätze mit diesen Wortkombinationen.

Beispiel: 1 Der Hund liegt unter dem Tisch.

1 Hund/unter/Tisch/liegen
2 Jacke/hängen/an/Tür
3 Bettina/gehen/Disco/Erkan
4 Karin/fahren/Bus/Kartoffelcafé
5 stellen/Schrank/Küche/Herd
6 legen/Zeitschriften/auf/Tisch
7 Onkel/stehen/Wohnzimmer/Tante
8 gehen/durch/Park/Theater

10

Füll die Lücken mit einer passenden Präposition.

*Beispiel: 1 Fahren Sie **über** die Brücke und **an** der Ampel rechts.*

1 Fahren Sie _____ die Brücke und _____ der Ampel rechts.
2 Gehen Sie _____ den Park und _____ dem Café links.
3 Du findest das Restaurant _____ der Albrechtstraße _____ der Kirche.
4 _____ dem Theater und _____ der Oper sehen Sie das Rathaus.
5 _____ dem Stadion _____ dem Marktplatz sind zwei Kilometer.
6 Sie gehen _____ den Kindergarten und dann links _____ der Wurstbude.
7 Wir treffen uns also morgen um halb neun _____ der Mozartstraße _____ dem Café Dorn.
8 _____ der rechten Seite wirst du die Tür _____ dem Kino sehen.

11

Beantworte die Fragen auf Englisch.

1 When is the special offer at the Kartoffelcafé valid?
2 What is it?
3 What sort of party is it?
4 Can anyone enter the snooker competition?
5 What should you take to the party?
6 What should you do if you want to enter the snooker competition?

12

Beantworte die Fragen auf Deutsch und versuche 30 Sekunden lang zu sprechen.

1 Was machst du in deiner Freizeit?
2 Bist du Mitglied eines Klubs?
3 Sammelst du etwas?
4 Welches andere Hobby möchtest du noch ausprobieren?
5 Würdest du lieber ein Fußballspiel sehen oder ein Konzert hören?

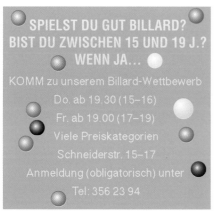

Hilfe

Anmeldung (nf) – registration
feiern (v) – to celebrate
verreisen (v) – to go away, go travelling
Wettbewerb (nn) (-e) – competition

Gaststätte „Haus am See"

VORSPEISEN

Tomatensuppe	€ 2,20
Ochsenschwanzsuppe	€ 2,25
Krabbencocktail	€ 3,50
Salatschüssel mit Schafskäse	€ 3,90
Joghurtdressing	€ 2,20
Spargel Schinkenröllchen	€ 5,00

m. Sauce Hollandaise u. Toast

HAUPTGERICHTE

Pfeffersteak m. Pommes Frites	€ 12,00
Schweinesteak m. Kroketten	€ 11,50
Schweinebraten m. Champignons u. Pommes frites	€ 10,20
Ungarischer Gulasch m. Knödeln	€ 9,50
Forelle „Müllerin" Art m. Kartoffeln u. Salat	€ 10,60
Wildlachs in Dillsoße m. Petersilienkartoffeln	€ 11,00
Gemüseauflauf m. Käse überbacken	€ 7,80

Die Bedienung bringt Ihnen gerne die Weinkarte.

13

Hör dir das Gespräch an.
Was bestellen die vier Gäste?
Kopiere die Tabelle und füll die Lücken.

	Vorspeise	Hauptgericht
Beispiel: Eva	Tomatensuppe	Forelle
Harold		
Marga		
Albert		

Grammatik

Pronouns

Pronouns have different forms for the different cases. When you know which case you need, make sure you use the correct form.

	Nominative	Accusative	Dative
I/me	ich	mich	mir
you	du	dich	dir
he/him/it	er	ihn	ihm
she/her/it	sie	sie	ihr
it	es	es	ihm
we/us	wir	uns	uns
you (plural)	ihr	euch	euch
you (polite)	Sie	Sie	Ihnen
they	sie	sie	ihnen

Examples:

mit dir   with me (dative)
ohne dich   without you (accusative)
Bettina sieht ihn.   Bettina sees him. (accusative)

14

Hör den Kunden zu.
Was ist hier das Problem?
Schreib die Antwort auf Deutsch.

*Beispiel: **1** Der Kellner hat Champignonsuppe gebracht – nicht Tomatensuppe.*

15

Partnerarbeit. Sieh dir die Speisekarte (Seite 18) an. Erfinde die Antworten.

A Du bist der Kellner/die Kellnerin.
B Du bist Gast in dieser Gaststätte.

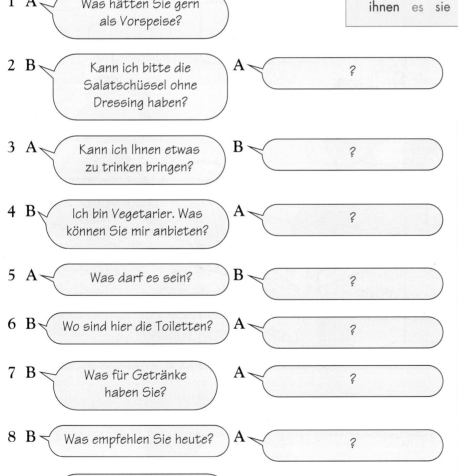

1 A Was hätten Sie gern als Vorspeise?

2 B Kann ich bitte die Salatschüssel ohne Dressing haben? A ?

3 A Kann ich Ihnen etwas zu trinken bringen? B ?

4 B Ich bin Vegetarier. Was können Sie mir anbieten? A ?

5 A Was darf es sein? B ?

6 B Wo sind hier die Toiletten? A ?

7 B Was für Getränke haben Sie? A ?

8 B Was empfehlen Sie heute? A ?

9 B Ich esse sehr gern Fisch. Haben Sie da etwas für mich? A ?

16

Ersetz die Wörter in Blau. Wähl Wörter aus dem Kästchen unten.

*Beispiel: **1** **Es** ist sehr teuer.*

1 Das Restaurant ist sehr teuer.
2 Meine Schwester isst kein Fleisch.
3 Und für Eva?
4 Marga ist mit ihrem Mann in der Gaststätte.
5 Hast du die Speisekarte gesehen, Harold?
6 Möchten Sie den Wildlachs probieren?
7 Was kostet der Gulasch?
8 Ich möchte die Tomatensuppe.
9 Ohne Achim ist es hier so ruhig.
10 Bettina geht heute Abend mit Erkan und Karin aus.

ihnen   es   sie   sie   er   sie   ihn   sie   ihm   ihn

Hilfe

Champignonsuppe (nf) – mushroom soup
Fehler (nm) (-) – mistake
Forelle (nf) (-n) – trout
Handtuch (nn) (¨er) – towel
Ochsenschwanzsuppe (nf) – oxtail soup
Spargel (nm) – asparagus

Study tip

In order to learn vocabulary, set yourself a target of learning a certain number of words each week. Choose words which you 'nearly know' but which you can never quite remember. Practise them and see if you can write them out accurately by the end of the week.

17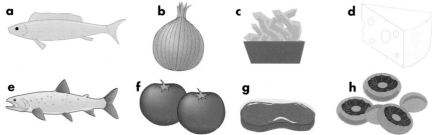

Was wird hier **nicht** erwähnt?
Mach eine Liste.

a
b
c
d
e
f
g
h

18

Was hört man im Café?
Hör zu.
Verbinde den Dialog
mit dem Bild.

Beispiel: **1** *d*

19A

d

Partnerarbeit. Person A liest diese Seite. Person B liest 19B, Seite 24.

1–3 Du bist Tourist/Touristin und in einem Restaurant in Deutschland. Du verstehst die Speisekarte nicht und fragst den Kellner/die Kellnerin.

4–6 Jetzt bist du der Kellner/die Kellnerin. Beantworte die Fragen deines Partners/deiner Partnerin.

SPEISEKARTE Alte Klosterschänke Chorin			
IMBISS		**HAUPTGERICHTE**	
1 Bratwurst im Blätterteig	€ 4,90	2 Bauern-Eintopf	€ 9,90
Bockwurst	€ 4,00	Forelle	€ 10,20
3 Frikadellen	€ 5,50	4 Sauerbraten	€ 11,50
5 Geflügelsalat	€ 4,60	Pfeffersteak	€ 8,90
		6 Kasseler	€ 9,25

Kopiere die Tabelle und füll sie aus.

	Gericht	Zutaten
1	Bratwurst im Blätterteig	?
2	Bauern-Eintopf	?
3	Frikadellen	?
4	Sauerbraten	Rindfleisch 2–3 Tage in Wasser, Essig, Öl und Gewürzen mariniert $1\frac{1}{2}$ Stunden gebraten
5	Geflügelsalat	Hähnchen – kalt Spargel, Champignons, Mayonnaise od. Joghurtdressing
6	Kasseler	Schinken Karotten, Zwiebeln, Salz, Pfeffer, Brühe

20

Schreib deine Antworten auf.

Beispiel: **1** *Ich nehme* **den Spargel/die Suppe**.

1 Möchten Sie Spargel oder Suppe? (Ich nehme …)
2 Möchten Sie Wasser oder Wein? (Ich möchte …)
3 Was hätten Sie gerne – Rindfleisch oder Fisch?
4 Als Gemüse – Bohnen oder Salat?
5 Was möchten Sie als Vorspeise? Suppe oder Krabbencocktail?
6 Und als Hauptgericht? Forelle oder Steak?
7 Möchten Sie lieber Kartoffeln oder Pommes frites?
8 Nehmen Sie lieber Eis oder Torte?

Hilfe

Bohne (nf) (-n) – bean
Gurke (nf) (-n) – cucumber, gherkin

21

Verbinde das Wort mit dem Bild.

Beispiel: **1** *c*

1 Musiksendung
2 Dokumentarfilm
3 Seifenoper
4 Nachrichten
5 Sportsendung
6 Natursendung
7 Quizsendung
8 Trickfilm

22

Wie heißt das richtig? Setz die Wörter in die richtige Reihenfolge.

Beispiel: **A** *Hier Roswitha. Hättest du Lust, ins Konzert zu gehen?*

A Roswitha Hier . ins du Konzert Lust Hättest , gehen zu ?

B vielleicht , ja Na . ist ein Was Konzert für das ?

A heißt Gruppe „White Star" Die .

B Musik für Und das was ist ? nicht Gruppe Ich die kenne .

A ist Volksmusik Das .

B so leiden nein Ach kann nicht was ich . langweilig Zu .

A moderne das Aber Volksmusik ist . aus Mischung ist Popmusik Das eine Rockmusik klassischer und Musik , .

B nicht Ich weiß . mag lieber Heavy Rockmusik und Ich Metal .

A es probieren Du sollst . diese Vielleicht du Gruppe magst .

B OK das Wann ist ? .

A halb um Morgen neun Abend .

B wo Und ?

A Sachsenhalle der In . das du Kennst ?

B dem Ja , auf nicht Roboldplatz , ?

A wir uns um Treffen Viertel vor Sachsenhalle nach der acht ?

B gut , Ja . morgen Bis .

A Tschüß.

23

Vervollständige die Sätze. Nimm ein Wort aus jedem Kästchen.

den   die   das   dem   der

Regal   Tisch   Küche   Teller   Café   Kasse   Frau   Stuhl   Schrank   Tür

Beispiel: **1** *Stell das Glas auf* das Regal.

1 Stell das Glas auf . . .
2 Du findest meine Schürze in . . .
3 Du stellst das Messer neben . . .
4 Kommst du in . . . ?
5 Bring das Wasser an . . .
6 Ich war schon um 11 Uhr in . . .
7 Ist das Rindfleisch für . . . ?
8 Meine Serviette liegt unter . . .

24

Verbessere die Fehler.

Beispiel: meiner

Meine Freizeit

In (meinem) Freizeit höre ich gerne Musik. Ich sitze oft in (mein) Zimmer auf (der) Bett und höre (mein) CDs. Ich habe sehr viele. Sie liegen auf (das) Regal über (meinen) Schreibtisch. Zum Geburtstag bekomme ich CDs von (meinen) Vater und von (meine) Geschwistern. Sie wissen, ich bin musikalisch. Ich spiele auch ein Instrument – Klavier. Am Dienstag habe ich (ein) Klavierstunde nach (die) Schule bei Frau Ostertag. Sie ist ziemlich streng, aber eine gute Lehrerin. Nach der Stunde muss ich oft üben aber das ist schwierig, denn (meine) kleiner Bruder stört mich immer. Ohne (ihm) wäre es viel leichter. Meine Lieblingsmusik ist die Musik der sechziger Jahre. Am Donnerstag treibe ich auch Sport. Ich bin Mitglied (ein) Turnvereins. Von drei bis fünf Uhr sind wir in (die) Turnhalle und machen Gymnastik. Ab und zu spiele ich Fußball mit (meinem) Freunden hinter (die) Schule.

19B

Partnerarbeit. (Person A liest 19A, Seite 21.)

1–3 Du bist Kellner/Kellnerin in diesem Restaurant. Beantworte die Fragen deines Partners/deiner Partnerin.

4–6 Jetzt bist du Tourist/ Touristin und in dem Restaurant. Du verstehst die Speisekarte nicht und fragst den Kellner/die Kellnerin.

SPEISEKARTE Alte Klosterschänke Chorin

IMBISS			HAUPTGERICHTE	
1	Bratwurst im Blätterteig	€ 4,90	2 Bauern-Eintopf	€ 9,90
	Bockwurst	€ 4,00	Forelle	€ 10,20
3	Frikadellen	€ 5,50	4 Sauerbraten	€ 11,50
5	Geflügelsalat	€ 4,60	Pfeffersteak	€ 8,90
			6 Kasseler	€ 9,25

Kopiere die Tabelle und füll sie aus.

	Gericht	Zutaten
1	Bratwurst im Blätterteig 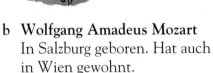	Bratwürste Leberwurst Blätterteig – Mehl, Wasser, Salz, Fett
2	Bauern-Eintopf	Rindfleisch, Porree, Petersilie, Zwiebel Salz, Pfeffer, Brühe, Sauerrahm
3	Frikadellen	Hackfleisch, Brot, Zwiebel, 1 Ei, Salz, Pfeffer, Paprika, Wasser, Fett
4	Sauerbraten	?
5	Geflügelsalat	?
6	Kasseler	?

25

Hör dir die Kassette an und verbinde die Nummer und den Buchstaben.

Beispiel: **1** *b*

a *Die Walküre*
b *Eine kleine Nachtmusik*
c *Das Wiegenlied*
d Suite in D-dur für Orchester
e Die 5. Symphonie
f *Also sprach Zarathustra*
g *Toccata* in D-moll

a **Richard Strauß**
Im Jahre 1864 in München geboren.

b **Wolfgang Amadeus Mozart**
In Salzburg geboren. Hat auch in Wien gewohnt.

c **Richard Wagner**
Im Jahre 1813 in Leipzig geboren. Hat viele Opern geschrieben.

d **Johann Sebastian Bach**
War Organist der Thomaskirche in Leipzig. 1685 geboren, 1750 gestorben.

e **Johannes Brahms**
Hat im 19. Jahrhundert in Hamburg gewohnt. Ist in Wien gestorben.

f **Ludwig van Beethoven**
Hat im 19. Jahrhundert gelebt. Man kann sein Haus in Bonn besuchen. Ist taub geworden.

26

Hör dir das Gespräch an.
Wer trinkt was? Und was sagen sie?

1 Verbinde die Person mit dem Getränk.

*Beispiel: Erkan **e***

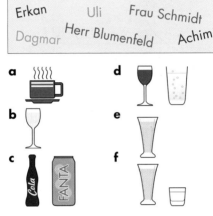

| Erkan | Uli | Frau Schmidt |
| Dagmar | Herr Blumenfeld | Achim |

Wo trinkt man Bier?
Liter pro Person pro Jahr

Tschechische Republik	140
Deutschland	138
Irland	131
Slowakei	130
Dänemark	128
Österreich	125
Luxemburg	122
Belgien	111
Ungarn	104
Australien	102
Großbritannien	100

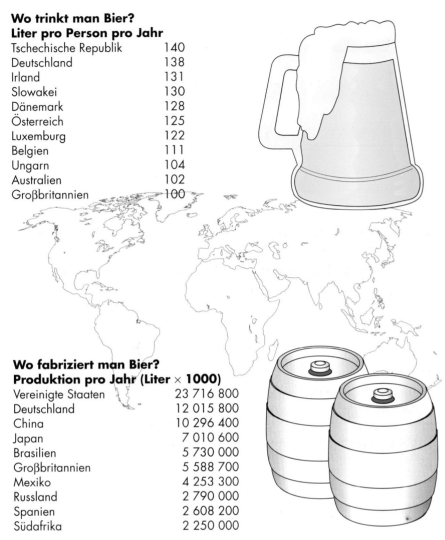

2 Verbinde die Person mit ihrer Aussage/ihren Aussagen.

*Beispiel: Erkan **c)***

a) Alkohol ist nicht gesund.

b) Deutscher Weißwein ist sehr gut.

c) Betrunken sein macht keinen Spaß.

d) Ich werde nie betrunken.

e) Mit Alkohol wird man laut und aggressiv.

f) Ich trinke sehr gern Wein.

g) Ich trinke nur einmal in der Woche.

h) Ich trinke nie Alkohol.

Wo fabriziert man Bier?
Produktion pro Jahr (Liter × 1000)

Vereinigte Staaten	23 716 800
Deutschland	12 015 800
China	10 296 400
Japan	7 010 600
Brasilien	5 730 000
Großbritannien	5 588 700
Mexiko	4 253 300
Russland	2 790 000
Spanien	2 608 200
Südafrika	2 250 000

Checklist

I can:
- talk about free-time activities.
- give opinions on TV programmes, music and films.

- arrange a meeting.

- read and use a menu.

I understand:
- prepositions with different cases:
    accusative always
    dative always
- the Accusative Approaching rule.
- pronouns.

Ich mag tanzen.
Ich mag Dokumentarfilme.
Ich mag klassische Musik.
Ich sehe gern romantische Filme.
Wir treffen uns um 8 Uhr vor dem Kino.
Ich möchte den Spargel, bitte.

für den Mann
aus dem Kino
Er geht in die Küche.
für mich, mit ihm

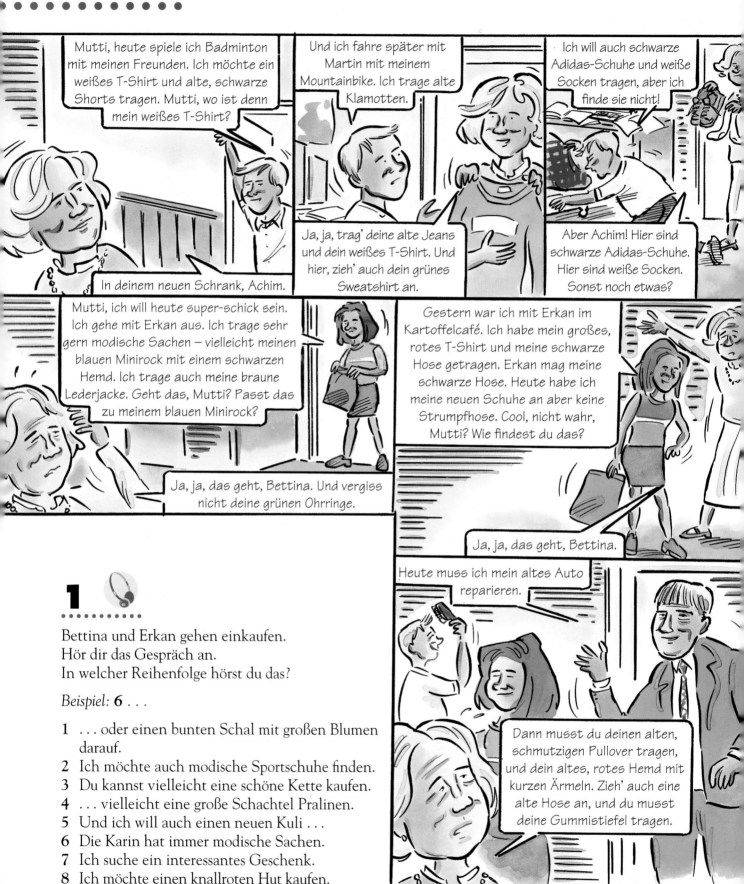

1

Bettina und Erkan gehen einkaufen.
Hör dir das Gespräch an.
In welcher Reihenfolge hörst du das?

Beispiel: **6** . . .

1 . . . oder einen bunten Schal mit großen Blumen darauf.
2 Ich möchte auch modische Sportschuhe finden.
3 Du kannst vielleicht eine schöne Kette kaufen.
4 . . . vielleicht eine große Schachtel Pralinen.
5 Und ich will auch einen neuen Kuli . . .
6 Die Karin hat immer modische Sachen.
7 Ich suche ein interessantes Geschenk.
8 Ich möchte einen knallroten Hut kaufen.

Grammatik

Adjective endings – 1

We have seen how certain words change according to gender and case – such as *ein, eine, einen*. Adjectives also take endings in certain circumstances, for example after *ein/eine*:

Nominative

masculine – **er:** *Ein rot**er** Hut ist sehr modisch.*
feminine – **e:** *Eine grün**e** Hose ist sehr cool.*
neuter – **es:** *Ein neu**es** Hemd ist im Schrank.*

Accusative

masculine – **en:** *Er kauft einen rot**en** Hut.*
feminine – **e:** *Bettina kauft eine neu**e** Vase.*
neuter – **es:** *Achim trägt ein weiß**es** T-Shirt.*

Dative

all genders – **en:** *Ich schreibe mit einem neu**en** Bleistift.*

There is, of course, no plural of *ein*. However, adjectives still add endings:

Nominative and accusative – **e:** *Ich trage schwarz**e** Schuhe.*
Dative – **en:** *Ein Hemd mit kurz**en** Ärmeln.*

2

Welche Kleidungsstücke passen hier?

Beispiel: **1** *Ich trage eine rote* **Jacke**.

1 Ich trage eine rote _____ .
2 Bettinas Mutter hat einen blauen _____ an.
3 Achim trägt nie eine grüne _____ .
4 Bettina mag sehr modische _____ .
5 Herr Essler trägt heute ein schwarzes _____ .
6 Im Café tragen die Kellnerinnen eine weiße _____ .
7 Karin hat gestern einen neuen _____ gekauft.
8 Beim Sport trägt Erkan alte _____ .

3

Erfinde Sätze. Nimm ein Wort oder ein Bild aus jedem Kästchen.

A

Achim   Bettina   Erkan
Karin   Herr und Frau Essler

B

trägt   kauft   tragen   kaufen

C

einen   eine   ein

D

blauen   braunes   schwarzen
grüne   neuen
weiße   rotes   alte   schönes

E

Beispiel: Achim kauft einen schwarzen Pullover.

4

Arbeite zusammen mit einem Partner/einer Partnerin.
Wo (oder wann) trägst du das?

Beispiel:

A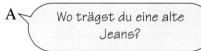
Wo trägst du eine alte Jeans?

B
Ich trage eine alte Jeans im Garten.

Wo trägst du . . .

1 . . . eine alte Jeans?
2 . . . ein weißes Hemd?
3 . . . eine kurze Hose?
4 . . . einen warmen Schal?
5 . . . schwarze Schuhe?
6 . . . ein neues T-Shirt?

Erfinde andere Kategorien.

5

Beantworte die Fragen auf Deutsch.

Beispiel: **1** *Erkan besucht Karin.*

1 Wer besucht Karin?
2 Was ist los mit Karin?
3 Wie hat sie den Fuß verletzt?
4 Was hat man im Krankenhaus gemacht?
5 Warum gibt ihr Erkan ein Geschenk?
6 Wer hat mit Karin telefoniert?
7 Warum kann Karins Schwester sie nicht besuchen?
8 Warum hat Karin eine rote Nase?

6

Hör dir das Gespräch an.
Was passt zusammen?

Beispiel: **1** d)

1 Karin hat	**a)**	zu Hause
2 Karin ist	**b)**	nicht in Berlin
3 Karin kann	**c)**	nicht richtig sprechen
4 Erkan hat	**d)**	sich den Fuß verrenkt
5 Karins Familie ist	**e)**	Karin besucht

Grammatik

Adjective endings – 2

On page 27 we met adjective endings. These same endings are used after possessive pronouns (*mein, dein, sein, ihr, unser, euer, Ihr*) and after *kein*.

*Mein link**es** Bein tut weh.* (neuter, nominative)
*Karin hat ihren recht**en** Fuß verrenkt.* (masculine, accusative)
*. . . mit ihrer rot**en** Nase . . .* (feminine, dative)

7

Sieh dir das Bild an. Was ist los?

Beispiel:
1

> Sein rechtes Auge tut weh.

> Er hat sein rechtes Auge verletzt.

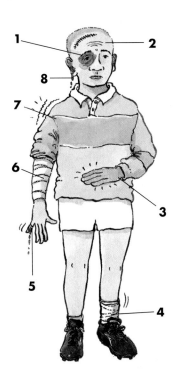

8

Hör dir das Gespräch an.
Was kosten diese Medikamente?

Beispiel: **a € 9,50**

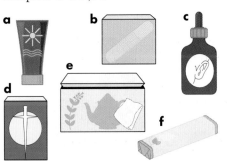

9

In der Apotheke. Partnerarbeit.
Mach Dialoge. Sieh dir die
Bilder rechts und die
Medikamente von Aufgabe 8 an.

A
> Guten Morgen. Kann ich Ihnen helfen?

B
> Ja, bitte. Ich habe mir den Fuß verrenkt.

A
> Sie brauchen einen elastischen Verband. Möchten Sie einen kleinen oder einen großen?

B
> Einen kleinen. Was kostet das?

A
> Acht Euro sechzig.

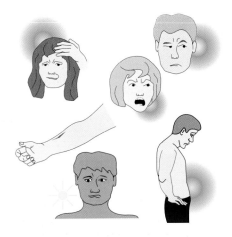

Hilfe

Durchfall (nm) – diarrhoea
Fieber (nn) – temperature, fever
Magenverstimmung (nf) – stomach upset
sich übergeben (vs) – to be sick
Überfahrt (nf) – sea crossing
verletzen (v) – to injure, hurt
verrenken (v) – to sprain

10

Sieh dir die Fotos an.
Füll die Lücken.

1 Meine Tante Elke wohnt in Lübeck. Sie arbeitet in einem _____ Büro. Hier trägt sie ein _____ Kostüm, eine _____ Bluse und _____ Schuhe mit hohen Absätzen. In der Hand hat sie ihr _____ Handy und ihre _____ Tasche.

2 Auf diesem Foto ist die Monika. Sie ist eine Nachbarin von uns. Sie hat hier eine _____ Mütze an. Sie trägt einen _____ Schal und eine _____ Jacke.

3 Hier siehst du meine _____ Cousine, Lisa. Sie trägt hier ihre _____ Shorts, ein _____ T-Shirt und _____ Schuhe. Sie sitzt in ihrem _____ Garten. Mein Onkel und meine Tante haben gerade ein _____ Haus auf dem Lande gekauft. Hier spielt sie mit ihrem _____ Hund, Max.

11

Lies die E-Mail.
Vervollständige die Sätze.

Beispiel: **1** *Bettina vermisst* **Claudia**.

1 Bettina vermisst . . .
2 In der Schule macht Bettina . . .
3 Heute Abend muss sie . . .
4 Gestern hat Erkan . . .
5 Mit Achim hat Bettina Probleme. Er . . .
6 Vor kurzem hat Bettina ihren . . .
7 Sie ist heute . . .

---

* *

Liebe Claudia

Wie geht's dir? Es ist schon lange her, seitdem du hier warst. Wir haben viel Spaß gehabt, du und ich, nicht wahr? Ich vermisse dich. Ich schreibe dir, weil ich deprimiert bin. Vielleicht kannst du mir helfen.

Schon wieder Schule! Ich mache dieses Jahr mein Abitur und habe also eine Menge zu tun. Ich muss heute Abend einen Aufsatz schreiben, bevor ich ins Bett gehe. Thema: „Britische Außenpolitik in den 50er Jahren". Kannst du dir so was vorstellen? Es ist totlangweilig. Erkan geht es gut, obwohl er mit einem neuen Mädchen befreundet ist. Sie heißt Karin und kommt aus Steinbach in der Nähe von Leipzig. Ich weiß nicht, ob ich es dir gesagt habe. Sie arbeitet mit uns im Café. Erkan hat sie gestern zu Hause besucht, weil sie krank war. Ich war wütend! Sie ist eigentlich ganz nett. Ich habe nichts gegen sie, aber sie spricht die ganze Zeit mit Erkan, wenn sie mit uns zusammen ist. Das ärgert mich.

Mein kleiner Bruder Achim geht mir auch auf die Nerven, weil er immer so laut und so doof ist. Heute haben wir Krach gehabt, nachdem er aus dem Badezimmer gekommen ist, weil er immer mein Shampoo und mein Körperspray benutzt.

Heute gibt es noch ein Problem. Ich habe meinen neuen Ring verloren – meinen Ring aus Silber. Ich hatte ihn, als ich die Schule verlassen habe. Wir sind zusammen zum Markt gegangen, Erkan und ich, nachdem die Schule zu Ende war, und mein Ring war weg, als wir zu Hause angekommen sind.

Alles geht schief! Es ist heute kein glücklicher Tag für mich.
Alles Liebe
Bettina

* *

Grammatik

Subordinating conjunctions – verb scarers!

As you know, the verb in a German sentence is normally the second idea:

Heute Abend **gehen** *Bettina und Erkan ins Kino.*

Some words, however, send the verb to the end. Think of them as 'verb scarers'.

Some common verb scarers are:

als – when (in the past only)
bevor – before
da – because, since
dass – that
nachdem – after
ob – whether, if
obwohl – although
seitdem – since
während – while
weil – because
wenn – whenever, if

Karin bleibt im Bett, **weil** *sie krank* **ist**.
Bettina ist eifersüchtig, **wenn** *Erkan mit Karin* **spricht**.
Sie muss einen Aufsatz schreiben, **bevor** *sie ins Bett* **geht**.

Notice that there is always a comma before a verb scarer. When a separable verb is sent to the end by a verb scarer it joins up again with its separable prefix:

Ich **stehe** *früh* **auf**.
. . . weil ich früh **aufstehe**.

12

Setz die Hälften zusammen.

Beispiel: **1** d)

1 Ich bin in die Apotheke gegangen,
2 Ich habe einen blauen Pulli gekauft,
3 Meine Mutter trägt immer einen warmen Schal,
4 Kannst du den Mann fragen,
5 Wir sind einkaufen gegangen,
6 Wir sind sofort ins Krankenhaus gegangen,
7 Ich habe meine alte Tante besucht,
8 Sechs Monate sind vergangen,
9 Er hat mich angesehen,
10 Stimmt es,

a) wenn es kalt ist.
b) nachdem wir gegessen haben.
c) dass du nachsitzen musst?
d) weil ich Halsschmerzen hatte.
e) obwohl ich sie langweilig finde.
f) seitdem du in Berlin warst.
g) bevor ich ins Krankenhaus gegangen bin.
h) als Opa angerufen hat.
i) während ich im Café war.
j) ob der Zug bald kommt?

13

Partnerarbeit. Beantworte diese Fragen auf Deutsch. Benutz das Wort in Klammern in deiner Antwort.

Beispiel:

A **Wann isst du Eis?**

B **Ich esse Eis, wenn es sehr heiß ist.**

1 Wann isst du Eis? (wenn)
2 Wann gehst du zur Schule? (nachdem)
3 Warum spielst du gern Tennis? (weil)
4 Wann liest du Zeitschriften? (bevor)
5 Wann hörst du Musik? (während)

14

Wann sind sie guter Laune? Wann sind sie schlechter Laune? Hör zu.

1 Nimm etwas aus jedem Kreis.

Beispiel: Bettina   glücklich   d)

schlechter Laune
glücklich
traurig
guter Laune
böse

a) Er hat in der Schule geraucht.
b) Sie bekommt schlechte Nachrichten.
c) Er muss nicht in die Schule gehen.
d) Sie bekommt gute Noten in der Schule.
e) Alles geht schief.
f) Er hat beim Badminton gewonnen.
g) Hertha BSC hat verloren.
h) Ihre Schwägerin ist nicht mehr im Krankenhaus.
i) Er hat kein Geld.
j) Er hat viele Hausaufgaben.

2 Schreib das jetzt in einem Satz.

Beispiel: Bettina ist glücklich, wenn sie gute Noten in der Schule bekommt.

Hilfe

deprimiert (adj) – depressed
eifersüchtig (adj) – jealous
Nachrichten (npl) – news
nachsitzen (vs) – to be kept behind/in detention
schief gehen (vs) – to go wrong
vermissen (v) – to miss
verlieren (vs) – to lose

Im Fundbüro

15

Hör dir das Gespräch an.
Notiere die Fragen.

Beispiel: Kann ich Ihnen helfen?

16

Mach weitere Dialoge mit diesen
Informationen.

eine schwarze Jacke

eine goldene Kette

ein Paar braune Stiefel

ein neuer Fotoapparat

ein grüner und blauer Pulli

ein brauner Koffer

ein roter Rucksack

eine kleine Armbanduhr

aus Leder aus Wolle aus Nylon aus Kunststoff aus Metall aus Stoff

17

Lies den Text und hör dir das Gespräch an.
Bilde Fragen.

Beispiel: 1 Wo sind Bettina und Karin?

1 Bettina und Karin sind im Café.
2 Es geht Bettina nicht gut.
3 Weil alles schief geht.
4 Weil sie zu müde ist.
5 Bettina hat ihn am Markt verloren.
6 Sie hat ihn in der Küche gefunden.
7 Als sie abgespült hat.
8 Er ist aus Silber mit einem blauen Stein.
9 Sie wird Erkan anrufen.
10 Weil sie den Ring gefunden hat.

18

Im Radio – Tauschladen!

Hör dir die Radiosendung an.
Was tauschen sie und was möchten sie?

Beispiel: 1 Herr Persching tauscht ein Mountainbike und möchte ein Paar Skier.

1 Herr Persching
2 Lilli Kasselbaum
3 Karl Schwengler
4 Frau Solitz

19

Mach Paare.

Beispiel: 1 c)

1 Was für ein Auto haben Sie, Herr Schmitz?
2 Möchtest du diese Jacke?
3 Haben Sie einen Ring gefunden?
4 Was für ein Paket suchen Sie?
5 Ist das dein neuer Schreibtisch hier im Katalog?
6 Wo hast du deine Taschen liegen lassen?

a) Nein, ich hätte gern eine schwarze.
b) Meine blaue ist zu Hause und ich habe meine gelbe irgendwo verloren.
c) Ich habe eben ein weißes gekauft.
d) Das muss ein ziemlich kleines sein.
e) Jemand hat am Markt einen silbernen gefunden.
f) Nein, ich habe meinen bei Kaufhof gekauft.

20

Setz die Wörter in die richtige Reihenfolge. Beginne mit diesem Wort.

Beispiel: Paul spielt Tennis, wenn es sonnig ist.

1 Paul Tennis spielt es ist wenn , sonnig
2 Am Morgen , bevor ich dusche ich frühstücke
3 Bettina ist , weil Karin gefunden froh ihren hat Ring
4 Warst zu Hause nicht , als angerufen habe du ich ?
5 Karin in arbeitet im sie Berlin Café , seitdem ist
6 Achim , nachdem am spielt Computer er zu angekommen Hause ist oft

Hilfe

ablegen (v) – to take off
jemand – someone, anyone
melden (v) – to report
tauschen (v) – to swap
Tauschladen (nm) (ä) – swap shop
Verlust (nm) (-e) – loss

21

Lies den Text und hör dir das Gespräch an.
Was ist richtig?

Beispiel: **1** *a)*

1 Bettina hat   **a)** braune Augen   **b)** blaue Augen   **c)** grüne Augen.
2 Bettina möchte   **a)** braune Augen   **b)** grüne Augen   **c)** blaue Augen.
3 Bettina mag nicht   **a)** blonde Haare   **b)** braune Haare   **c)** rote Haare.
4 Bettina möchte   **a)** lockige Haare   **b)** kurze Haare   **c)** braune Haare.
5 Karin hat   **a)** einen großen Mund   **b)** einen kleinen Mund   **c)** eine dicke Nase.

22

Bilde Sätze.

Beispiel: **1** *Ich möchte ein großes Auto.*

1 Ich habe ein kleines Auto.

2 Ich habe eine weiße Maus.

3

4

5

6

23

Schreib Sätze mit diesen Informationen.

Beispiel: **1** *Mein Vater hat ein blaues Auto.*

1 Vater   Auto
2 Freundin   Kleid   Kaufhaus
3 Onkel   Hemd   Schlafzimmer
4 Oma   kaufen   Hund
5 verlieren   Rucksack   Nylon
6 Familie   Einfamilienhaus   Stadt   finden

24

Hör dir das Gespräch an. Welche Bilder passen zu den Beschreibungen? Pass auf – es gibt mehr Bilder als Beschreibungen.

Beispiel: **1** *Herr Pawlovski*

1   2

3   4

5   6

25

Achim spricht mit Bettina. Hör dir das Gespräch an.

1 Hast du das gehört oder nicht? Schreib „Ja" oder „Nein".

Beispiel: **a)** *Ja*

a) Achim, du Idiot!
b) Ich rauche nur sechs oder sieben Zigaretten pro Tag.
c) Was kann man mit dem Geld machen?
d) Ich bin aber keine schöne Frau.
e) Ich habe es in einer Zeitung gelesen.
f) Du kannst Geld sparen.
g) Dreißig Prozent von allen Rauchern sterben an Lungenkrebs.
h) Das macht fast neunzehn Schachteln.

2 In welcher Reihenfolge hörst du das?

Beispiel: **a)** . . .

Hilfe

Bart (nm) – beard
giftig (adj) – poisonous
lockig (adj) – curly, wavy
Pickel (nf) (-) – spot
Raucherecke (nf) (-n) – smokers' corner
Schnurrbart (nm) – moustache
schwanger (adj) – pregnant

• If you want to contradict something negative which another person has said use *doch* ('Oh yes it is', 'Oh yes he does', etc.).

... Ja, ja, ja ... Ich komme um 15 Uhr dreißig im Flughafen Tegel an. Sie werden mich sofort erkennen ... Ich, äh, na, ja, ich werde eine blaue Hose tragen, eine blaue gestreifte Hose und wahrscheinlich auch eine braune Lederjacke. Nee, nee, keinen Schlips. Ich trage nie einen Schlips. Ich bin mittelgroß – ein Meter fünfundsiebzig. Ich habe kurze braune Haare, glatte Haare. Nee, nee, ich trage keine Brille. Nur wenn es heiß ist. Dann trage ich eine Sonnenbrille. Ich, äh, ich trage immer eine kleine Tasche, eine Adidas-Tasche. Ich werde auch meinen neuen Fotoapparat um den Hals haben. Sie werden mich sofort erkennen. Das ist kein Problem ...

26

Lies den Text und hör zu.
Welcher ist der richtige Mann? Schreib die Nummer auf.

27

Ist das richtig oder falsch?
Schreib R oder F.

Beispiel: **1** R

1 Karins Bruder, Michael, hat zwei kleine Kinder.
2 Erkan hat die Stühle für seine neue Wohnung von seinem Onkel bekommen.
3 Karins Vater ist seit mehr als zehn Jahren arbeitslos.
4 Karin ist nach Steinbach gekommen, weil sie zu Hause keinen Job gefunden hat.
5 Bettina sieht sich gern romantische Filme an.
6 Achim trägt einen blauen Trainingsanzug, wenn er Badminton spielt.
7 Herr Essler hat braune Schuhe an, wenn er sein altes Auto repariert.
8 Achim ist immer glücklich, wenn er nicht in die Schule muss.
9 Deutschlehrer haben alle große Ohren und tragen schäbige Kleider.
10 Fünfzehnjährige Schüler tragen coole Klamotten aber Zwölfjährige sind unreif und haben fette Haare.

28

Erkennst du Herrn X? Gewinn den Preis!
Hör dir die Radiosendung an.
Was trägt der Mann? Mach eine Liste.

*Beispiel: **a** . . .*

Am Freitag trägt er . . .   Am Samstag trägt er . . .   Am Sonntag trägt er . . .

a  b  c   d   e  f

k   l

g   h   i   j

Checklist

I can:
- report lost property.
- cope at a chemist's or doctor's.

- describe someone's appearance.

I understand:
- how to use verb scarers.

- how to use adjective endings.

I know:
- vocabulary relating to the body and the face.

Ich habe eine Brieftasche verloren.
Ich möchte etwas gegen Magenschmerzen, bitte.
Sie hat lange, braune Haare . . .

Wir fahren an die Küste, wenn es schön ist.
Mein bester Freund, ein neues Kleid . . .

Er trägt eine Brille.
Sie hat blaue Augen.

Hilfe

Anzug (nm) (¨e) – suit
gestreift (adj) – striped

Study tip
Try and have a regular place where you can work without being disturbed. Keep it tidy so you do not waste time looking for things. Some people work best in complete silence, others prefer background music. Find out which works best for you.

Einheit vier *Erkan hat Glück!*

Winter in Gurgl
Der bunteste Saisonstart, seit es den Winter gibt ...

1

Lies die Broschüre.
Vervollständige diese Sätze.

Beispiel: **1** *Die Skisaison beginnt im* **November**.

1 Die Skisaison beginnt im ...
2 Die Ski-Opening-Party findet in ... statt.
3 In der Gruppe STARMIX sind ...
4 Am Sonntag bietet die Skischule eine Safari zu ...
5 Bei der Mountain-Party gibt es ein ...
6 Man zahlt für die Party und ein Getränk ...
7 Eine tolle Stimmung findet man am 2. Dezember ...
8 Man stellt den Christbaum am ... auf.
9 Am Dorfplatz gibt es ... zu essen und ... zu trinken.
10 Die Jetzendorfer Hinterhof-Musikanten spielen ...

Samstag, 28. November   *Große Ski-Opening-Party im Zelt in Obergurgl*

Ort: Tennisplatz, Einlass ab 18.30 Uhr
20.30 Uhr Top-Live-Musik und Show total mit STARMIX – Österreichs beste Pop-band macht den Abend zu einem wunderbaren Erlebnis. Von klassischen Dance-Standards bis zu den aktuellen Top 40 Hits reicht das Repertoire der 6 Profimusiker. Die Mitternachtshow und Überraschungseinlagen runden das Programm ab.

Sonntag, 29. November   *Blick in die Gurgler Schneekulisse*

9.45 Uhr Carving-Demonstrationsfahrt der Skischule Obergurgl am Ski-Schul-Sammelplatz. Im Anschluss beginnt der Schnuppertag mit der Skischule Obergurgl. Mit freundlichen Skilehrerinnen und Skilehrern auf Skisafari zu den schönen Skiabfahrten und hübschen Skihütten.

Montag, 30. November   *Sektempfang und Bergrüßungsvortrag*

21.00 Uhr „Willkommen im Tirol"

Dienstag, 1. Dezember   *Nachtskilauf am Festkogel*

19.00 Uhr bis 22.00 Uhr Mountain-Party am Festkogel. Großes Feuerwerk und Demofahrten der Skischule Obergurgl. Teilnahme inkl. Warm-Up-Drink € 8,00

Mittwoch, 2. Dezember   *Tag der Gurgler Skihütten*

Après-Ski-Party und Hüttenstimmung auf allen Gurgler Skihütten mit Musik und guter Stimmung.

Freitag, 4. Dezember   *Freestyle-Night-Show*

21.00 Uhr Skiakrobatikshow mit Skiartisten und Snowboardakrobaten zu Musik. Licht- und Showeffekten. Ort: Hochgurgl. Kostenloser Bustransfer von Obergurgl nach Hochgurgl und zurück.

Samstag, 5. Dezember   *Krampusfest*

14.00 Uhr Aufstellen von dem Gurgler Christbaum und Beginn von dem Vorweihnachtsfest am Dorfplatz mit Kastanien, Glühwein und Punsch. Partystimmung in Obergurgl
Ort: Tennisplatz Einlass ab 18.30 Uhr
20.30 Uhr Der unvergessliche Stimmungsabend mit den Jetzendorfer Hinterhof-Musikanten.
Das Repertoire von der bekannten Band reicht von Volksmusik über Jazz bis zu heißem Rock.

2   *Erkans schöne Überraschung*

Hör dir das Gespräch an.
Was ist richtig? Schreib die Nummern.

Beispiel: **1** . . .

1 Erkan hat einen Preis gewonnen.
2 Er fährt nach Slowenien.
3 Der Urlaub dauert zehn Tage.
4 Erkan wird in einem Hotel wohnen.
5 Er wird seine Mahlzeiten selber bezahlen.
6 Jeden Tag wird er Skiunterricht bekommen.
7 Er freut sich auf die Reise.

3

Hör dir das Gespräch an. Was sollte Erkan einpacken?

Beispiel: **1** die weißen Socken

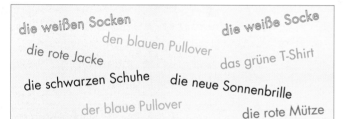

die weißen Socken
den blauen Pullover
die weiße Socke
die rote Jacke
das grüne T-Shirt
die schwarzen Schuhe
die neue Sonnenbrille
der blaue Pullover
die rote Mütze

Grammatik

Adjective endings – 3

In the previous unit we saw how adjectives take endings after the indefinite article (*ein*, etc). Now we meet the adjective endings which are used after the definite article (*der, die, das, etc*).

Nominative: all genders – **e**
Accusative: masculine – **en**
　　　　　 feminine and neuter – **e**
Dative: all genders – **en**
Plural (all cases, all genders) – **en**

*Erkan packt den blau**en** Pullover nicht ein.*
*Bettina mag die gelb**e** Mütze.*
*Erkan packt das rot**e** T-Shirt ein.*
*Er kann die weiß**en** Socken nicht finden.*

4

Was ist hier richtig?

Beispiel: **1** *Erkan sollte den **blauen** Pullover nicht einpacken.*

1 Erkan sollte LNBEDEUAN Pullover nicht einpacken.
2 Er sollte REDBINUAE Jacke nicht vergessen.
3 Bettina würde SDWRCEIHANZE Schuhe nicht mitnehmen.
4 NEIDUEE Sonnenbrille muss auch in den Koffer.
5 Aber TELDIEA Jeans kann er zu Hause lassen.
6 Im Urlaub muss Erkan LDBEIGEE Mütze tragen.

5

Partnerarbeit.
Beantworte die Fragen von deinem Partner/deiner Partnerin. Ersetze das Wort in Rot.

Beispiel:

A Nimmst du den blauen Pullover mit?

B Nein, ich nehme den braunen Pullover mit.

1 Nimmst du den blauen Pullover mit?
2 Hast du die weißen Socken eingepackt?
3 Wo hast du das grüne Hemd hingelegt?
4 Sind deine neuen Schuhe schon in dem Koffer?
5 Hast du die gelbe Jacke in der Tasche?
6 Ist das dein grauer Schal noch auf dem Bett?

Hilfe

Aufsatzwettbewerb (nm) (-e) – essay competition
Christbaum (nm) (¨e) – Christmas tree
einpacken (v) – to pack
Gastfreundschaft (nf) – hospitality
Glühwein (nm) – mulled wine
Kastanie (nf) (-n) – chestnut
Mahlzeit (nf) (-en) – meal
sich freuen (v) auf – to look forward to
Skiunterricht (nm) – ski instruction
Stimmung (nf) – atmosphere

Hotel Jenewein

Familie Schöpf-Bucher
A-6456 Obergurgl
Telefon 00 43 / 52 57 / 62 03   Telefax 00 43 / 52 57 / 62 03 47

Wintersportort mit Weltruf
Skiurlaub am schönsten Platz in Obergurgl
... direkt am neuen Lift ... neben der Skipiste ... gemütliche Atmosphäre
... die beste Gastfreundschaft in Obergurgl

EXTRALEISTUNGEN

Im Halbpensionspreis sind die folgenden Extraleistungen enthalten:

★ Begrüßungsdrink
★ Reichhaltiges Frühstücksbüffet
★ 5-Gang-Menü
★ Italienischer Abend
★ Kinderspielraum
★ Swimming-Pool mit Hot-Whirlpool und Dampfbad

Für den unvergesslichen Urlaub bieten wir Ihnen die größte Auswahl in Obergurgl – Einzelzimmer, Doppelzimmer, Appartement, Studio, Juniorsuite, Hochzeitssuite – alle mit Bad/Dusche, WC, Kabel-TV, Telefon, Safe, Fön, Radio, teilweise Balkon. (Sehen Sie die beigelegte Preisliste.) Rufen Sie uns an. Wir stehen Ihnen gerne für jede Auskunft zur Verfügung.

6

Lies die Hotelbroschüre, die Erkan bekommen hat.

1 Ist das richtig oder falsch? Oder weiß man das nicht? Schreib R, F oder ? .

*Beispiel: **a)** R*

a) Das Hotel Jenewein ist in Obergurgl.
b) Das Hotel befindet sich neben dem neuen Skilift.
c) Das Hotel ist preiswert.
d) Im Hotel gibt es ein Restaurant.
e) Die Atmosphäre im Hotel Jenewein ist besonders gut.
f) Für Kinder steht ein Spielraum zur Verfügung.
g) Bei der Ankunft bekommt man ein Getränk.
h) In den gemütlichen Zimmern hat man Satelliten-Fernsehen.

2 Was passt hier? Denk an die Endungen.

*Beispiel: **a)** Alle können die **gemütliche** Atmosphäre genießen.*

a) Alle können die _____ Atmosphäre genießen.
b) Das Hotel Jenewein befindet sich am _____ Platz in Obergurgl.
c Direkt neben dem Hotel ist der _____ Skilift.
d) Das _____ Frühstück serviert man im Restaurant.
e) Bei Familie Schöpf-Bucher findet man die _____ Gastfreundschaft.

7

Partnerarbeit. Übernimm eine dieser Rollen und mach Interviews über deine Urlaubspläne.

ein kleines Kind von 6 Jahren
ein achtzigjähriger Mann
ein Wanderer
ein Teenager mit wenig Geld
eine sehr reiche Frau
eine Geschäftsfrau mit wenig Zeit

Mögliche Fragen:

Mit wem fährst du?

Wie wirst du fahren?

Was für Kleider nimmst du mit?

Wie lange bleibst du?

Wo wirst du wohnen?

8

Bilde Paare.

Beispiel: **1** f

1 Auskunft
2 Gepäckaufbewahrung
3 Wartezimmer
4 Ausgang
5 Imbisshalle
6 Damentoiletten
7 Geldwechsel
8 Kein Zutritt
9 Eingang
10 Fahrkarten
11 Herrentoiletten
12 Entwerter
13 Fundbüro
14 Schließfächer
15 Zu den Gleisen

a  **b**  **c** **d**  **e**

f **g** **h** **i** **j**

k **l** **m** **n** **o**

9

Was ist der beste Urlaub?
Hör zu.
Wer hat das gesagt – Harold, Eva, Bettina oder Achim?
Und was passt in die Lücken?

Beispiel: **1** Bettina – ersten

1 Der Erkan hat den _____ Preis in einem Wettbewerb gewonnen.

2 Das _____ Wetter, der Schnee – das ist nichts für mich.

3 Kein Kochen, keine Arbeit, am _____ Strand liegen.

4 Wir haben auch die _____ Fahrräder gemietet.

5 Die schöne Landschaft, die _____ Luft, die _____ Vögel . . .

6 Da gibt es _____ Discos und Nachtklubs und _____ Geschäfte.

7 Jeden Abend war sie in einer _____ Disco.

8 Das war ein _____ Urlaub.

Tja, der beste Urlaub für mich war in England, in Nordengland im Seengebiet. Da haben wir sehr schöne Dörfer gesehen, mit ihren kleinen Häusern und hübschen Pubs, und die Landschaft war wunderschön. Und die freundlichen Leute – die waren wirklich wunderbar. Aber das Wetter! Oh je, das kalte Wetter! Es hat die ganze Woche geregnet. Das war aber trotzdem ein guter Urlaub. Ich möchte noch einmal nach England fahren. Und Sie, Frau Schnell?

Frau Schörling

Mein bester Urlaub war in Frankreich. Wir waren an der Westküste, in La Rochelle. Wir haben viel Zeit am Strand verbracht. Die Strände sind sehr gut. Wir haben in tollen Restaurants gegessen und den französischen Rotwein haben wir sehr gern getrunken. Wir haben auch die kleine Fabrik besucht, wo man Cognac fabriziert. Cognac – das ist eigentlich eine kleine Stadt in Westfrankreich. Das ist eine sehr hübsche Stadt, und das war ein interessanter Besuch. Na ja, ich finde Frankreich wunderschön – und das warme Wetter gefällt mir auch! Was sagen Sie, Frau Dörk?

Frau Schnell

Wir waren vor einigen Jahren auf der Insel Langeoog. Das liegt in der Nordsee, an der Nordseeküste von Deutschland. Viele Leute würden das zu ruhig, zu still finden. Große Nachtklubs, große Kinos findet man hier nicht. Es gibt auch keinen Verkehr. Das ist das Beste! Es ist sehr, sehr ruhig. Viele schöne Wasservögel, auch viel Wind! Viele Leute fahren dahin, weil sie gerne segeln oder sandsegeln, aber das ist zu anstrengend für mich! Und Sie, Frau Linikov? Was war Ihr Lieblingsurlaub?

Frau Dörk

Mein Italienurlaub. Wir waren eine Woche in Rom. Das war im August, und das schöne Wetter hat mir gut gefallen. Das heiße Wetter in Südeuropa gefällt mir sehr. Rom ist eine historische Stadt und wir haben die römischen Ruinen besucht. Das finde ich ja furchtbar interessant. Das kleine Hotel, wo wir gewohnt haben, war auch sehr schön – sauber und billig, und die anderen Gäste waren lustig. Wir haben uns sehr amüsiert.

Frau Linikov

10

Lies den Text und hör den Sprechern zu. Welche Bilder passen zu jeder Person? Schreib die Buchstaben.

Beispiel: Frau Schörling **c** . . .

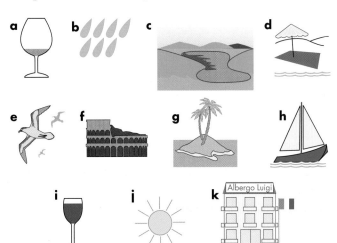

11

Finde ein anderes Wort für dieses Wort. Schreib die Sätze.

Beispiel: **1** *Unser Hotel war neben dem* **kleinen** *See.*

1 Unser Hotel war neben dem schönen See.
2 Wir haben jeden Tag in dem fantastischen Restaurant gegessen.
3 Am ersten Abend sind wir in die gemütliche Bar gegangen.
4 Um 15 Uhr am folgenden Nachmittag sind wir in dem kühlen Wald spazieren gegangen.
5 In der lebendigen Stadtmitte haben wir viel eingekauft.
6 Der hohe Kirchturm war besonders interessant.
7 Wir haben uns das tolle Weinmuseum angeschaut.
8 Für die interessante Führung haben wir zwei Stunden gebraucht.

12

Karin hat einen Brief bekommen.
Füll die Lücken im Brief. Wähl Wörter aus dem Kästchen rechts.
Vergiss die Endungen nicht!

Beispiel: **(a)** *fantastisch – fantastisch**en***

> berühmt alt zweit neu
> billig fantastisch frisch lecker
> bunt hübsch winzig klein
> viert toll schön nächst
> interessant schäbig schmutzig

Steinbach, den 4. Juli

Liebe Karin,
Hallo! Wie geht's? Wir sind gerade aus dem Urlaub nach
Hause gekommen. Wir hatten einen **(a)** _____ Urlaub.
Wir sind zu einem **(b)** _____ Dorf in der Nähe von
Stralsund gefahren und haben direkt am **(c)** _____
Hafen gewohnt. Wir hatten jeden Tag viel Sonnenschein und
sind viel gewandert. Wir haben die **(d)** _____ Kirche, das
(e) _____ Museum und die **(f)** _____ Cafés besucht.
Am **(g)** _____ Abend haben wir im **(h)** _____ Gasthof
„Zur Mühle" gegessen – der **(i)** _____ Fisch war lecker.
Wir haben den **(j)** _____ Tag an der See verbracht und
sind mit der **(k)** _____ Fähre zu der **(l)** _____ Insel von
Ummanz gefahren. Dort haben wir die **(m)** _____ Häuser
gesehen und die **(n)** _____ Spezialitäten gegessen.
Der **(o)** _____ Campingplatz war sehr gut aber das
(p) _____ Geschäft war vier Kilometer entfernt.
Was machst du denn in Berlin? Schreib bald oder ruf
mich an!
Alles Gute
deine Ulrike

13

Mach eine kurze Präsentation
über deinen letzten Urlaub.

- Wo?
- Wann?
- Mit wem?
- Was gemacht?
- Eindrücke?

Hilfe

Hafen (nm) – harbour, port
sandsegeln (v) – sand surfing
Seengebiet (nn) – Lake District

Study tip
When you are on 'study leave' make sure you plan your time wisely. Draw
up a schedule of revision and stick to it. Then give yourself a reward with a
clear conscience! Make sure you include periods of relaxation and that you
get enough sleep.

14

Pläne für die Zukunft

Hör dir das Gespräch an.
Wer ist das – Bettina, Achim
oder Karin? Schreib B, A oder K.

Wer ...

1 ... wollte früher im Krankenhaus arbeiten?
2 ... arbeitet nicht besonders gern im Café?
3 ... würde gern mit einem Freund eine lange
   Reise unternehmen?
4 ... möchte studieren?
5 ... hätte Lust, mit Tieren zu arbeiten?
6 ... ist in der Schule nicht sehr fleißig?
7 ... will für Dezember eine Arbeit finden?
8 ... ist intellektuell ziemlich begabt?
9 ... hat früher Sachen verkauft?
10 ... wollte früher mit Autos arbeiten?

Grammatik

The 'verb-comma-verb' rule

On page 30 we met 'verb scarers' (**weil**, **wenn**, etc.), which send the verb to the end of the clause (for 'clause', see below). Some sentences have more than one clause. When this happens, and the verb scarer appears in the first clause, observe the following:

1 The verb scarer sends its verb to the end of the clause.
2 The verb from the next clause comes forward to meet it.
3 Put a comma between the two verbs.

Think: **verb-comma-verb**.

Wenn ich die Schule *verlasse, gehe* ich auf die Universität.
Weil es schön *ist, gehe* ich ins Schwimmbad.
Während die Mädchen *arbeiten, sprechen* sie.

What is a 'clause'?

Think of it as an ex-sentence. If two sentences are joined (by a word such as 'and' or while') then they each become 'clauses' in the new, longer sentence.

They are working. (sentence)
They are talking. (sentence)
They are talking while they are working. (sentence consisting of two clauses)

15

Ist das richtig oder falsch? Schreib R oder F.

Beispiel: 1 R

1 Wenn Bettina älter ist, möchte sie Tierärztin
  werden.
2 Wenn sie das Abitur gemacht hat, will sie einen
  Job suchen.
3 Bevor Bettina auf die Uni geht, würde sie gerne
  eine lange Reise machen.
4 Als Karin klein war, hatte sie Lust, Ärztin zu
  werden.
5 Obwohl Achim ganz intelligent ist, bekommt er
  keine guten Noten in der Schule.
6 Während Karin noch bei ihren Eltern war, hat
  sie als Verkäuferin gejobbt.
7 Als sie auf dem Markt gearbeitet hat, hat sie
  ihre Arbeit sehr interessant gefunden.
8 Als Achim noch sehr jung war, wollte er
  Formel-Eins-Fahrer werden.

16

Lies die Anzeigen mit Hilfe eines Wörterbuchs.
Ist das richtig oder falsch? Schreib R oder F.

Beispiel: **1** R

1 Secretary required for surgical department.
2 GS Software works with industry, banks and commerce.
3 Translator required with secretarial skills.
4 Dental technician needed for hospital.
5 Cook to work in station outlet – speciality Chinese food.
6 Architect required with at least five years' experience.
7 Dream-Cards require written applications with CV and photo.
8 Free accommodation offered to housekeeper.

Übersetzer/In mit guten PC-Kenntnissen gesucht. KERN GmbH, Sprachendienste Tel 069 74 08 27

Architekt/In f. Großprojekt mit mindestens 5-Jahr-Berufserfahrung gesucht. GRUHL u. PARTNER Architekten, Brunnenstr. 67, 50672 KÖLN

Für den Verkauf v. Glückwunschskarten suchen wir einen QUALIFIZIERTEN HANDELSVERTRETER. Schriftl. Bewerbungen m. Lebenslauf u. Foto an: Dream-Cards Friedrichstr 68, 42551 Velbert

Wir suchen einen Koch/eine Köchin m. italienischem Flair für unser Geschäft im Bahnhof. Sapori d'Italia, Frischmarkt im Bahnhof, 60329 Frankfurt

Konstruktionsingenieure/ Innen Mechanik u. Elektrik. Chancen f. berufserfahrene Konstrukteure.

Haushalt u. Garten sowie Betreuung v. 2 Pferden. Wir sind 2 Personen (den ganzen Tag über beschäftigt) u. suchen absolut verlässliche Person. Einziger Festtermin – Abendessen zubereiten. Wir bieten pro Monat € 1700 Gehalt, freie Wohnung, 65m², teilmöbliert, Wasser, Strom, Heizung frei. Bitte bewerben Sie sich m. Lebenslauf, Foto, Nennung v. Referenzen – unter 46328

Chefsekretär/In f. chirurgische Abteilung gesucht. Zuschriften unter 891425

Zahntechniker/In f. Zusammenarbeit in Praxis gesucht. Dr K. Baese, Kielerstr. 46, 83043 Bad Aibling Tel 080 61 / 16 85

System Spezialist (in Internet-Intranet-Services)/Datenbank-/ Software-Consultants GS Software ist ein internationales Softwarehaus m. Standorten in D, USA, Israel. Wir führen mehrere Datenbank-, Software-, und Internetprojekte bei bekannten Firmen aus Industrie, Handel u. Banken durch. Wir suchen f. die Regionen NRW, Bayern u. Frankfurt a. M weitere Mitarbeiter.

17

Vervollständige diese Sätze.

Beispiel: **1** *Wenn ich die Schule verlasse, möchte ich studieren.*

1 Wenn ich die Schule verlasse, ...
2 Wenn ich in der Schule gute Noten bekomme, ...
3 Wenn ich das Abitur gemacht habe, ...
4 Wenn ich achtzehn Jahre alt bin, ...
5 Bevor ich nach Hause gehe, ...
6 Bevor ich ins Kino gehe, ...
7 Nachdem ich meine Hausaufgaben gemacht habe, ...
8 Als ich in der Grundschule war, ...
9 Weil ... , sind wir an die See gefahren.
10 Während ... , sitzt mein Bruder vor dem Fernseher.

18

Mach eine Präsentation über deine Zukunft.
Beantworte darin diese Fragen.
Gib auch Gründe und Meinungen.

> Was möchtest du machen, wenn du die Schule verlässt?

> Wo möchtest du arbeiten, wenn du einen Job hast?

> Wo möchtest du wohnen, wenn du genug Geld hast?

> Was möchtest du machen, bevor du 30 Jahre alt bist?

Hilfe

Grundschule (nf) (-n) – primary school
jobben (v) – to have a holiday/part-time job
unternehmen (vs) – to do, undertake

Lieber Erkan!
Wie geht's dir? Ich vermisse dich. Hier ist
überhaupt nichts los. Meine Schularbeit ist mies.
Ich habe die Nase voll davon. Ich habe am
Montag eine Klassenarbeit geschrieben. (Worüber?
Übers die chemischen Substanzen in einer
Zigarette - so interessant!) Dafür habe ich
nur eine 5 gekriegt. Frau Möllendorf, die
Chemielehrerin - sie hasst mich. Ich weiß
nicht warum. Im Café ist auch nicht
viel los. Die Karin - jedesmal, wenn ich
sie sehe, geht sie mir auf die Nerven.
Ich finde sie so doof, so unintelligent. Ich
kann nichts dagegen tun. Ich habe lange
darüber nachgedacht und ich glaube immer
noch, Karin war es, die meinen Ring gestohlen
hat, obwohl sie immer meint, sie hat den
Ring im Café gefunden. Aber warum hatte
sie den Ring dabei? Ich glaube, sie ist
eifersüchtig auf mich. Sie hat keinen Freund
und sie ist ganz, ganz eifersüchtig auf
dich und mich.
Und was machst du? Wie ist das Skilaufen?
Hast du auch Snowboarding probiert?
Das soll Spaß machen. Musst du dafür
zahlen oder ist das alles kostenlos?
Ich bin ganz neidisch.
Heute gehe ich mit Mutti zu Tante Irene.
Ich glaube, ich werde danach einen langen
Spaziergang mit König machen. König ver-
misst dich auch. Er sagt 'Wau, wau!'
wenn er deinen Namen hört. Er ist auch
sehr traurig, dass du weg bist.
Komm schnell nach Hause!!
Alles Liebe
Bettina

Grammatik

The *womit* and *damit* rule

If a preposition has *da* in front, this adds the sense of 'it' to the preposition.

damit = with it
davon = from it
dafür = for it

If a preposition has *wo* in front, this adds the sense of 'which' or 'what'.

womit = with which, with what
wovon = from which, from what
wofür = for which, for what

If the preposition starts with a vowel add an extra 'r'.
For example:

daraus = out of it
worüber = about which, about what

Can you find examples in Bettina's letter?

19

Lies den Brief.
Wie sollte das sein? Und ist das richtig (R) oder falsch (F)?

Beispiel: 1 Bettina vermisst Erkan – R.

1 vermisst Bettina Erkan
2 hat am Bettina Chemiearbeit geschrieben Dienstag eine
3 Bettina gute hat eine bekommen Note
4 Frau Bettinas ist Lieblingslehrerin Möllendorff
5 ganz Karin Bettina findet dumm
6 eifersüchtig ist auf Karin Bettina nicht
7 besuchen Frau Essler heute Bettina und Tante Irene
8 wird Bettina später dem mit spazieren Hund gehen

20

Was passt in die Lücken? Wähl Wörter aus dem Kästchen. (Du darfst die Wörter mehr als einmal verwenden.)

Beispiel: (a) daneben

den 28. März

Hallo Maike,

du wolltest etwas über meine Wohnung wissen? Sie liegt am Stadtrand in der Nähe von der Paulus-Kirche und ist in einem großen Wohnblock. **(a)** _____ ist ein kleiner Park mit Kinderspielplatz, usw. Ich wohne in einer Zweizimmerwohnung im 2. Stock und ich finde sie sehr gemütlich. Beim Eingang steht mein Gummibaum und **(b)** _____ ist ein Regal. Im Wohnzimmer habe ich einen Sessel und ein kleines Sofa. **(c)** _____ sind die Kissen von meiner Tante. In der Ecke ist der Tisch und **(d)** _____ eine Lampe und mein PC. **(e)** _____ kann ich alles fürs Studium machen. Ich habe viele Fotos an der Wand. Das Schlafzimmer ist winzig mit einem Bett (**(f)** _____ sind meine Schuhe – sonst habe ich keinen Platz) und einem Kleiderschrank. **(g)** _____ sind auch meine Bücher und CDs. In der Küche sind der kleine Herd, der Mini-Kühlschrank und eine Spüle. (**(h)** _____ ist auch mein ganzes Geschirr – ich muss unbedingt spülen!) Ich brauche einen Mikrowellenherd – **(i)** _____ muss ich sparen. Du musst mich besuchen und dir alles selber anschauen.

Tschüß

Hilde

daneben	dafür	darunter	damit	darauf	darin

21

Lies diese Postkarten, die Franz Paulus und Ulrike Marlies gleich am Beginn von dem Urlaub geschrieben haben. Hör dann zu.
Was stimmt nicht mehr? Antworte auf Deutsch.
Franz hat vier Probleme. Ulrike hat zwei Probleme.

a)

Hallo alle!
Bin hier in Super-Luxus-Hotel. Alles toll. Essen fantastisch.
Großes Zimmer im 3. Stock mit Balkon u. Blick auf die See, TV, Bad, Dusche u. Bidet. Morgen gehe ich schwimmen und einkaufen.
Bin am Do. wieder da.
Euer Franz

b)

Lieber Simon und liebe Karla,
es ist Mitternacht und ich bin gerade angekommen. Hotel in den Bergen – sehr ruhig – und viel in der Nähe zu sehen. Ich plane Ausflüge zum Adlersee und auf den Mönchsberg mit der Seilbahn.
Bis bald
Ulrike

22

Schreib einen Brief an das Hotel, wo du Urlaub gemacht hast und beschwer dich über die vielen Probleme, die du dort hattest. Hier sind die Notizen, die du gemacht hast.

So. Zimmer nicht fertig
Mo. Dusche kaputt, keine Seife
Di. Kellner SEHR unhöflich
Mi. Swimming-Pool geschlossen, laute Musik in der Nacht
Do. Keine neuen Badetücher
Fr. Essen kalt – Abendessen.
Sa. Transfer zum Flughafen – spät

Hilfe

abschließen (vs) – to lock
Bettzeug (nn) – bedlinen
Gummibaum (nm) (¨e) – rubber plant
Hinterhof (nm) (¨e) – backyard
Kissen (m) (-) – cushion
Kopfkissen (nn) (-) – pillow
Lärm (nm) – noise

EINHEIT VIER

23

Lies den Brief. Welche Fragen hat Erkan darin beantwortet und in welcher Reihenfolge? Schreib eine Liste.

Beispiel: 2 . . .

1 Wie ist dein Zimmer im Hotel?
2 Wann kommst du nach Hause?
3 Wie lange bleibst du noch in Österreich?
4 Was hast du gestern Abend gemacht?
5 Woraus besteht das Frühstück im Hotel?
6 Wie ist das Wetter gewesen?

7 Was für Leute hast du kennen gelernt?
8 Wo befindet sich dein Hotel?
9 Hast du irgendwelche Probleme gehabt? Womit?
10 Hast du andere Sportarten getrieben?
11 Wofür hast du Geld ausgegeben?

Liebe Karin!

Servus! (Wie man in Österreich sagt) Grüß dich. Wie geht's dir? Gut, hoffentlich. Ich bin schon fünf Tage hier. Ich komme in zwei Tagen nach Berlin zurück.

Es ist ganz fantastisch hier. Wir sind jeden Tag Ski gelaufen. Die Skilehrer sind toll – sehr geduldig. Das Skilaufen habe ich gar nicht so schwer gefunden, obwohl meine Knien jetzt ein bisschen wehtun! Glücklicherweise hat bis jetzt niemand einen Unfall gehabt.

Das Wetter ist auch sehr gut gewesen. Es hat natürlich geschneit, aber es ist gar nicht kalt. Als wir gestern eine Schneeballschlacht gemacht haben, war es sehr heiß – ich habe nur ein T-Shirt und Shorts getragen. Die anderen jungen Leute kommen nicht nur aus Deutschland sondern auch aus Frankreich, der Schweiz, Liechtenstein und Österreich. Die Schweizer und die Österreicher können sehr gut Ski laufen. Abends haben wir Partys gehabt. Da es eine Disco im Hotelkeller gibt, haben wir jeden Abend getanzt. Das ist unsere 'Après-Ski Party', wie man das nennt.

Mein Zimmer ist sehr gemütlich und das Hotel liegt sehr schön in den Bergen. Ich habe eigentlich keine Lust, nach Hause zu kommen. Grüße an alle am Café Fester.

Bis bald
Dein Erkan

24

Bettina ist wütend!

Hör dir das Gespräch an. Was hast du gehört? Mach eine Liste.

Beispiel: 1 . . .

1 Grüß dich.
2 Hast du keinen Brief von Erkan bekommen?
3 Das Skilaufen gefällt ihm gut.
4 Und ich, ich habe nichts.
5 Schau mal!
6 Das ist ein Irrtum.
7 Das ist kein Problem.
8 Ich habe jeden Tag geschrieben.

25

Read the weather forecast and answer the questions in English.

Beispiel: 1 Monday

1 When is there a possibility of showers?
2 What is the highest temperature expected on Saturday?
3 When will the temperature be at its lowest?
4 Which days will be the sunniest?
5 When will it be windy?
6 What sort of showers will there be on Monday?
7 When could there be snow?
8 Which are the best days for skiing?

WETTERVORHERSAGE

Aussichten:
Sa. trocken und sonnig bei Tageshöchsttemperaturen um 8–10°, nachts um 2°.
So. trocken, etwas mehr hohe und mittelhohe Bewölkung, Temperaturen um maximal 6°, in der Nacht um 0°, zeitweise Ostwind. In der Nacht zum Montag können ein paar Flocken Schnee fallen. Mo. wolkig mit sonnigen Abschnitten, einzelne Schauer möglich (Schnee od. Schneeregen) tagsüber um 7°, nachts um 24°.
Di. mehr Sonne als Wolken bei 5°– 9°, nur geringe Niederschlagswahrscheinlichkeit, nachts um ‾3 – ‾5°.

26

Erkan hat seinen Skiurlaub in einem Wettbewerb gewonnen. Der Titel von seinem Aufsatz war „Bist du ein guter Freund/eine gute Freundin?". Mach das Quiz.

Bist du ein guter Freund/eine gute Freundin?

1 Deine Freundin bekommt einen Brief von deinem Freund und du bekommst nichts.
  Würdest du
  a) nichts darüber sagen aber eifersüchtig sein?
  b) mit ihr darüber streiten?
  c) lügen und sagen, dass er mit dir schon telefoniert hat?

2 Du denkst, ein Bekannter hat dir etwas gestohlen.
  Würdest du
  a) ihm sofort sagen, dass du ihn verdächtigst?
  b) alles vergessen, bis du irgendeinen Beweis hast?
  c) mit allen darüber sprechen?

3 Du möchtest mit Freunden ins Kino, aber ein Freund hat kein Geld.
  Würdest du
  a) ihm die Eintrittskarte schenken?
  b) ohne ihn den Film sehen?
  c) stattdessen im Park spazieren gehen?

4 Deine Freundin hat einen Hassbrief bekommen.
  Würdest du
  a) ihr sagen, sie sollte den Brief wegwerfen?
  b) einen Hassbrief zurückschicken?
  c) alles vergessen?

5 Bei einer Klassenarbeit hat einer geschummelt.
  Würdest du
  a) nichts sagen?
  b) mit dieser Person darüber reden?
  c) mit der Lehrerin sofort sprechen?

6 Der Freund von deiner besten Freundin ist ihr untreu gewesen.
  Würdest du
  a) es ihr sofort sagen?
  b) die Sache total vergessen? (Es geht dich gar nichts an.)
  c) versuchen, ihr zu zeigen, dass der Freund nichts wert ist?

Die Ergebnisse sind auf Seite 53.

27

Beschreib eine Freundin/einen Freund.
Gib Beispiele und Gründe für deine Beschreibung.

Charakter Charakterfehler
Aussehen Hobbys

Hilfe

bestehen (vs) aus – to consist of
Beweis (nn) – evidence
Hassbrief (nm) (-e) – hate letter/mail
Irrtum (nn) (‾er) – mistake
schummeln (v) – to cheat
streiten (vs) – to quarrel, argue
verdächtigen (v) – to suspect

★ Berühmte Deutsche

Johannes Gutenberg (1400–68)

Dieser Mann hat das mechanische Drucken erfunden. Er war der erste, der ein richtiges Buch gedruckt hat. Vorher hat man alles mit der Hand geschrieben.

Martin Luther (1483–1546)

Ein Mönch, der in Wittenberg gewohnt hat. Er hat gegen den Papst und die katholische Kirche gekämpft.

Er war der erste, der die Bibel in die deutsche Sprache übersetzt hat.

Johann Wolfgang von Goethe (1749–1832)

Ein weltbekannter Schriftsteller, der *Faust* und *Die Leiden des jungen Werthers* geschrieben hat.

Jakob Ludwig Carl Grimm (1785–1863) und Wilhelm Carl Grimm (1786–1859)

Diese Brüder waren beide Universitätsprofessoren. Sie haben viele Märchen geschrieben. Die berühmtesten sind *Hänsel und Gretel*, *Schneewittchen* und *Rumpelstiltzchen*.

Otto von Bismarck (1815–98)

Ein Soldat, der im neunzehnten Jahrhundert sehr erfolgreich war. Im Jahre 1871 ist er der erste Reichskanzler Deutschlands geworden. Man nennt ihn den „eisernen Kanzler".

Karl Marx (1818–83)

Ein Philosoph. Sein berümtestes Buch war *Das Kapital*. Viele nennen ihn den „Vater des Kommunismus".

Karl Benz (1844–1929)

Ein bekannter Mechaniker, der das erste Auto gebaut hat.

Albert Einstein (1879–1955)

Ein berümter Wissenschaftler. Mit 26 Jahren hat er seine neue „Theorie der Relativität" entwickelt. Das ist jetzt die Basis der modernen Physik.

$$E = mc^2$$

28

Lies den Text.
Wer …

Beispiel: **1** *Johannes Gutenberg, Martin Luther*

1 hat im fünfzehnten Jahrhundert gelebt?
2 hat eine Bibel geschrieben?
3 war Politiker im neunzehnten Jahrhundert?
4 hat Märchen geschrieben?
5 war Physiker?
6 hat ein Transportmittel erfunden?
7 hat Theaterstücke geschrieben?
8 hat im neunzehnten Jahrhundert ein berühmtes Buch geschrieben?

29

1 Ordne die Sätze.

Beispiel: **a)** *Als ich vier Jahre alt war, . . .*

a) als Jahre ich alt vier war , . . .
b) zehn ich Jahre als war alt , . . .
c) ich bevor jeden in Tag die komme Schule , . . .
d) Hause wenn abends ich zu ankomme , . . .
e) ich während mache meine Hausaufgaben , . . .
f) bin gut ich in sehr Deutsch weil , . . .
g) . . . , samstags wenn ich in der bin Stadt .
h) . . . , aufgestanden um nachdem ich sechs bin Uhr dreißig .
i) . . . , in ich Australien Bruder habe als meinem Urlaub mit gemacht .
j) . . . , dem als ich war auf Mond .

2 Vervollständige die Sätze.

Beispiel: **a)** *Als ich vier Jahre alt war, habe ich viel Schokolade gegessen.*

30

Schreib eine von diesen Geschichten zu Ende.

Es war ein schöner sonniger Tag im Mai und meine Mutter war im Garten, während ich Musik gehört habe und mein Bruder bei einem Freund war. Sie hat den Rasen gemäht und Blumen gepflanzt. Plötzlich ist die Katze von Familie Fischer erschienen und hat . . .

1

Letztes Jahr sind meine Familie und ich im Juli nach Schweden gefahren. Wir sind mit dem Auto nach Hamburg gefahren und haben dann die Fähre genommen. Die See war . . .

2

Am letzten Sonntagabend war ich auf einem Konzert in der Phillipshalle. Ich bin mit drei Freunden hingegangen und wir haben uns wunderbar unterhalten. Das Konzert war . . .

3

31

Was passt hier nicht? Schreib einen Satz mit diesem Wort.

Beispiel: **1** *Hamster: Ich habe meinen Hamster auf dem Markt gekauft.*

1 Hotel   Hamster   Pension   Jungendherberge
2 Radio   Bad   Esszimmer   Telefon
3 Mütze   Schal   Skistöcke   Handschuhe
4 Dampfbad   Imbiss   Frühstück   Abendessen
5 Weltreise   Schifffahrt   Wanderung   Radtour
6 Skilehrer   Kellnerin   Übersetzer   Schülerin

Hilfe

Jahrhundert (nn) (-e) – century
Märchen (nn) – fairytale

Study tip

In your writing exam or your coursework look carefully at every sentence you have written and ask yourself if there is anything you can do to gain extra marks. You might, for example, add adjectives, adverbs, time expressions, etc.

Obergurgl – Behindertengerechte Unterkünfte

Wir freuen uns, Ihnen für dieses Jahr erstmalig ein Verzeichnis mit behindertenfreundlichen Unterkünften zu präsentieren. Diese Hotels, Pensionen usw. können wir besonders empfehlen.

	Deutscher Hof	Hotel Adler	Pension Lutz	Haus Grefen	Gasthof z. Berg
Behindertenparkplätze	6	4	2	1	1
Rampe zum Eingang/flach	flach	Rampe	flach	Rampe	flach
Elektrische Schiebetür	ja	ja	nein	nein	nein
Stufen – im Hotel	nein	ja	ja	ja	nein
Aufzug	ja	ja	ja	ja	ja
Anzahl v. rollstuhlgerechten Zimmern	6	4	2	1	1
IN DEN ZIMMERN Türbreite – Schlafzimmer Türbreite – Badezimmer	90 cm 90 cm	90 cm 90 cm	85 cm keine Tür	90 cm 90 cm	90 cm 90 cm
Handlauf/Haltegriff – Badezimmer	ja	ja	ja	ja	ja
Behindertentoilette	ja	ja	ja	ja	ja
Duschstuhl/Duschhocker	Stuhl	ja	Hocker	ja	ja

32

Read the information above. Your disabled uncle, who uses a wheelchair, needs some advice on which hotel to choose. Answer his questions in English.

1 Which hotels have no steps at all?
2 Which have rooms adapted for wheelchairs?
3 Which have doors wide enough for my wheelchair (over 85 cm)?
4 Which provide something to sit on in the shower?
5 Which have a sliding door at the main entrance?
6 Which hotel would be the best choice?
7 Which other facilities does it have?

33

Partnerarbeit. Rollenspiel.

Beispiel: A ⟨ Kann ich Ihnen helfen? ⟩ B ⟨ Haben Sie Zimmer frei? ⟩

1 Im Hotel

A Kann ich Ihnen helfen? B  ?

A Ja, was für ein Zimmer möchten Sie? B

A Mit Bad? B

A Wie lange bleiben Sie? B

A Ihr Name, bitte. B ?

2 Auf dem Campingplatz

B Guten Abend. Ich habe einen Platz reserviert. A

B ????? A

B Wo ist das?

B Was kostet es pro Nacht? A

B Gibt es ein Geschäft auf dem Campingplatz? A

34

Erzähl über diese Reise.

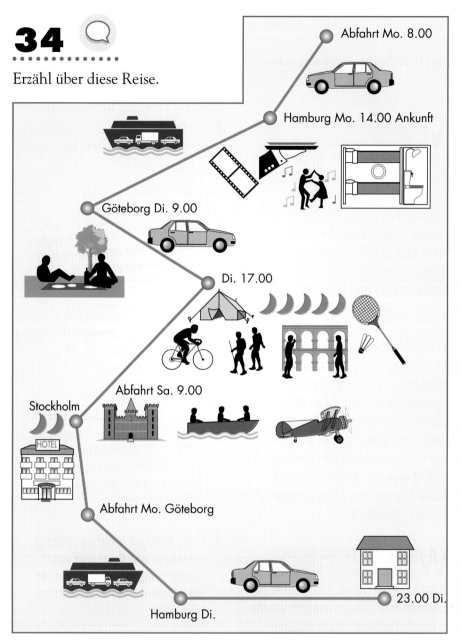

Abfahrt Mo. 8.00

Hamburg Mo. 14.00 Ankunft

Göteborg Di. 9.00

Di. 17.00

Stockholm

Abfahrt Sa. 9.00

Abfahrt Mo. Göteborg

Hamburg Di.

23.00 Di.

36 *Ergebnisse*

(Siehe Seite 49.) Wie viele Punkte hast du?

	a)	b)	c)
1	5	15	10
2	10	5	15
3	10	15	5
4	5	15	5
5	15	5	10
6	15	10	5

30–45
Ja, du bist ein echt guter Freund/ eine echt gute Freundin. Du denkst an die Gefühle von allen und bist rücksichtsvoll.

50–65
Meistens reagierst du richtig auf eine Situation, aber dann und wann bist du eher eifersüchtig und versuchst nur das zu machen, was dir am besten passt.

über 70
Du hast wirklich Probleme, Freunde zu behalten. Du solltest nicht nur an dich selbst denken sondern auch an andere. Du musst etwas einfühlsamer werden.

Hilfe

Stufe (nf) (-n) – step, stair

Checklist

I understand:
• adjective endings after *der, die, das,* etc.
• the 'verb-comma-verb' rule.

• the *womit* and *damit* rule.

I know:
• holiday vocabulary.
• jobs vocabulary.

der braune Pullover, die neue Mütze, das rote T-Shirt
Als ich ein Kind war, war ich immer schmutzig.
Du kannst damit schreiben.

35

Hör zu. Was ist hier unlogisch? Antworte auf Deutsch.

Beispiel: **1** *vom 17. bis zum 10. Dezember*

Einheit fünf — *Was machst du nächstes Jahr?*

Viele Mädchen und Jungen schreiben an Irmi Sonne, wenn sie ein Problem haben. Hier sind einige Briefe, die Irmi neulich bekommen hat.

Irmi gibt Rat

Mit diesem Problem komme ich gar nicht zurecht. Mein kleiner Bruder macht gar nichts im Haushalt, aber ich – ich muss abspülen, abtrocknen, mein Zimmer aufräumen, meine Schuhe putzen, Betten machen. Es ist gar nicht fair! Jeden Tag sitzt er vor der Glotze oder vor seinem blöden Computer. Er hilft überhaupt nicht.
Ingrid, Wuppertal

Irmi, hilf' mir, bitte, mit diesem Problem. Meine Klassenkameradin ist sehr faul. Sie macht nie ihre Hausaufgaben und jeden Morgen vor der Schule nimmt sie meine Hefte und schreibt alles ab. Zuerst war es nur einmal oder zweimal im Monat, aber jetzt macht sie das jeden Tag und vor jeder Stunde.
Jürgen, Chemnitz

Welchen Rat kannst du mir geben, liebe Irmi? Ich fühle mich in Berlin fremd. Ich bin hier vor 6 Monaten angekommen. Ich arbeite in einem Café mit einem anderen Mädchen zusammen, aber dieses Mädchen ist seit einiger Zeit mir gegenüber recht abweisend geworden. Jeden Tag, wenn sie mich sieht, ist sie unfreundlich. Ihr Freund hat mir einen Brief geschrieben, als er auf Urlaub war, und sie meint, ich will ihn ihr wegnehmen. Aber sie weiß nicht, dass er an alle seine Freunde und Freundinnen Briefe geschickt hat, weil er ein so freundlicher Typ ist. Wie kann ich diese Situation ändern?
Karin, Berlin

Ich arbeite mit einem Mädchen, das mir auf die Nerven geht! Jedes Mal, wenn ich dieses Mädchen sehe, werde ich böse. Ich kann nichts dagegen machen. Ihr Akzent ärgert mich, ihre Stimme auch, und sie macht blöde Witze und sieht dumm aus. Sie versucht, freundlich zu sein, aber letzte Woche, als mein Freund auf Urlaub war, hat sie sogar einen Brief von ihm bekommen! Sie ist sehr stolz auf diesen Brief, und ich bin recht sauer!
Bettina, Berlin

1

Lies die Problemseite von dieser Zeitschrift.
Welche Antwort passt zu welchem Brief?

*Beispiel: **1** Jürgen*

1 Du sollst einfach nein sagen. Das ist total unfair und hilft deiner Freundin auch nicht.

2 Vielleicht kannst du mit deinen Eltern darüber reden. Wissen sie, dass du es ungerecht findest?

3 . . . mit diesem Mädchen sprechen und die Situation erklären. Sei immer noch freundlich. Vielleicht kannst du sie überreden, es nicht mehr zu tun.

4 Ein Brief ist nicht so wichtig. Was für ein Brief war das? Gute Freundinnen müsst ihr nicht sein aber Kooperation ist nötig.

Grammatik

Demonstrative adjectives

Don't be put off by the long name!

dieser = this
jeder = each
welcher? = which?

These take the same endings as *der, die, das* (see page 125).

dieser Mann this man
jedes Mal each time
welche Straße? which street?

Hör dir das Gespräch an. Was genau hast du gehört? Schreib **a)** oder **b)**.

Beispiel: **1** *a)*

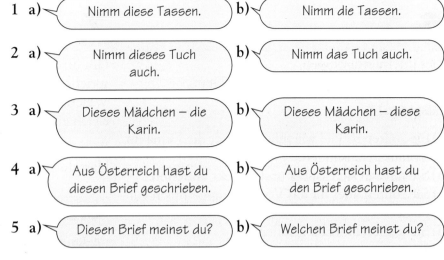

1 a) Nimm diese Tassen.   b) Nimm die Tassen.

2 a) Nimm dieses Tuch auch.   b) Nimm das Tuch auch.

3 a) Dieses Mädchen – die Karin.   b) Dieses Mädchen – diese Karin.

4 a) Aus Österreich hast du diesen Brief geschrieben.   b) Aus Österreich hast du den Brief geschrieben.

5 a) Diesen Brief meinst du?   b) Welchen Brief meinst du?

Erkan spricht mit Bettina und macht Ausreden. Füll die Lücken.

Beispiel: **1** *Ich hatte* **jeden** *Morgen Skiunterricht.*

1 Ich hatte j_____ Morgen Skiunterricht.
2 Ich war j_____ Abend in der Disco.
3 Ich war beschäftigt – in d_____ Hotel konnte man so viel unternehmen.
4 Ich habe viele Leute getroffen – sie haben bei d_____ Urlaub auch mitgemacht.
5 Ich war mit dem Sven. Er hat auch einen Preis in d_____ Wettbewerb gewonnen.
6 J_____ Nachmittag bin ich Ski gefahren.
7 D_____ Hotel war so luxuriös. Ich konnte j_____ Minute etwas anderes machen.
8 D_____ Brief an die Karin war nur ein freundlicher Brief, kein Liebesbrief!

Schreib Sätze über Erkans Urlaub. Wie viele von diesen Wörtern kannst du verwenden?

Beispiel: Erkan hat in diesem Hotel in Obergurgl gewohnt.

dieser   diese   dieses   diesem   dieser   diesen

Hotel   Bar   Café   Pension   Après-Ski-Party

Skipiste   Skilift   Skischule   Skipass   jeden   jede

jedes   jedem   jeder   Tag   Abend   Jahr   Woche

Wochenende   Morgen   Skistunde   Skiabfahrt

Partnerarbeit.
A stellt eine Frage (und verwendet dabei *welcher/welche/welches*).
B erfindet Antworten.
Arbeitet abwechselnd.

Beispiel:

 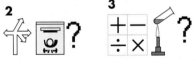

 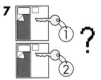

A Welcher Bus fährt zum Zoo?

B Nummer 45.

Hilfe

ärgern (v) – to annoy
Liebesbrief (nm) (-e) – love letter

6

Lies die Informationen.
Welche Aussage passt zu welchem Tipp?

Beispiel: a) 3

a) Sie sollten so viel wie möglich über die Firma im Voraus herausfinden.
b) Sie müssen sich sauber und korrekt anziehen.
c) Sie sollten alles für das Vorstellungsgespräch gut planen.
d) Sie sollten Notizen machen.
e) Sie müssen sagen können, warum Sie diesen Beruf gewählt haben.
f) Sie sollten daran denken, ob Sie noch weitere Informationen brauchen.

Tipps für das Vorstellungsgespräch

1 Bereiten Sie sich gut auf das Vorstellungsgespräch vor. Es ist eine große Chance, die Sie nutzen sollten.
2 Notieren Sie schon vorher wichtige Punkte für die Diskussion. Sie sollten nichts vergessen.
3 Informieren Sie sich über den Betrieb. Lesen Sie die Prospekte. Sprechen Sie mit Angestellten.
4 Denken Sie an Ihre Kleidung. Legen Sie Wert auf Ihre äußere Erscheinung.
5 Nennen Sie die Gründe für Ihre Berufswahl. Zeigen Sie Ihr Interesse.
6 Stellen Sie selber Fragen. Erkundigen Sie sich bei Ihrem Chef über den Lohn und die Arbeitszeiten.

7

Hör dir das Gespräch an. Die Berufsberaterin spricht mit Achims Klasse.
Welche Tipps von Aufgabe 6 hast du gehört?
Mach eine Liste.

Beispiel: 4 . . .
Hast du auch weitere Tipps gehört?

Grammatik

Adjectives after demonstratives

After *dieser, jeder* and *welcher*, adjectives take the same endings as after *der, die, das* (see page 39):
der alte Mann – dieser alte Mann
In den anderen Ländern – In welchen anderen Ländern?

Adjectives can be made up from place names by the addition of *-er*:
ein Berliner Bus a Berlin bus
der Frankfurter Flughafen Fankfurt airport
Adjectives made in this way never add endings.

8

Hör dir das Gespräch an. Erkan ist bei der Berufsberaterin.
Ist das richtig, falsch oder wissen wir das nicht?
Schreib R, F oder ?.

Beispiel: 1 R

1 Erkan diskutiert seine Zukunftspläne mit der Berufsberaterin.
2 Er hat keine Lust, Wehrdienst zu machen.
3 Er würde gern in einer anderen Stadt studieren.
4 Erkan würde gern für eine große Berliner Firma arbeiten.
5 Erkan interessiert sich hauptsächlich für die wissenschaftlichen Fächer.
6 Berlin möchte er so bald wie möglich verlassen.
7 Erkan würde gerne selbständig arbeiten.
8 Es wird vielleicht schwierig für ihn sein, eine eigene Firma zu haben.
9 Die Berufsberaterin sagt, es ist wichtig, große Pläne zu haben.

—

—

9

Partnerarbeit.
A ist ein Arbeitgeber/eine Arbeitgeberin.
B ist ein Kandidat/eine Kandidatin.

Beispiel:

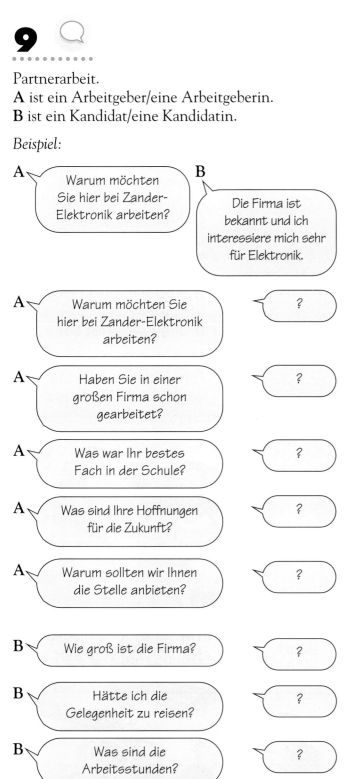

A — Warum möchten Sie hier bei Zander-Elektronik arbeiten?
B — Die Firma ist bekannt und ich interessiere mich sehr für Elektronik.

A — Warum möchten Sie hier bei Zander-Elektronik arbeiten? — ?

A — Haben Sie in einer großen Firma schon gearbeitet? — ?

A — Was war Ihr bestes Fach in der Schule? — ?

A — Was sind Ihre Hoffnungen für die Zukunft? — ?

A — Warum sollten wir Ihnen die Stelle anbieten? — ?

B — Wie groß ist die Firma? — ?

B — Hätte ich die Gelegenheit zu reisen? — ?

B — Was sind die Arbeitsstunden? — ?

B — Kann man oft Überstunden machen? — ?

10

Was passt hier am besten? Wähl Wörter aus dem Kästchen. Du brauchst nicht alle Wörter.

*Beispiel: 1 Die **korrekte** Kleidung ist nötig.*

1 Die _____ Kleidung ist nötig.
2 Sie sollten schon vorher _____ Notizen zu machen.
3 Geben Sie _____ Gründe für Ihre Berufswahl.
4 Es macht einen _____ Eindruck, wenn Sie keine Fragen stellen.
5 Sie müssen herausfinden, ob ein Job in _____ Betrieb richtig für Sie ist.
6 Ihre Berufsberatung gibt Ihnen gerne _____ Tipps.
7 Wählen Sie Ihre _____ Kleidung aus.
8 Denken Sie auch an _____ Fingernägel.
9 Stellen Sie _____ Fragen über die Firma.
10 Der Arbeitgeber legt Wert auf die _____ Erscheinung.

> korrekte   guten   kurzen   informierte   gute   schlechten
> diesem   nützliche   dieses   beste   schlechte
> saubere   diese   äußere   kurze   nützliches

Hilfe

Angestellter (nm) (-en) – employee
Arbeitgeber (nm) (-) – employer
Berufswahl (nf) – choice of career
Erscheinung (nf) – appearance
Hoffnung (nf) (-en) – hope
Überstunden (npl) – overtime
weltberühmt (adj) – world famous

11

1 Mach diesen Test für dich selbst.
2 Mach dann den Test für deine Partnerin/deinen Partner und vergleiche die Ergebnisse.

♥♥ = Das ist für mich sehr wichtig
♥   = Das ist für mich wichtig
❜   = Das ist für mich nicht besonders wichtig
✗   = Das ist mir egal

Was ist wichtig für Sie?

In meinem Beruf möchte ich …	♥♥	♥	❜	✗
• einen sicheren Arbeitsplatz haben.				
• mit Computern arbeiten.				
• immer wieder neue Aufgaben lösen.				
• vor allem Spaß an der Arbeit haben.				
• vor allem viel Geld verdienen.				
• selbständig arbeiten können.				
• mit Menschen zu tun haben.				
• mit Tieren arbeiten.				
• mit netten Kollegen zusammenarbeiten.				
• saubere Arbeit haben.				
• im Freien arbeiten.				
• keine Hektik haben.				
• viel Freizeit behalten.				
• meine Hobbys verwirklichen.				

12

Was sind deine Stärken?

1 Gib dir Punkte von 0 bis 3.
   a) Rechnen können
   b) Technisches Verständnis
   c) Zuverlässigkeit
   d) Organisationstalent
   e) Sprachliche Fähigkeiten
   f) Kontaktfähigkeit
   g) Körperliche Fitness
   h) Konzentrationsfähigkeit
   i) Geduld
   j) Kreativität und Phantasie
   k) Interesse an Menschen
   l) Interesse an der Natur

2 Mach den Test für deine Partnerin/deinen Partner und vergleiche die Ergebnisse.

13

1 Kopiere die Tabelle und füll die Lücken (mit Hilfe eines Wörterbuchs).

Beispiel: 2 Schauspieler

1 Schauspielerin	2
3	4 Feuerwehrmann
5 Friseuse	6
7	8 Postbeamter
9 Kauffrau	10
11	12 Bäcker
13 Zahnarzthelferin	14
15	16 Florist

2 Was sind diese Personen von Beruf? Mach Paare.

Beispiel: a 6

3 Welchen Job möchtest du haben? Mach eine Liste. (Nummer 1 ist der beste Job.)

14

Achim hat ein gutes Zeugnis. Hör dir das Gespräch an.
Korrigiere diese Sätze.

*Beispiel: 1 Immer noch **schlechte** Noten?*

1 Immer noch gute Noten?
2 Das Zeugnis ist dein schlechtestes, Achim.
3 Sprich mehr Englisch.
4 Aber du warst immer sehr stark in Mathe.
5 Du bist auch nicht neidisch.
6 Ich habe keine guten Noten bekommen.
7 Wir sind sauer auf dich, Achim.
8 Achim, der Unintelligente.

16

Partnerarbeit.
Was ist besser – zu Hause bleiben oder von zu Hause wegziehen?
Mach zwei Listen.

zu Hause bleiben	von zu Hause wegziehen
Beispiel: es ist billiger	die Miete ist teuer

15 *Zu Hause bleiben oder wegziehen?*

Hör zu. Wer sagt das? Mach eine Tabelle und füll sie aus.

Beispiel:

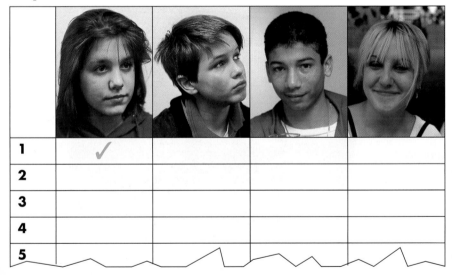

1 Ich würde nicht sehr gern in einem kleinen Dorf leben.
2 Ich möchte in dieser Stadt bleiben.
3 Ich freue mich darauf, von zu Hause wegzuziehen.
4 Es war schwer für mich, neue Leute kennen zu lernen.
5 Ich kann mir vorstellen, im Ausland zu arbeiten.
6 Ich habe Angst um meine Eltern.
7 In der Wohnung von meinen Eltern gibt es nicht genug Platz für alle.
8 Ich möchte gerne unabhängig werden.

Hilfe

Fähigkeit (nf) (-en) – ability, capability
Geduld (nf) – patience
Kontaktfähigkeit (nf) – ability to communicate
rechnen (v) – to add up, do arithmetic
Stärke (nf) (-n) – strength
Verständnis (nn) – understanding
wegziehen (vs) – to move away
Zuverlässigkeit (nf) – reliability

- Sometimes adjectives are used on their own and given a capital letter as though they are nouns.
  For example:
  das Beste – the best (thing)
  Achim ist ein Intellektueller – Achim is an intellectual (person)
  die Armen – the poor (people)
  ein Anderer – another (man)

Study tip

Illustrate your notes or write them in the form of diagrams, topic webs or flow charts. Use colour. This will make your notes more memorable and more useful to you.

Wehrdienst oder Zivildienst?

Als Deutscher muss Erkan entweder Wehrdienst (10 Monate) oder Zivildienst (13 Monate) machen. Sein Bruder, Kenan, der jetzt in Düsseldorf wohnt, hatte sich entschlossen, Zivildienst zu machen. Er hat mit geistig und körperlich behinderten Kindern gearbeitet. Erkan hat einen Brief und einige Fotos von ihm bekommen.

Lieber Erkan!

Wie du weißt, habe, ich in einem Kinderheim gearbeitet. Ich musste jeden Tag mehr als 15 Stunden arbeiten. Die Arbeit war schwer, aber es hat sich gelohnt. Ich halte die Arbeit für sehr wichtig. Schon früh am Morgen musste ich bereit sein, den Kindern zu helfen, wenn sie aufgestanden sind.

Ich habe den Kindern geholfen, wenn sie gefrühstückt haben. Manchmal musste ich in der Küche arbeiten, wo man das Essen vorbereitet hat. Das hat mir sehr gefallen, denn ich koche gern. Das Abspülen habe ich gehasst, aber das mussten alle Mitarbeiter der Reihe nach machen.

Manchmal bin ich mit den Kindern spazieren gegangen. Oder ich bin mit Peter ins Krankenhaus gegangen, wo ein Arzt Untersuchungen gemacht hat.

Was mir am meisten gefallen hat, war das wöchentliche Basketballspiel. Hier haben vier Mannschaften aus der ganzen Region gespielt. Ich haben ihnen Tipps gegeben, weil ich auch ein Basketballfan bin. Manchmal war ich Schiedsrichter.

Obwohl die Arbeit schwer war und der Arbeitstag lang war, hat es trotzdem Spaß gemacht, und meine Freunde und ich hatten das Gefühl, dass unsere Arbeit sehr wichtig war. Ab und zu haben wir die Gelegenheit gehabt, uns zu entspannen. Wir durften aber nicht zu lange im Café bleiben, denn morgens ist es wieder früh losgegangen!

dein
Kenan

17

1 Lies Kenans Brief und füll die Lücken.

*Beispiel: **a)** Kenan hat früher **Zivildienst** gemacht.*

a) Kenan hat früher _____ gemacht.
b) Er hat in einem _____ gearbeitet.
c) Seine Arbeit war mit _____ Kindern.
d) Morgens hat er den Kindern beim _____ geholfen.
e) Er hat ab und zu in der _____ gearbeitet.
f) Kenan hat die Kinder zum _____ gebracht.
g) Auch ist er mit ihnen _____ gegangen.
h) Am liebsten hat er beim _____ geholfen, wo er manchmal _____ war.
i) Der Arbeitstag war _____ aber Kenan findet, es hat _____ _____ .
j) Abends durfte er sich mit _____ im _____ entspannen.

2 Kenan hat vergessen, die Fotos zu beschreiben. Schreib einen Satz für jedes.

18 *Wehrdienst oder Zivildienst?*

Hör dir das Gespräch an.
Kopiere die Tabelle und füll sie aus.

Wehrdienst:	Ja	Nein	Gründe
Achim			
Erkan			
Martin			
Terzan			
Bettina			

19

Hör dir das Gespräch an.
In welchem Kontext hörst du das? Schreib einen
Satz auf Deutsch.

*Beispiel: Wehrdienst – Erkan hat keine Lust, Wehrdienst
zu machen.*

> Wehrdienst Taxifahrer Bar Österreich
> Computerwissenschaft Geld

Betriebspraktikum – Karsten und Gerg.
Programm für [Name]

7.50	Ankunft – Karsten und Gerg
8.00	Konferenz mit Frau Berndt – Raum 5
8.15–8.50	Datei eingeben – Büro v. Frau Linzer
8.50–9.00	Telefon-Umfrage f. Herrn Schmökel
9.05–10.30	Büro – Akten ordnen
10.30–11.00	Pause – Kantine/Imbisshalle
11.05–11.20	Besprechung m. Frau Kowalski, Raum 12 (2. St.)
11.30–12.45	Paket zur Post bringen (von Herrn Scheffler Raum 23 holen)
13.25–14.30	Mittagessen – Kantine (3. Stock)
14.35–16.15	Computerarbeit – Büro v. Frau Dietz Raum 3
16.20	Diskussion m. Frau Berndt – Raum 5
16.30	Feierabend

20

Mit Hilfe von diesen Notizen schreib einen
Bericht über einen Tag von deinem
Betriebspraktikum.

*Beispiel: Ich bin mit dem Bus in die Stadt gefahren und
bin um 7.50 im Betrieb angekommen.*

21

Sieh dir diese Zeitlinien an und sprich über deine Zukunft.

Beispiel: 1

> Mit 25 Jahren werde ich in Berlin Jura studieren.
> Ich werde eine kleine Wohnung haben . . .

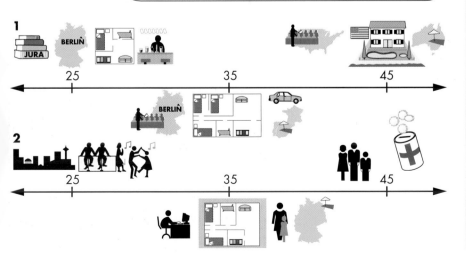

Hilfe

Akten ordnen (v) – to file

Betriebspraktikum (nn) – work
   experience

Computerwissenschaft (nf) – computer
   studies

eingeben (vs) – to enter (on computer)

geistig behindert (adj) – mentally
   handicapped

Jura – law (subject of study)

körperlich behindert (adj) – physically
   handicapped

Nachteil (nm) (-e) – disadvantage

sich entspannen (v) – to relax

töten (v) – to kill

verteidigen (v) – to defend

Vorteil (nm) (-e) – advantage

22

Lies den Text und hör dir das Gespräch an.
Ist das richtig oder falsch? Schreib R oder F.

Beispiel: 1 F

1 Karin möchte mit Bettina sprechen.
2 Karin hat Probleme mit Bettina.
3 Bettina ist seit Erkans Skiurlaub sauer auf Karin.
4 Erkan hat Bettina von Obergurgl aus angerufen.
5 Erkan glaubt alles, was Karin sagt.
6 Bettina warnt Erkan, dass er nicht mehr mit Karin reden darf.
7 Karin hat Erkans Brief zu Hause gelassen.
8 Bettina stellt Erkan ein Ultimatum.

23 *Schulprobleme*

Hör dir das Gespräch an.
Was war das genau?

*Beispiel: 1 Du **kennst** den Thomas.*

1 Du SKETNN den Thomas.
2 Er hat die USLEHC geschwänzt.
3 Er hat SATNG vor der Schule.
4 Diese Rowdys haben auf ihn TGWAETRE.
5 Sie haben seine UTCSSAHELCH in den Mülleimer geworfen.
6 Das war sein Geld für eine FKAHSLESNTAR.
7 Können die RLEHRE nicht NHFLEE?
8 Die NÄLREET Schüler sollten diesen ÜRSNHECL helfen.

24

Irmi Sonne bekommt
viele Briefe von
Jungen und Mädchen,
die Probleme in der
Schule haben.
Wer ist das?
Schreib den Namen/
die Namen.

Beispiel: 1 Stephanie

Wer . . .

1 hat zu viele Hausaufgaben?
2 möchte einer
   Klassenkameradin helfen?
3 braucht Zeit für sich selbst?
4 berichtet über einen
   Diebstahl in der Schule?
5 findet es ungerecht, dass
   Schüler schummeln?
6 spricht vom Drogenproblem?
7 kennt einen, der seine
   Hausaufgaben nicht selber
   macht?
8 jobbt in einem Café?

Was mir auf die Nerven geht
ist der Kaugummi. In meiner
Schule findet man an der
Unterseite von jedem Tisch
Kaugummi. Das ist ekelhaft.
Ein Freund von mir hat von
einem Tisch Kaugummi an
seine Hose bekommen. Die
Hose war total ruiniert. Meiner
Meinung nach sollen die
Lehrer ihm eine Neue kaufen.
Boris, 12, Wuppertal

Wir haben zu viel Arbeit! Die
Lehrer geben uns jeden Tag
Hausaufgaben. Ich arbeite in
einem Café, meine Freundin an
einer Tankstelle, und viele
arbeiten am Abend im
Supermarkt. Wir brauchen
auch Zeit, unsere Freunde zu
sehen oder Fernsehen zu
gucken. Die Lehrer glauben
alle, ihr Fach ist das
Wichtigste. Sie vergessen,
dass wir auch von den anderen
Lehrern Hausaufgaben
bekommen.
Stephanie, 16, Kiel

In meiner Schule ist
Rauschgift das Hauptproblem.
Haschisch kann man hier sehr
leicht kaufen, und viele von
meinen Freundinnen haben
schon Drogen probiert. Ein
Mädchen raucht regelmässig
Haschisch, bevor sie in die
Englischstunde geht. Wie kann
ich ihr helfen?
Thorsten, 15, Leipzig

Warum gibt es so viele Diebe
in dieser Schule? Ich habe eine
CD in einem Klassenzimmer
liegen lassen. Fünf Minuten
später war die CD weg,
geklaut! Jemand hat Geld aus
der Manteltasche meiner
Freundin gestohlen und
jemand hat vom Deutschlehrer
einen Kassettenrecorder
gestohlen. Warum gibt es so
viele Diebe? Müssen die Leute
immer klauen?
Renate, 15, Böblingen

Ich kann es nicht mehr
aushalten. In meiner Schule
wird so viel randaliert und
tyrannisiert. Die älteren
Schüler stehlen jeden Tag von
den Jüngeren – Butterbrote,
Kulis, Bücher oder CDs. Sie
stehlen auch Geld, weil sie
Drogen kaufen wollen. Die
Lehrer interessieren sich nicht
dafür. Was kann ich tun?
Karl, 13, München

Ich finde es ungerecht, dass
so viele Schüler und
Schülerinnen in den Prüfungen
mogeln. Einige nehmen ihre
Zettel mit ins Klassenzimmer
und sie gucken ihre Zettel an,
wenn die Lehrerin in einem
anderen Teil des Zimmers ist.
Es gibt auch einen Jungen, der
vom Internet seine Aufsätze
downloadet und kopiert. Er hat
neulich eine „1" gekriegt, und
alle wissen, dass er sehr
dumm ist.
Sabrina, 15, Boppard

Hilfe

Diebstahl (nm) – theft
mogeln (v) – to cheat
schummeln (v) – to cheat
schwänzen (v) – to play truant, skive

25

Read the article and answer the questions in English.

Example: **1** *Chemnitz*

1 Where is the Hermann-Bronn-Realschule?
2 How long was the group away for?
3 Where were they staying?
4 What was the shock?
5 Where had the rest of the group been?
6 Why had the girl not gone with them?
7 What had Trudi's friends noticed?

26

Wähl entweder **1** oder **2**.

1 Schreib einen Bericht für die Schülerzeitung über ein Problem in der Schule, das es jetzt nicht mehr gibt.
   • Wann?
   • Was für ein Problem? Drogen? Tyrannisieren? Rowdytum? Schummeln? Diebstahl? Rauchen? Stress? Hausaufgaben? Prüfungen?
   • Wer hatte das Problem?
   • Was ist passiert?
   • Lösung? Wer hat geholfen? Eltern? Lehrer? Berater?
   • Situation jetzt?

2 Schreib diese Geschichte zu Ende.

Am Mittwoch war ich so gegen 14 Uhr im Hausaufgabenzimmer. Weil ich keine Lust hatte mit den Hausaufgaben anzufangen, habe ich aus dem Fenster geschaut. Auf einmal habe ich gesehen, wie da unten jemand am Fahrradständer herumgelungert hat. Ich habe ihn nicht gekannt. Er war . . .

Klassenfahrtsüberraschung!

Die Lehrer der Hermann-Bronn-Realschule in Chemnitz hatten einen Schock, als sie neulich für eine dreitägige Klassenfahrt mit Schülern und Schülerinnen aus ihrer 10. Klasse in einem Landschulheim im Ländertal waren. Als die Gruppe von einem Hallenbadbesuch zurückgekehrt ist, haben sie erfahren, dass ein Mädchen von der Gruppe ein Baby gekriegt hatte! Das 14-jährige Mädchen, das in der Jugendherberge zurückgeblieben war, weil sie Magenschmerzen hatte, hatte auch nicht ihrer nächsten Freundin gesagt, dass sie schwanger war. Glücklicherweise war eine Lehrerin dabei, als das Baby zur Welt gekommen ist, und sie hat den Arzt angerufen. „Wir haben bemerkt, dass Trudi etwas dicker geworden war, aber man hat nichts gesagt," hat eine Klassenkameradin gesagt. „Wir haben ihre Eltern angerufen", sagt ein Anderer, „Es ist für sie ein großer Schock!".

27

Sieh dir die Diagramme unten an.
Sprich drei Minuten lang über **ein** Thema.
Schreib über das zweite Thema.

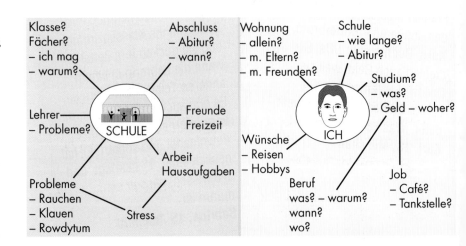

28

Hör gut zu.
Wo hört man das? Schreib **a)**, **b)** oder **c)**.

Beispiel: **1** *b)*

1 a) in der Bäckerei   **b)** im Hotel   **c)** am Strand
2 a) beim Vorstellungsgespräch   **b)** auf dem Parkplatz
     c) im Hallenbad
3 a) an der Auskunft   **b)** im Busbahnhof
     c) am Fahrkartenschalter
4 a) am Strand   **b)** in der Konditorei   **c)** in der Bank
5 a) in der Jugendherberge   **b)** im Restaurant   **c)** im Kaufhaus
6 a) im Gasthof   **b)** auf dem Campingplatz   **c)** in der Schule
7 a) am Frühstückstisch   **b)** am Imbiss   **c)** in der Drogerie
8 a) zu Hause bei Essler   **b)** zu Hause bei Aygün   **c)** im Hotel
9 a) in einer Pension   **b)** am Fluss   **c)** auf dem Zeltplatz

Hilfe

Anzeige (nf) (-n) – advertisement
Fahrkartenschalter (nm) – ticket office
kontaktfreudig (adj) – friendly, sociable
Landschulheim (nn) (-e) – school hostel
Landwirtschaft (nf) – agriculture
selbständig (adj/adv) – independent(ly)
Vorstellungsgespräch (nn) – interview
Zukunftsplan (nm) (¨-e) – future plan

29

Schreib einen Brief an deine Brieffreundin/deinen Brieffreund. Beantworte ihre/seine Fragen.

Entweder:

- Was für eine Schule besuchst du eigentlich?
- Was ist dein Lieblingstag und warum?
- Gibt es Probleme in der Schule?
- Wie ist ein typischer Schultag?
- Macht ihr Klassenfahrten wie wir?

Oder:

- Wo wohnst du genau?
- Was für eine Gegend ist das? Gibt es viel Industrie oder Landwirtschaft?
- Wo arbeiten die meisten Jugendlichen?
- Gibt es viel Arbeitslosigkeit?
- Was sind deine Zukunftspläne?

30

Lies den Brief.
Ersetze die Wörter in Blau und schreib noch einen Bewerbungsbrief.

Sehr geehrte Damen und Herren, ich habe Ihre Anzeige in der Zeitung gelesen und möchte mich um die Stelle in Ihrem Geschäft bewerben. Ich bin 16 Jahre alt und Schüler an der Franz-Langer-Schule in Wedding. Ich gehe in die elfte Klasse und mache besonders gern Mathe und Sprachen – Englisch und Italienisch. Ich habe früher im Park Eis verkauft (für die Firma Baese) und habe auch auf dem Markt gejobbt.
Ich bin freundlich, kontaktfreudig und verlässlich. Ich arbeite gern mit Menschen zusammen, kann aber auch selbständig arbeiten. Ich würde sehr gern für die Sommermonate bei Ihnen arbeiten und hoffe, Sie werden mich zu einem Vorstellungsgespräch einladen.
Mit besten Grüßen
Ihr
Matthias Dobrowski

Checklist

I can:
- use demonstrative adjectives.
  dieser Mann, welche Straße?, jedes Mal

I understand:
- nouns made from adjectives.
  der Kleine, du Armer!
- adjectives made from town names.
  die Berliner Industrie

I can talk about:
- job interviews and careers.
- military service.
- school problems.

 # Karins Autoprobleme

Karins neuer Wagen

der Kofferraum · die Windschutzscheibe · das Lenkrad
der Blinker
der Scheibenwischer
die Haube
der Motor
der Reifen
der Kühler
der Scheinwerfer
die Bremsen
das Rad
der Auspuff
das Benzin
das Öl

1

Hör dir das Gespräch an.
Welche Autoteile hörst du und in welcher Reihenfolge?

Beispiel: **d** . . .

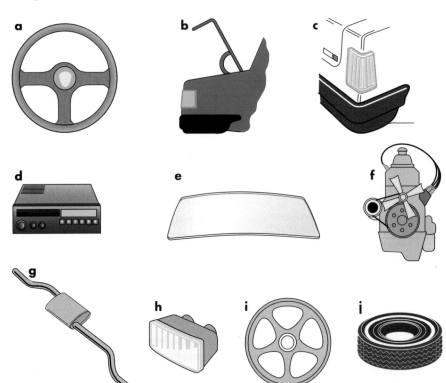

a
b
c
d
e
f
g
h
i
j

2

Mach Paare mit Hilfe eines
Wörterbuchs.

Beispiel: **1** *i*

1 Umleitung
2 Parkhaus
3 Tankstelle
4 Baustelle
5 Einbahnstraße
6 Ausfahrt
7 Ausfahrt freihalten
8 Raststätte
9 Parkverbot
10 PKWs verboten

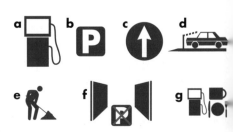

a b c d
e f g

h i j

3

Read the text and answer in English.

1 How many German tourists visit the States?
2 How do most of them choose to travel round the country?
3 Is the US traffic code very different from Germany's?
4 Explain the meaning of the mysterious Ped Xing.
5 The traffic lights are on red. When is a car driver allowed to turn right?

4

Wie heißt das richtig?

Beispiel: 1 Haube

1 BHUAE   4 SNEBMER
2 FEIRNE   5 DLRKNEA
3 RTOOM   6 UFKMOFRAER

5

Bilde Sätze mit den Wörtern aus Aufgabe 4.

1 Du sprichst mit einem Freund/mit einer Freundin.
2 Du sprichst mit einem Mechaniker.

Beispiel:

1 Die Haube gefällt mir nicht.

2 Ich kann die Haube nicht öffnen.

ist kaputt   ist knallrot
überprüfen   Problem   funktioniert nicht   schön
reparieren   Reparatur   Reifenpanne
modern   nicht in Ordnung

Autofahren in den USA: Was heißt Ped Xing?

Über zwei Millionen deutsche Touristen besuchen die USA. Die meisten mieten sich schon am Flughafen einen Wagen und entdecken das Land auf vier Rädern. Die meisten Verkehrszeichen und Regeln sind wie bei uns in Deutschland. Aber es gibt einige wichtige Unterschiede.

So zum Beispiel das Zeichen „Ped Xing" unter dem gelben Fußgängerschild. Das ist eine typisch amerikanische Abkürzung. Denn Ped steht für Pedestrian (Fußgänger), das X zeigt ein Kreuz. Übersetzt: Fußgänger kreuzen.

Ganz wichtig: In den USA darf man bei roter Ampel nach rechts abbiegen, wenn es kein Schild No turn on red gibt.

Hilfe

Study tip

Make sure you know your way round your dictionary. Start with the guidelines on pages 144–45 of this book. Then make sure you understand the main abbreviations in your own dictionary.

Grammatik

Using *lassen* as a modal verb

The verb *lassen* usually means to let or to leave. However, it can also be used as a modal verb (see page 135) and conveys the idea of 'having something done'.

Lassen needs the usual endings, but the other verb used is in the infinitive and goes to the end:

Ich lasse mein Auto reparieren.
I am having my car repaired.

Often this structure is used with *möchte*, in which case *lassen* itself is also put at the end in the infinitive:

Ich möchte mein Auto reparieren lassen.
I would like to have my car repaired.

6

Lies den Text und hör dir das Gespräch an.
Bilde Fragen.

Beispiel: **1** *Wo ist Karin?*

1 In der Werkstatt.
2 Einen Ford.
3 Mit der Kupplung.
4 Vor zwei Wochen.
5 Heute Nachmittag.
6 Dreimal.

7

Partnerarbeit.

Beispiel:

A Ich möchte meine Jacke ändern lassen.

B Das ist 'a'.

1 Ich möchte _____ ändern lassen.
2 Am Freitag lasse ich _____ überprüfen.
3 Nächste Woche lassen wir _____ waschen.
4 Ich würde gern _____ reparieren lassen.
5 Ich lasse _____ reinigen.
6 Kann ich bitte _____ überprüfen lassen?

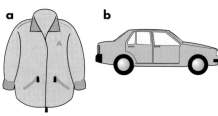

8

Wie heißt das rechtig?

Beispiel: **1** *Ich lasse morgen meine Haare schneiden.*

1 Haare ich schneiden lasse morgen meine
2 möchte Jacke ändern ich meine lassen
3 Auto überprüfen ich mein lassen möchte
4 kontrollieren Reifen meine ich will lassen
5 Haare Bruder lässt mein seine schneiden nicht
6 Kupplung prüfen ich die lassen möchte
7 diese ändern kann Hose hier lassen ich ?
8 mein muss Vorstellungsgespräch ich für Haare lassen schneiden meine

9

Was hast du gehört?

Beispiel: **1** *viermal*

1 Platte Reifen _____ in vier Tagen!
2 Sie sind _____ nicht zuverlässig . . .
3 Du _____ keine Mechanikerin.
4 Ich kann sie _____ leiden.
5 Das _____ nicht ernst gemeint.

Hilfe

Gang (nm) (¨e) – gear (car)
Kupplung (nf) – clutch
Luftdruck (nm) – air/tyre pressure
Reifenpanne (nf) (-en) – flat tyre, puncture
reinigen (v) – to (dry) clean

10

Probleme in der Werkstatt

Können Sie . . . überprüfen?

Ich habe ein Problem mit . . .

Kontrollieren Sie bitte . . .

Was kostet die Reparatur?

1

2

3

4

11

Lies den Text und hör dir das Gespräch an.
Mach drei Listen.

Achim wollte . . .	Achim konnte . . .	Achim musste . . .

Grammatik

Modal verbs –
the imperfect tense

(See page 135 to remind yourself about modal verbs.)
The imperfect tense is used when referring to the past.

ich musste – I had to
du musstest – you had to
er/sie/es musste – he/she/it had to
wir mussten – we had to
ihr musstet – you (plural) had to
Sie mussten – you (polite) had to
sie mussten – they had to

Other modal verbs in the imperfect are:

ich konnte – I could, I was able to
ich wollte – I wanted to
ich durfte – I was allowed to

These take the same endings as *musste*.

13

Mach Paare.

Beispiel: **1** c

1 Selbstbedienung
2 Reifendienst
3 Autowäsche
4 Luftdruck
5 durchgehend geöffnet
6 Wasser
7 Batterie-Test
8 Auspuff-Service

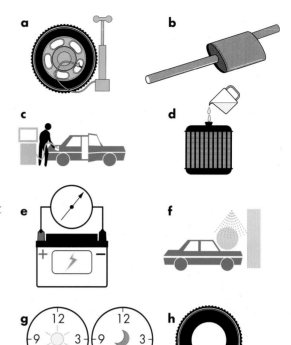

14

Vervollständige diese Sätze.

Beispiel: **1** *Als ich vier Jahre alt war, konnte ich nicht schwimmen.*
Als ich vier Jahre alt war, musste ich um 7 Uhr ins Bett gehen.

1 Als ich vier Jahre alt war, **a)** konnte ... **b)** musste ...
2 Als meine Mutter sechzehn war, **a)** durfte ... **b)** wollte ...
3 Als mein Vater dreißig war, **a)** konnte ... **b)** musste ...
4 Als meine Tante in Australien war, **a)** durfte ... **b)** wollte ...
5 Als wir auf Urlaub waren, **a)** mussten ... **b)** konnten ...

12

Sprich über deinen Job oder dein Betriebspraktikum.

• Wo?
• Warum gewählt?
• Seit wann?
• Wie oft?
• Was machst du?
• Geld? Wofür?
• Eindrücke

15

Hör dir das Gespräch an. Beantworte diese Fragen für jede einzelne Person.

1 Was wollte er/sie machen?
2 Was konnte er/sie machen?
3 Wie verdient er/sie Geld heute?

Terzan Peter Ulrike Gabi

Beispiel: **1** *Terzan wollte Geld verdienen, und CDs und Klamotten kaufen.*

Hilfe

Blatt (nn) (¨er) – leaflet
Kunde (nm) (-n) – customer
Nachhilfestunde (nf) (-n) – extra lesson, coaching
verteilen (v) – to distribute, give out

Study tip

Don't leave all your revision till the last minute. You learn more effectively over a long period of time. Things which are crammed in at the last minute are quickly forgotten.

Potsdamer Platz 1922

Der Potsdamer Platz liegt im Herzen Berlins.
In den 20er Jahren war dieser berühmte Platz einer von den schicksten und lebendigsten Plätzen Europas. Tag und Nacht ging man hier spazieren. Man aß und trank in den eleganten Cafés. Man ging zu Konzerten, oder sah sich Filme an – das war der letzte Schrei! Es gab sehr viel Verkehr. Taxis und Busse fuhren hin und her. Hier stand die erste Ampel der Welt.

Potsdamer Platz 1970

In den 70er Jahren sah der Potsdamer Platz ganz anders aus. 1961 hatte man die sogenannte Schandmauer gebaut. Die Mauer lief durch die Mitte des Potsdamer Platzes. Ein Teil lag in Westberlin, ein Teil lag in Ostberlin. Die schönen Gebäude waren zerstört. Man sah nur Stacheldraht, Wachhunde und Soldaten mit Maschinegewehren.

Potsdamer Platz heute

Heutzutage ist der Potsdamer Platz schon wieder aufgebaut – ein Platz im Herzen Europas. Hier sieht man heutzutage Büros, Geschäfte, Cafés, Kinos und so weiter. Tausende von Berlinern arbeiten oder entspannen sich hier.

16

Lies den Text über Potsdamer Platz. Wann war das – 1922? 1970? Heute?

1 Man sah die Mauer, die Deutschland teilte.
2 Es war ein lebendiges Viertel, berühmt für die neue Jazzmusik.
3 Soldaten marschierten durch die Gegend.
4 Das neue Zentrum Berlins, wo die Parlamentsgebäude ihren Sitz haben.
5 Die Autos hielten hier zum ersten Mal bei Rot.
6 Dieser Platz war bekannt für seine Cafés und Kinos.
7 Die Gebäude waren baufällig und ruiniert.
8 Hier befinden sich die Hauptsitze von vielen internationalen Firmen.

17

Welches Wort ist richtig? Schreib a) oder b).

1 Berlin a) war b) sah 1922 die Hauptstadt Deutschlands.
2 In den zwanziger Jahren a) ging b) gab es viel Verkehr.
3 Die Berliner Mauer a) war b) aß mitten in Berlin.
4 In den eleganten Cafés a) aß b) gab man oft.
5 Nach dem Mauerbau a) sahen b) waren die Gebäude zerstört.
6 Soldaten a) gingen b) kamen auf dem Platz herum.
7 In den sechziger Jahren a) trank b) sah man oft Wachhunde.
8 Heutzutage a) bleibt b) beginnt der Potsdamer Platz im Herzen Europas.

Grammatik

The imperfect tense – strong verbs

The imperfect tense is used to refer to things in the past. It is almost never used in speaking – only in writing. To form it, look at the strong verb list (on pages 142–43). Find the word under the heading 'imperfect'. Add endings, as in this example:

ich ging – I went
*du ging**st*** – you went
er/sie/es ging – he/she/it went
*wir ging**en*** – we went
*ihr ging**t*** – you (plural) went
*Sie ging**en*** – you (polite) went
*sie ging**en*** – they went

All the other strong verbs take these endings. If a verb is not found in the strong verb list assume it is weak. The imperfect tense of weak verbs is explained on page 74.

18

Lies den Text und setz die Satzhälften zusammen.

Beispiel: 1 b)

1 Spandau ist
2 Spandau wird als
3 Vor 600 Jahren war Spandau
4 Im sechzehnten Jahrhundert baute man
5 Bis 1914 war Spandau
6 Nach der Jahrhundertwende begannen in Spandau
7 Die Altstadt hat
8 Außer der Stadt findet man hier auch

a) unabhängig von Berlin.
b) eine ältere Stadt als Berlin.
c) Hauptquartier des Militärs.
d) ein bekanntes Zentrum für den Handel.
e) die Zitadelle.
f) viele enge Straßen.
g) viele grüne Flächen.
h) die ersten Fabriken zu erscheinen.

Berlin-Spandau

Spandau ist älter als Berlin und obwohl es heute nur ein Stadtteil von Berlin ist, wird es von vielen Bewohnern als eigenständige Stadt angesehen. Im Mittelalter war es durch den Zusammenfluss von den beiden Flüssen, Havel und Spree, ein wichtiger Handelsplatz. Man baute die Zitadelle zwischen 1560 und 1594 und Spandau war bis zum ersten Weltkrieg eine militärische Stadt. Zu Beginn des zwanzigsten Jahrhunderts begann hier die Industrie und Spandau wurde zu einer bedeutenden Industriestadt. Die Spandauer Altstadt ist bekannt für ihre kleinen Gassen, vielen Geschäfte und den „Haveländer Markt" und hat eine der größten Fußgängerzonen der Welt. Spandau ist aber nicht nur Stadt. Der Bezirk hat auch viel Wald, Wasser und viele Parks. Man nennt Spandau die „grüne Lunge" für Berlin.

19

Hör dir das Gespräch an und wähl a) oder b).

Frau Demel
1 Als sie jung war, fuhr a) ihre Mutter b) ihr Vater jeden Tag zum Potsdamer Platz.
2 Ihre Mutter tanzte in einem a) Klub b) Café am Potsdamer Platz.

Frau Magis
3 Es gab in ihrer Kindheit a) kein Fernsehen b) kein Radio.
4 Zu Hause a) tranken b) sangen sie und erzählten Geschichten.
5 Die Leute waren damals a) nicht so glücklich wie heute
   b) glücklicher als heute.

Herr Girgensohn
6 Eine Woche lang aß a) die Familie b) ein Freund nur Kartoffelschalen.
7 Seine Familie war a) nach dem Krieg b) in den dreißiger Jahren nicht reich.

Herr Wargener
8 Für ihn war der Mauerbau eine a) böse b) schöne Überraschung.
9 Auf den Straßen sah man öfters a) Polizisten b) Soldaten.

Frau Polarski
10 Es war damals viel a) ruhiger b) lauter als heutzutage.
11 Die Leute hatten a) nie b) immer Zeit füreinander.

Hilfe

baufällig (adj) – dilapidated
Fläche (nf) (-n) – area
Handel (nm) – trade
Hauptquartier (nn) – headquarters
Hauptsitz (nm) (-e) – main branch, headquarters
im Herzen – in the heart of
Kartoffelschalen (npl) – potato peelings
Mauerbau (nm) – building of the Berlin Wall
unabhängig (adj) – independent
Verkehr (nm) – traffic
Wachhund (nm) (-e) – guard dog

„Ein schönes Geräusch" – die Berliner Luftbrücke

„Ein schönes Geräusch – die Berliner Luftbrücke Am Ende des 2. Weltkriegs war Europa politisch geteilt. Der Osten war kommunistisch, der Westen kapitalistisch. Berlin lag mitten im Ostblock, aber die Berliner wollten ein kapitalistisches System haben. Was konnte man machen? „Wir werden die Straßen sperren," sagte Josef Stalin, Präsident der Sowjetunion. „Wir werden Berlin isolieren. Wenn die Berliner kein Essen, keine Elektrizität, kein Gas, kein Wasser haben, werden sie zu uns kommen. Sie werden sehen, dass das kommunistische System besser ist," sagte er.

Als sie das hörten, reagierten die Briten, die Amerikaner und die Franzosen sofort. Das wollten sie nicht zulassen. Sie kamen auf eine Idee. „Wenn die Straßen und die Kanäle gesperrt sind, wenn wir mit dem Zug nicht fahren können, müssen wir alle Lieferungen per Luft machen," sagten sie.

So begann die sogenannte „Berliner Luftbrücke". Man schickte per Luft alles, was die Berliner brauchten: Kohle, Mehl, Gemüse, Obst, Benzin, Gasflaschen, Medikamente. Die Maschinen starteten in Westdeutschland – in Frankfurt oder in Hannover – und landeten in Berlin. Die amerikanischen, französischen und britischen Piloten machten mehr als 50 Flüge pro Stunde. Alle 60 Sekunden hörten die Berliner eine Maschine. Die Berliner sagten „Das ist ein schönes Geräusch – sie halten uns am Leben".

Die Luftbrücke dauerte 11 Monate. Als sie endete, war Westberlin immer noch „frei".

Was brauchten die Berliner?

1 566 530 Tonnen
Kohle

538 016 Tonnen
Essen

92 282 Tonnen
Benzin

Verschiedenes 45 202 Tonnen

Wie viele Kilometer?

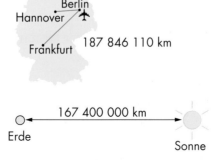

Berlin
Hannover
Frankfurt   187 846 110 km

167 400 000 km
Erde   Sonne

20

Lies den Text. Wer war das?

Beispiel: **1** *Die Berliner*

1 ... wollten 1945 ein kapitalistisches System haben.
2 ... wollte die Straßen nach Berlin blockieren.
3 ... dachte, dass er Berlin isolieren konnte.
4 ... wollten Berlin helfen.
5 ... konnten alles mit dem Flugzeug liefern.
6 ... machten viele Flüge pro Stunde.
7 ... hörten sehr oft ein Flugzeug.

Grammatik

The imperfect tense – weak verbs

The imperfect tense is used to refer to the past. Remember – it is almost never used in speaking, only in writing. If a verb is not found in the strong verb list (pages 142–43), assume it is weak.

Take the infinitive, e.g. *spielen*.
Knock off *-en*: *spiel-*
Add these endings:

ich – te
du – test
er/sie/es – te
wir – ten
ihr – tet
Sie – ten
sie – ten

ich spielte – I played
du spieltest – you played
er/sie/es spielte – he/she/it played
wir spielten – we played
ihr spieltet – you (plural) played
Sie spielten – you (polite) played

21

Achim's history teacher is talking about the building of the Berlin Wall. Listen to the recording and answer the questions in English.

1 Why was the building of the Berlin Wall such a shock?
2 What happened first?
3 How did it affect people's work?
4 How did people escape at the beginning?
5 And later?

22

Angela Melchart erzählt von ihrer Kindheit. Lies den Text. Welche Sätze sind richtig? (Sechs sind richtig.) Schreib die Nummern.

Beispiel: **1** . . .

1 Angela war auf Urlaub im Schwarzwald.
2 Die Nachrichten über die Mauer hörte sie am Abend.
3 Ihre Großmutter war darüber sehr traurig.
4 Die beiden flogen nach Berlin zurück.
5 Angelas Eltern warteten am Bahnhof.
6 Sie wollten, dass Angelas Oma in Westberlin bleiben sollte.
7 Die Großmutter fuhr weiter nach Hause.
8 Alle dachten, dass die Mauer lange dauern würde.
9 Als Angela 16 war, durfte sie ihre Oma wiedersehen.

Ich war 1961 zehn Jahre alt und wohnte in Westberlin. Im August verbrachte ich meine Sommerferien zusammen mit meiner Großmutter im Schwarzwald.

Ich stand morgens auf und ging zu meiner Großmutter. Sie weinte vor dem Radio. Ich wußte überhaupt nicht, was los war. Ich war schockiert, als sie mir erzählte, dass die Grenze zwischen Ost- und Westberlin geschlossen war. Sie lebte schließlich in Ostberlin und ich in Westberlin. Wir fuhren mit dem Zug zurück nach Berlin. Als wir am Bahnhof Zoo ankamen, standen meine Eltern auf dem Bahnsteig. Meine Oma musste aussteigen, sagten sie. Ich wusste, dass ich sie nicht mehr sehen würde. Ich heulte und wollte nicht aus dem Zug heraus. Es gab Streit auf dem Bahnsteig und wir weinten alle. Meine Oma wollte zu ihrer Wohnung zurückgehen und konnte ihr Leben in Ostberlin nicht aufgeben. Sie fuhr weiter bis zum Ostbahnhof. Wir glaubten alle damals, dass die Mauer nicht lange stehen würde. Man sagte zuerst, bis Weihnachten, höchstens aber ein Jahr. Niemand dachte, sie würde fast vierzig Jahre dauern. Ich konnte Oma nicht mehr sehen. Erst sechs Jahre später konnte ich wieder Ostberlin und meine liebe Großmutter besuchen. Ich war inzwischen sechzehn und natürlich hatte ich mich geändert. Meine Oma öffnete die Tür und fragte: „Ja, bitte. Was möchten Sie?" Sie wusste nicht, wer ich war.

Hilfe

auseinander reißen (vs) – to tear apart
Bahnsteig (nm) (-e) – platform
Betonblock (nm) (¨e) – block of concrete
Geräusch (nn) (-e) – noise
kriechen (vs) – to creep

liefern (v) – to deliver
Luftbrücke (nf) – air lift
sperren (v) – to block
Stacheldraht (nm) – barbed wire

23

Listen to the seven short passages. What is illogical in each one?
Answer in English.

24

Partnerarbeit.
In der Werkstatt

An der Tankstelle

A ⟨ Kann ich Ihnen helfen? ⟩ B

B ⟨ Sie möchten? ⟩ A

A ⟨ Gerne. Ist das alles? ⟩ B

B ⟨ Ja, natürlich. Ist das alles? ⟩ A

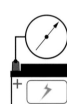

A ⟨ Selbstverständlich. ⟩ B

B ⟨ Gerne. ⟩ A

A ⟨ Kaufen Sie einen im Laden und wir montieren ihn. ⟩ B

B ⟨ Ja, im Shop da drüben. ⟩ A

A ⟨ Hinter der Rezeption. ⟩ B

B ⟨ In der Felixstraße. ⟩ A

A ⟨ Nur fünf Minuten. ⟩

B ⟨ Sechs Euro. ⟩

25

Lies diesen Bericht über einen Autounfall. Wie könntest du ihn verbessern?
Benutze:

- Modalverben
- „weil", „nachdem", „bevor"
- Adjektive
- Gründe
- Adverben

Beispiel: Nachdem ich um acht Uhr gefrühstückt habe, habe ich kurz nach zehn Uhr das Haus verlassen.

Ich bin schnell zur Bushaltestelle gelaufen, weil ich einkaufen gehen wollte.

Ich habe das Haus um 10 Uhr 15 verlassen. Ich bin zur Haltestelle gegangen. Ich bin in die Stadtmitte gefahren. Ich bin einkaufen gegangen. Ich habe Kleider, CDs und Magazine gekauft. Ich habe einen Autounfall gesehen. Ein Mann in einem roten Auto hat an der Ampel nicht angehalten und es gab einen Zusammenstoß mit einem blauen Auto. Ich bin zum Telefon gelaufen. Ich habe den Krankenwagen angerufen. Ein Krankenwagen ist gekommen. Der Mann ist zum Krankenhaus gefahren. Die Frau war nicht verletzt. Ein Polizist hat mich interviewt.

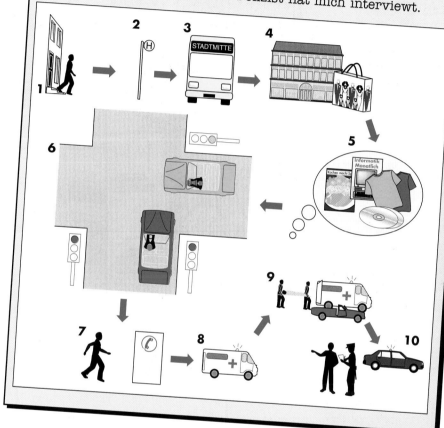

Checklist

I can:
- use *lassen* as a modal.

  Ich lasse meine Haare schneiden. Ich möchte mein Auto reparieren lassen.

- use the imperfect tense of modals.

  Ich wollte, er konnte, sie durfte, er musste

- understand the imperfect tense of strong and weak verbs.

  Es gab, es lag, ich fuhr
  Wir machten, er brauchte

I know:
- words for the parts of a car.
- about Berlin's history.

Hilfe

halten (vs) – to stop
Krankenwagen (nm) – ambulance
Zusammenstoß (nm) (¨e) – crash

Grammatik

Um . . . zu

To express 'in order to . . .' use um . . . zu + infinitive.

*Achim geht nach Hause, **um** mit Bettina **zu** sprechen.*
Achim goes home in order to talk to Bettina.
*Erkan sieht sich die Nachrichten an, **um** Achim **zu** sehen.*
Erkan watches the news in order to see Achim.

Zu + infinitive go at the end of the clause, and a comma is placed before *um.*

Notice how in English 'in order to' is often shortened to 'to', e.g. 'Achim goes home to talk to Bettina.' In German you always need *um* and *zu.*

1

Was passt zusammen?

Beispiel: **1** d)

1 Bettina sagt Erkan,
2 Erkan findet
3 Ein Kunde hat angerufen,
4 Achim und Martin sind
5 Achim und Martin haben
6 Achim und Martin sind
7 Die Polizei haben
8 Die Reporterin hat durch Karin

a) die Nachricht bekommen.
b) den Mann verhaftet.
c) im Auto Drogen gefunden.
d) dass Achim heute Abend im Fernsehen sein wird.
e) zu der Wohnung gegangen, um das Auto zu waschen.
f) um zu fragen, ob Achim sein Auto waschen würde.
g) zur Polizei gegangen, um den Fund zu melden.
h) Achims Job nicht so interessant.

2

Lies den Artikel (unten). Beantworte dann diese Fragen auf Deutsch. (Benutze 'um . . . zu . . .'.)

Beispiel: 1 Um Geld zu verdienen.

1 Warum waschen Achim und Martin Autos?
2 Warum hat Herr Heinemann angerufen?
3 Warum sind die Jungen zu Herrn Heinemanns Wohnung gegangen?
4 Warum sind sie zur Polizei gegangen?
5 Warum hat die Polizei die Tüten weggenommen?
6 Warum brachten die Polizisten Herrn Heinemann aufs Revier?

Dealer verhaftet. Schüler gelobt.

Zwei dreizehnjährige Spandauer Schüler halfen der Polizei bei der Verhaftung eines bekannten Dealers, der seit über drei Jahren in Europa gesucht wird. Achim Essler und Martin Jülich waschen Autos, um Geld zu verdienen. Sie haben Kunden überall in Spandau, Charlottenburg und Reinickendorf. Am letzten Montag rief ein Klaus Heinemann (27) bei Essler an und fragte, ob die Jungen sein Auto waschen würden. Achim und Martin gingen am selben Nachmittag zu seiner Wohnung, um den blauen Mercedes SL vor dem Luxus-Wohnblock gründlich zu waschen. Sie entdeckten weißes Pulver unter einem Sitz versteckt. „Zuerst haben wir an Waschpulver gedacht," erklärte uns der erstaunte Achim, „aber so viel Waschpulver, das ist unmöglich und wir sind gleich zur Polizei gegangen, um ihnen alles zu erzählen." Zwei Polizisten der Drogenabteilung waren schnell am Tatort und nahmen über 100 Tüten mit, um den Inhalt zu prüfen. Weitere Polizisten fanden Herrn Heinemann und brachten ihn aufs Revier, um ihn zu interviewen. Franz Friedrich, Chef der Drogenoperationen im nordwestlichen Teil Berlins, freute sich über die Verhaftung eines großen Dealers. „Jetzt ist noch ein Dealer von den Straßen verschwunden. Wir kämpfen um die Vernichtung aller Drogengeschäfte in dieser Stadt und sind den beiden Jungen sehr dankbar, dass sie den Fund gleich gemeldet haben."

3

Hör dir die Radiosendung an. Vergleiche das Interview mit dem Artikel (Aufgabe 2). Was war falsch im Zeitungsartikel? Der Reporter hat fünf Fehler gemacht. Antworte auf Deutsch.

Beispiel: Die Jungen sind vierzehn (nicht dreizehn).

5

Partnerarbeit. Erfinde Fragen.

Beispiel: 1 Warum willst du studieren?

1 Um Rechtsanwalt zu werden.
2 Um Urlaub in Florida zu machen.
3 Um meine Verwandten zu besuchen.
4 Um Badminton zu spielen.
5 Um etwas für die Umwelt zu tun.

4

Ersetze diese Wörter, um einen zweiten Satz zu machen.

Beispiel: 1 Achim geht in die Schule, um Englisch zu lernen.

1 Achim geht in die Schule, um Mathe zu lernen.
2 Achim und Martin waschen Autos, um Geld zu bekommen.
3 Die Polizei nimmt die Tüten, um den Inhalt zu kontrollieren.
4 Achim braucht mehr Geld, um Kleider zu kaufen.
5 Martin geht zum Jugendzentrum, um Tischtennis zu spielen.
6 Familie Essler kommt ins Restaurant, um eine gute Mahlzeit zu essen.
7 Bettina geht in die Stadt, um eine neue Hose zu kaufen.
8 Frau Essler geht früh ins Café Fester, um die Tische abzuwischen.

Hilfe

Fund (nm) (-e) – find
Inhalt (nm) – contents
melden (v) – to report
Pulver (nn) – powder
Revier (nn) – police station
Tatort (nm) (-e) – scene of the crime
Tüte (nf) (-n) – bag
<u>weg</u>nehmen (vs) – to take away

6

Lies den Text und hör dir das Gespräch an.
Finde die Ausdrücke im Text, die dasselbe bedeuten.

Beispiel: **1** *Ich habe keine Lust, den Aufsatz zu schreiben.*

1 Ich will den Aufsatz nicht schreiben.
2 Ich will Kleider kaufen.
3 Ich muss einen Aufsatz über Drogen schreiben.
4 Es ist nicht leicht, darüber zu schreiben.
5 Ich habe versucht, etwas darüber in der Zeitung zu lesen.
6 Ich konnte keine Informationen finden.
7 Ein Freund von mir kann dich über Gesetze informieren.
8 Ist es möglich, mit ihm zu telefonieren?

Grammatik

Using two verbs together

Many verbs need another verb to complete their sense.

*Ich **muss** nach Hause **gehen**.*
*Du **versuchst**, deine Arbeit zu **machen**.*
*Bettina **hat** keine Lust, heute Abend Pizza zu **essen**.*

Each of the 'main' verbs (*muss, versuchst, hat*) has a 'dependent' verb with it (*gehen, machen, essen*). The 'dependent' verb is in the infinitive and always comes at the end of the clause.

If the first verb is a modal (*müssen, wollen, können, dürfen, mögen, sollen*) there is no *zu* before the infinitive. In all other circumstances put *zu* before the infinitive.

7

Wie heißt das richtig? Beginn mit diesem Wort.

*Beispiel: **1** Kann ich mit diesem Freund sprechen?*

1 ich mit sprechen kann diesem Freund ?
2 zu Statistiken ich finden überall habe versucht
3 telefonieren ist möglich , zu ihm es mit ?
4 über muss Aufsatz schreiben ich Rauschgift einen
5 Achim gekommen mit um die sprechen , ist Reporterin zu
6 heute keine Hausaufgaben , Bettina zu ihre hat Lust machen
7 möchte Bettina Karin helfen Arbeit der mit
8 findet Aufsatz Bettina schwierig für finden , zu es den Informationen

8

Wie gut kannst du die Fragen beantworten?

Beispiel:

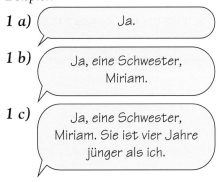

1 a) Ja.

1 b) Ja, eine Schwester, Miriam.

1 c) Ja, eine Schwester, Miriam. Sie ist vier Jahre jünger als ich.

1 Hast du Geschwister?
2 Wie lange möchtest du noch zur Schule gehen?
3 Möchtest du Abitur machen? Welche Leistungskurse wirst du wählen?
4 Wirst du auf derselben Schule bleiben? Warum (nicht)?

9

Bettina und Karin sprechen miteinander. Hör dir das Gespräch an.
Was hörst du? Schreib die Buchstaben.

*Beispiel: **a***

a The drug problem in England ✓ 2

b Napoleon in Russland ✓ 2

c

d

e

f

Hilfe

Aufsatz (nm) (¨e) – essay
<u>aus</u>drücken (v) – to express
Zwei (nf) – two (good mark)

10

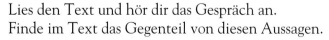

Lies den Text und hör dir das Gespräch an.
Finde im Text das Gegenteil von diesen Aussagen.

Beispiel: **1** *Da hast du Recht.*

1 Da hast du nicht Recht.
2 Sprachen sind völlig nutzlos.
3 Das ist alles ganz leicht.
4 Die Schule gefällt mir sehr gut.
5 Mutti ist mit mir sehr zufrieden.
6 Ich finde das super.
7 Das überzeugt mich total.

Grammatik

Giving opinions, agreeing and disagreeing

Here are some useful phrases to learn:

Meiner Meinung nach	In my opinion
Ich bin der Meinung,	I think, I'm of the opinion
Ich glaube (nicht)	I (don't) think
Das finde ich . . .	I think that's . . .
Das stimmt	That's right
Da hast du Recht!	You're right!
Ich bin einverstanden	I agree
Das gefällt mir	I like that
Das stimmt nicht	That's not right
Da hast du Unrecht	You're wrong
Ich bin nicht einverstanden	I don't agree
Das gefällt mir nicht	I don't like that
Das ist mir egal	I'm not bothered
Ich interessiere mich nicht dafür	I'm not interested in it

11

Hör dir das Gespräch an.
Wer sagt das?

Achim	Karin	Terzan	niemand
1			

1 Ich möchte die Schule verlassen.
2 Mit 18 darf man heiraten.
3 Alle Politiker sind gleich schlecht.
4 Politiker verstehen die Jugendlichen nicht.
5 Die Grünen kümmern sich um die Umwelt.
6 Wir sollten nicht so viel Geld für Waffen ausgeben.
7 Es ist Unrecht, dass viele noch verhungern.
8 Alle sind verpflichtet, zu wählen.
9 Es lohnt sich nicht, zu wählen.

12

Lies den Text.
Rate mal – wie
alt muss man
sein?

Beispiel: 1 6 Jahren

13

Wie lange willst du noch im
Elternhaus wohnen? Schreib
einen Aufsatz. Hier sind ein paar
Vorschläge.

Freiheit?	Regeln?	Hausarbeit?
Probleme?	Geld?	Zukunft?

Hilfe

Gefängnis (nn) (-se) – prison
Grünen (npl) – Greens (political party)
heiraten (v) – to marry
nutzlos (adj) – useless
sich kümmern (v) um – to worry about
Testament (nn) (-e) – will
überzeugen (v) – to convince
verhungern (v) – to starve
verpflichtet (adj) – obliged
Waffe (nf) (-n) – weapon
Wahlen (npl) – election
wählen (v) – to vote

Study tip

Set yourself targets and give yourself
rewards when you meet them. The
reward might be a chocolate biscuit, a
favourite television programme, or a
phone call to a friend. This will help you
feel that you are making real progress.

Bürgerrechte und Pflichten in Deutschland

1 Mit ? Jahren muss ein Kind zur Schule gehen.
2 Mit ? Jahren darf man die Schule verlassen (in den meisten Bundesländern).
3 Mit ? Jahren darf man einen Job haben.
4 Mit ? Jahren darf man seine eigene Religion wählen.
5 Mit ? Jahren darf man ein Testament machen.
6 Mit ? Jahren darf man wählen.
7 Mit ? Jahren darf man rauchen.
8 Mit ? Jahren muss man einen Personalausweis besitzen.
9 Mit ? Jahren „darf" man ins Gefängnis gehen.
10 Mit ? Jahren darf man in einem Gasthaus Wein und Bier aber keinen Schnaps trinken.
11 Mit ? Jahren darf man bis Mitternacht in einem Gasthaus bleiben.
12 Mit ? Jahren darf man Mofa fahren (bis zu 50 cm³, nicht schneller als 25 km/h).
13 Mit ? Jahren darf man Auto fahren.
14 Mit ? Jahren darf man das Elternhaus verlassen.
15 Mit ? Jahren darf man in ein Casino gehen.
16 Mit ? Jahren darf ein Kind bis 22 Uhr ein Kino besuchen.
17 Mit ? Jahren darf man heiraten.
18 Mit ? Jahren darf man Busfahrer werden.

Vom Hass zum Mord

DIE TAT

Am 8. Dezember begann eine zehnjährige Gefängnisstrafe für den 26-jährigen Michael P. und den 20-jährigen Lars C. Am 23. November trafen sie sich gegen Mitternacht vor der Videothek „Nummer Eins" in Mölln (Schleswig-Holstein). Lars C. brachte Molotowcocktails mit. Er versteckte sie im Kofferraum seines alten VW-Polos. Die Männer gingen zu einem Haus in der Ratzeburger Straße in Mölln, wo eine türkische Familie wohnte, maskierten sich und warfen die Molotowcocktails ins Haus. Das Haus fing Feuer, aber die Bewohner konnten sich retten. Einige waren verletzt, zum Teil schwer. Lars C. und Michael P. gingen zurück zu ihrem Auto und fuhren an dem brennenden Haus vorbei in die Möllner Innenstadt. Von einer Telefonzelle aus riefen sie die Polizei an und sagten: „In der Ratzeburger Straße brennt ein Haus. Deutschland für die Deutschen!" Nach dem Telefonanruf beschlossen die Männer, ein weiteres Haus von türkischen Bürgern in Brand zu stecken, diesmal in der Mühlenstraße. Noch einmal flogen die Molotowcocktails, und das Feuer breitete

sich aus. Diesmal riefen Lars C. und Michael P. die Feuerwehr an: „In der Mühlenstraße brennt ein Haus. Deutschland für die Deutschen!" In den Flammen starben die 51-jährige Bahide Arslan, ihre 10-jährige Enkelin Yeliz Arslan und ihre 14-jährige Nichte Ayse Yilmaz. Andere Menschen wurden schwer verletzt.

Türkische Frauen trauern um die Opfer

DIE OPFER

Die Familie Arslan lebte schon über 10 Jahre in Mölln. Die kleine Yeliz ist in Deutschland geboren. Nazim Arslan, der seine Frau Bahide in den Flammen verlor, erklärte: „Meine Frau Bahide war der Mittelpunkt meiner Familie – meines Lebens. Sie war für alle in der Familie immer da. Wer Schwierigkeiten hatte,

musste zu Bahide gehen. Sie konnte lesen, schreiben, und mit Geld umgehen. Sie kam ja auch vor 20 Jahren als Erste nach Deutschland. Wir arbeiteten und arbeiteten. Und dann so eine Tat! Meine Frau verbrannte auf dem Flur, als sie versuchte, die Mädchen Yeliz und Ayse zu retten. Im Schlaf höre ich immer wieder die Schreie, ich sehe die Flammen. Ich sehe, wie meine Frau im Rauch und Feuer verschwand. Eigentlich ist mein Leben zu Enden – ich habe nichts mehr. Wie kamen diese Männer auf solche unmenschlichen politischen Ideen? Wir kamen als Gastarbeiter. Wir waren hier Gäste. Wissen sie, was das in der Türkei bedeutet?"

In diesem Haus in Mölln starben zwei türkische Mädchen und eine türkische Frau

DIE TÄTER

MICHAEL P.

Familie: In Mölln geboren. In der Familie gab es viel Streit. Sein Vater war Alkoholiker und war oft aggressiv. Er stritt sich ständig mit seiner Frau.

Schule: Michael besuchte eine Schule für Lernbehinderte. Danach machte er ein Jahr im Bereich Technik, fand aber keinen Ausbildungsplatz.

Wehrdienst: Michael wurde Panzerfahrer und fühlte sich in der Bundeswehr wohl. Nach dem Wehrdienst lebte er von Gelegenheitsjobs und hatte viele Schulden.

Politik: Er wurde Mitglied der rechtsextremistischen Nationaldemokratischen Partei Deutschlands (NPD). Vor dem Anschlag in Mölln nahm er an Brandanschlägen in Gudow und Kollow teil.

LARS C.

Familie: In Eutin geboren. Seine Mutter starb, als er 10 Jahre alt war. Sein Vater zog mit seiner neuen Frau nach Mölln.

Schule: Er besuchte die Realschule und begann danach eine Lehre als Einzelhandelskaufmann. Er spielte Fußball beim SV Mölln zusammen mit türkischen Jugendlichen.

Politik: Mit 15 Jahren wurde er Mitglied einer Skinhead-Gruppe. Er meinte: „Zu den Rechten zählte ich mich gar nicht. In der Clique diskutierten wir nie. Wir wollten nur anderen Menschen Angst machen." Vor dem Anschlag in Mölln nahm er an einem Anschlag in Pritzier (Mecklenburg) teil.

14

Wie würdest du diesen rassistischen Aussagen widersprechen?

1. Schwarze sind stärker als Weiße.

2. In Deutschland sollten nur deutsche Personen leben.

3. Die Türken in Deutschland sind alle faul.

4. Menschen mit blonden Haaren sind intelligenter.

5. Alles aus dem Ausland ist exotisch.

6. Viele Ausländer wollen nicht arbeiten.

15

Hör dir das Gespräch an. Wer sagt das?

Beispiel: **1** Herr Essler

1. Deutschland ist bloß ein Teil von Europa.

2. Viel ist vom Ausland gekommen.

3. Alle Menschen sind vor Gott gleich.

Hilfe

Anschlag (nm) (¨e) – attack
in Brand stecken (v) – to set alight
Bürger (nm) (-) – citizen
Einzelhandelskaufmann (nm) (¨er) – retail salesman
Gastarbeiter (nm) (-) – immigrant worker
gleich (adj) – equal
Hass (nm) – hatred
Krieg (nm) (-e) – war
Lernbehinderte (npl) – people with learning difficulties
Mord (nm) (-e) – murder
Opfer (nf) (-) – victim
Rechtsextremismus (nm) – right-wing extremism
retten (v) – to rescue, save
sich streiten (vs) – to argue
Täter (nm) (-) – culprit, criminal
widersprechen (vs) – to contradict

4. Nur die Unintelligenten akzeptieren den Rechtsextremismus.

5. Wir brauchen Toleranz.

6. Es ist wichtig, Europäer zu sein.

7. In der Schule muss man gegen Rassismus kämpfen.

8. Die Ideen Hitlers haben zum Krieg geführt.

16

Welche Wörter reimen sich?
Schreib Paare.

Beispiel: blau grau

17

Wie heißt das richtig? Ersetz ein Wort in Blau mit einem Wort in Rot.

Beispiel:

A — Hallo. **Wie** geht's?

B — Es geht.

A — Hallo. Es geht's?

B — Wie geht.

A — Wollen wir können gehen?

B — Nein. Ich habe keine Lust. Außerdem kostet es zu viel. Reiten wir etwas anderes tun?

A — Was denn? Was wäre du denn vor?

B — Wie schlägst es mit Schwimmen? Das ist relativ billig.

A — Und ist das Hallenbad klar?

B — Na offen. Jeden Tag ab 11.

A — Haben wir Zeit dazu? Um 5 muss ich wieder zu Hause gehen.

B — Bestimmt. Sein wir gleich hin.

18

Hör gut zu.
Was ist hier unlogisch?

*Beispiel: **1** Mit acht Jahren kann man nicht im Ausland arbeiten.*

19

Partnerarbeit.
Mach Dialoge, wo du dich beschwerst.

Die Probleme:

1

2

3

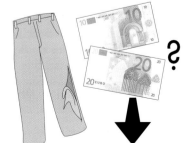

4

20 *Logikrätsel*

Was sahen sich diese Personen im Fernsehen an?
Kopiere die Tabelle und füll sie aus.

	Sendung	Was für eine Sendung?	Tag	Uhrzeit
Achim				
Bettina				
Erkan				
Karin				
Martin				

- Am Montag sahen zwei Jungs fern.
- Erkans Sendung begann drei Stunden später als *Wie schön!*
- Bettina sah eine Sendung über Mode.
- Martin war nur am Donnerstagabend zu Hause.
- *Hallo du* ist eine Seifenoper.
- Achim setzte sich um 17.45 vor den Fernseher.
- Eine Sendung am Donnerstag fing um 19.30 an.
- Achim schaute einen Naturfilm.
- *Für Mich* begann 15 Minuten vor *Fit in den Urlaub.*
- Am Freitag war Karin zu Hause und guckte Fernsehen.
- *Wie schön* war am späten Nachmittag.
- Erkan fand seinen Dokumentarfilm besonders informativ.
- Martin sah später als Bettina fern.
- Um 19.30 begann die Seifenoper.
- Am Montag lief die Reportage *Leben in der Wüste.*
- Martin wählte die Sendung über Reisen und Sport.
- Karin sieht sich gerne Seifenopern an.
- Die Sportsendung begann um 19.45.

21

Wie oft passierte das? Schreib die Sätze in der richtigen Reihenfolge auf.

nicht oft → sehr oft

Beispiel: **4 . . .**

1 Jede Woche fuhr ich mit meinen Eltern zu meiner Tante aufs Land.
2 Als wir Kinder waren, fuhren wir im August alle an die See.
3 Alle sechs Monate musste mein Vater ins Krankenhaus zur Kontrolle.
4 Die Jahrhundertwende haben wir im Familienkreis sehr groß gefeiert.
5 Ich stand an jedem Schultag vor 6.00 auf.
6 Alle zwei Wochen kam mein Bruder nach Hause.
7 Zu meinem Geburtstag bekam ich damals nicht viele Geschenke.
8 Am Freitag nach der Schule kam die Frau Kramer, um mir eine Klavierstunde zu geben.

Checklist

I can:

- use *um . . . zu* to express 'intention'.
- use the infinitive with and without *zu*.

- express opinions, agree and disagree.

- talk about social problems.

Erkan geht ins Café, um Bettina zu besuchen.
Ich kann diese Hausaufgaben nicht verstehen.
Ich habe keine Lust, diese Hausaufgaben zu machen.
Meiner Meinung nach . . ., das stimmt, das stimmt nicht

22

Sprich für eine Minute über Probleme zu Hause (Hausarbeit, Freiheit, Geschwister, Eltern).

Hilfe

Jahrhundertwende (nf) – turn of the century
Kontrolle (nf) (-n) – check-up

1

Finde die Sätze, die dasselbe bedeuten.

Beispiel: **1** *Jetzt wird er 'rausgeschmissen.*

1 Man hat ihn jetzt 'rausgeschmissen.
2 Man macht es so.
3 Man bittet mich, ins Büro von Frau Wienersch zu gehen.
4 Man liest einen Brief von der Verwaltung vor.
5 Man braucht mich nicht mehr.
6 Man entlässt mich.
7 Die Familie braucht das Geld.
8 Man bezahlt noch die Miete für die Wohnung.

Grammatik

The passive

Up to now the verbs you have used in German have been 'active'.
We now learn another form – the passive.

Active: The boy sends the e-mail.
Passive: The e-mail is sent by the boy.
Active: She uses the computer.
Passive: The computer is used by her.

To form the passive in German, use the verb *werden* + past participle. As always, the past participle comes at the end.
*Der Brief **wird** nicht **gelesen**.* The letter is not read.
*Wir **werden gebeten**, ins Büro zu gehen.* We are asked to go into the office.

When using the passive, 'by' = *von*:

*Der Brief wird **von** Gunay gelesen.* The letter is read by Gunay.

Often the passive is avoided by using the word *man*. *Man* means 'one', 'people', 'you', 'they'.
Deutsche wird hier gesprochen. German is spoken here. (passive)
Man spricht hier Deutsch. They speak German here. (not passive)

2

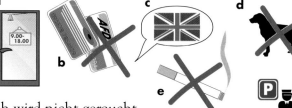

Mach Paare.

Beispiel: **1** *e*

1 An diesem Tisch wird nicht geraucht.
2 Hunde werden nicht hineingelassen.
3 Hier wird Englisch gesprochen.
4 Um 18.00 wird zugemacht.
5 Karten werden ab 1. Mai reserviert.
6 Unser Parkplatz wird durchgehend bewacht.
7 Im Schlafraum wird weder gegessen noch getrunken.
8 Kreditkarten werden hier leider nicht angenommen.

3

Setz die beiden Satzhälften zusammen. (Mehr als eine Antwort ist möglich.)

Beispiel: **1** *e)*

1 In der Bäckerei	a) wird über den Rassismus heftig diskutiert.
2 In der Bank	b) wird hauptsächlich von jungen
3 Auf dem Flohmarkt	Mädchen gelesen.
4 In englischen Schulen	c) werden Reiseschecks eingelöst.
5 In einem Reisebüro	d) wird viel über Randalieren geschrieben.
6 In dieser Zeitschrift	e) wird Brot verkauft.
7 Im Fernsehen	f) wird nicht geraucht.
8 In den Zeitungen	g) werden Reisen gebucht.
	h) werden tolle alte Klamotten verkauft.

4

Mach aus diesen Sätzen Sätze mit „man".

Beispiel: **1** *Man entlässt mich.*

1 Ich werde entlassen.
M__ e_____ m___.
2 Ich werde nicht mehr gebraucht.
M__ b_____ m___ n____ m___.
3 Die Miete wird noch bezahlt.
M__ b_____ n__ d__ M____.
4 Die Hausarbeit wird morgens gemacht.
M__ m____ m_____ d__ H_____.

5

Ist das Männerarbeit oder Frauenarbeit? Gib Gründe und Meinungen.

Gartenarbeit   Reparaturen im Haushalt
Kochen   Bügeln   Autowaschen
Spülen   Staub saugen   Aufräumen
Autoreparaturen   Tapezieren
Tisch decken   Kleider waschen   Rasen mähen
Schuhe putzen
Wegbringen von dem Abfall
Entfernen von Spinnen   Karten schicken
Mit dem Hund spazieren gehen
Babywickeln

Hilfe

bitten (vs) – to request
einlösen (v) – to cash
entlassen (vs) – to dismiss, sack
herausschmeißen (vs) – to throw out
Verwaltung (nf) – administration
vorlesen (vs) – to read out

5 Das Auto wird jede Woche gewaschen.
M__ w_____ d__ A__ j___ W____.
6 Das Essen wird um 6 Uhr serviert.
M__ s_____ d__ E____ u_ 6 U__.
7 Die Regeln werden vorgelesen.
M__ l____ d__ R_____ v__.
8 Die Zeitung wird täglich geliefert.
M__ l_____ d__ Z_____ t_____.

Bettina, ich hasse Rassismus, ich hasse ihn!

Was ist mit dir los?

Heute in der Schule. Mein Schließfach – der kleine Schrank, wo ich meine Sachen drin aufbewahre – mein Schließfach ist mit roter Farbe beschmiert worden: „Ausländer raus!". Und dann im Umkleideraum habe ich ein kaputtes Ei in meiner Tasche gefunden. Ein Drohbrief ist mir geschickt worden und überall an der Wand ist geschrieben worden: „Deutschland den Deutschen".

Aber von wem ist das gemacht worden?

Das weiß ich nicht. Bettina, ich verstehe das nicht. Ich bin doch kein Ausländer. Ich bin hier geboren, oder? Ich verstehe diese Rassisten gar nicht.

Das ist dem Hamuk neulich auch passiert. Ein toter Frosch ist in seiner Tasche gefunden worden. An seiner Haustür ist geschrieben worden „Türken raus!". Seine Familie ist zur Polizei gegangen, aber nichts ist gemacht worden. Meiner Meinung nach sind viele Polizisten auch Rassisten.

Das habe ich auch gelesen, aber wer weiß es schon?

6

Lies den Text und hör dir das Gespräch an. Warum werden folgende Dinge erwähnt? Gib Gründe oder mach einen Satz mit jedem Wort.

| Schule | ein Frosch | ein Ei | Umkleideraum | Polizei |

Grammatik

The passive in past tenses

You have met the passive in the present tense. It exists in all the other tenses too.

The perfect tense of the passive is formed with the perfect tense of *werden* + past participle. The perfect tense of *werden*, as used here, takes the following form:

ich bin . . . worden
du bist . . . worden, etc.

Nichts ist gemacht worden. Nothing has been done.
Ich bin geschlagen worden. I have been hit.

7

War das ein positives oder ein negatives Erlebnis?
Mach zwei Listen.

Beispiel:

1 Ich bin auf Jans Party eingeladen worden.
2 Ich bin von diesen Jungen geschlagen worden.
3 Wir sind im Urlaub angeschrieen worden.
4 Er ist von der Lehrerin gelobt worden.
5 Sie sind wegen Rowdytum verhaftet worden.
6 Wir sind von allen unseren Nachbarn völlig akzeptiert worden.
7 Eine tote Maus ist ins Haus geworfen worden.
8 Rassistische Sprüche sind an die Wand geschrieben worden.
9 Geschenke sind von allen Gästen mitgebracht worden.
10 Das Problem mit dem Vandalismus ist schnell gelöst worden.

8

Welche Sätze haben die gleiche Bedeutung? Bilde Paare.

Beispiel: 1 c)

1 Die Mahlzeit ist um 8 Uhr serviert worden.
2 Das Paket ist am Montag geliefert worden.
3 Die Postkarte ist gleich am Anfang vom Urlaub abgeschickt worden.
4 Die Flugtickets sind schon bezahlt worden.
5 Das Problem ist nie richtig gelöst worden.
6 Die Situation ist durch Zusammenarbeit verbessert worden.
7 Nichts ist gemacht worden.
8 Alles ist für den Urlaub schon geplant worden.

a) Am ersten Tag habe ich alle meine Karten geschrieben.
b) Wir haben alles für die Reise ganz sorgfältig organisiert.
c) Um 20 Uhr haben die Kellner die Vorspeise an den Tisch
   gebracht.
d) Ich habe mit Kreditkarte die Fahrscheine schon gekauft.
e) Nach dem Wochenende hat man die Lieferung gemacht.
f) Das Problem des Vandalismus existiert immer noch.
g) Die Kooperation von vielen Menschen hat die Lage weniger
   hoffnungslos gemacht.
h) Die Polizei konnte keine Lösung finden und die Situation hat sich
   nicht verändert.

Hilfe

Frosch (nm) (¨e) – frog
Spruch (nm) (¨e) – slogan
streichen (vs) – to paint
Umkleideraum (nm) (¨e) – changing
   room

9

Lies den Text.
Beantworte die
Fragen auf Deutsch.

Beispiel: **1** *Sie ist neun Jahre alt.*

1 Wie alt ist Yasemin?
2 Was für eine Schule besucht
  sie?
3 Wo geht sie tanzen?
4 Was macht die Familie
  zusammen?
5 Warum war Yasemins Vater
  traurig?
6 Warum ist ihr Vater anders?
7 Ist Yasemin Deutsche oder
  Türkin? Was denkst du?

Hallo

Ich heiße Yasemin. Ich bin neun Jahre alt und besuche die dritte Klasse. Ich bin in Berlin geboren. Daher ist meine erste Heimat hier. Ich habe viele Freunde. Meine Eltern gehen oft in den Verein. Der Verein ist neu und heißt Immigranten-Verein. Da machen wir mit meinem Bruder Folklore-Spiele. Wir spielen gern die Tänze. Einmal war mein Vater sehr traurig und ich fragte warum? Warum bist du so traurig? Ich bin so traurig weil ich in Deutschland immer noch ein Ausländer bin, nicht ein Mensch! Warum nicht? Weil ich anders aussehe, eine andere Sprache habe und in der Türkei geboren bin. Ist das so schlimm? Was bin ich - Türkin oder Deutsche? Du bist ein Mensch, meine Tochter.

10

Vervollständige die Sätze über die Familie Aygün.

Beispiel: **1** *Erkan* **wohnt** *in* **einer** *Wohnung in* **Spandau**.

1 Erkan _____ in _____ Wohnung in _____.
2 Herr Aygün _____ vor kurzem _____ Stelle _____
  Krankenhaus verloren.
3 Erkan hat _____ Brüder und eine _____, die _____
  studiert.
4 Er plant, _____ auf _____ Uni in _____ zu studieren.
5 Erkan _____ letzten Winter _____ Skiurlaub in _____
  gewonnen.
6 Seine Mutter heißt _____ und arbeitet in einem _____
  nicht weit von _____ Wohnung.
7 Kenan ist _____ _____. Er hat _____ _____ und
  wohnt in _____.
8 Kenan _____ als Zivi in _____ Kinderheim gearbeitet.
9 Als Sechzehnjähriger _____ Erkan in _____ _____ und
  in _____ _____ gejobbt.
10 Erkan hat _____ 14. April _____ und möchte in _____
  Zukunft studieren.

11

Achim hat einen Vortrag über die Türken in Deutschland für seine Klasse vorbereitet. Er liest ihn vor, und Bettina hört zu. Hör dir den Vortrag an. Was passt zusammen? Mach Paare.

Beispiel: 1 b)

1 60% aller Türken in Deutschland
2 25% von den Türken
3 Fünf Milliarden Euro
4 45 000 türkische
5 Mehr als 130 000
6 15% der Arbeiter in türkischen Firmen
7 Es gibt 470 000
8 2100 Euro
9 Jeder siebte Euro
10 80 000 Türken

a) fahren jedes Jahr in die Türkei.
b) leben schon länger als 15 Jahre in Deutschland.
c) Arbeitsplätze werden von türkischen Arbeitgebern angeboten.
d) sind in Deutschland geboren.
e) türkische Haushalte in Deutschland.
f) sind Deutsche.
g) werden von Türken in Deutschland investiert.
h) ist das durchschnittliche Nettoeinkommen von türkischen Familien.
i) wird gespart.
j) Arbeitgeber und Kaufleute gibt es in Deutschland.

12

Partnerarbeit.
Beantworte diese Fragen auf Deutsch.

Beispiel:

A Bist du schon ins Ausland gefahren?

B Ja, ich bin nach Deutschland und Spanien gefahren . . .

1 Bist du schon ins Ausland gefahren? Wohin? Wann?
2 Kennst du hier Ausländer? Woher kommen sie? Seit wann sind sie hier?
3 Welche Fremdsprachen kannst du? Wie lange sprichst du die Sprachen schon?
4 Gehst du gern in ausländische Restaurants? Was isst du am liebsten?
5 Gibt es ausländische Betriebe in deiner Stadt? Wo haben sie ihren Hauptsitz?

Hilfe

anders (adj/adv) – different(ly)
durchschnittlich (adj) – average
Heimat (nf) – home(land)
Nettoeinkommen (nn) – net income

13

Lies den Brief. Was schreibt Herr Aygün? Welche Sätze stimmen? Es gibt **vier** richtige.

Beispiel: **1** . . .

1 Ich bin jetzt arbeitslos.
2 Ich habe dreizehn Jahre als Arzt gearbeitet.
3 Ich bin sehr traurig.
4 Ich bin leider nicht sehr gut qualifiziert.
5 Ich möchte nicht mehr arbeiten.
6 Ich würde gerne einen neuen Beruf lernen.

IST MEINE SITUATION HOFFNUNGSLOS?

Letzte Woche bin ich entlassen worden und ich weiß nicht, ob ich wieder eine Stelle finden werde. Ich habe über dreizehn Jahre im Krankenhaus gearbeitet und jetzt werde ich nicht mehr gebraucht. Ich fühle mich richtig deprimiert. Ich bin schon fast 50 und habe keine Qualifikationen aber mein Leben ist doch noch nicht zu Ende. Ich weiß, dass ich noch viel machen kann – ich bin fleißig, pünktlich, höflich und lernwillig. Was soll ich tun? Wer kann mir helfen?
Gunay Aygün, Berlin

14

Lies die Problemseite.
Who says the following? Give the name.

Example: **1** *Iris*

1 Brown-haired girls are nice.
2 Love conquers all.
3 Eye contact is a good start.
4 Let him know how you feel.
5 We live far apart.
6 Holiday romances are difficult.
7 The chemistry isn't right.
8 No-one can replace my true love.

ICH BRAUCHE HILFE

Mein Problem ist, wie bekomme ich eine Freundin? Sie sollte blond, ca. 15 Jahre und 170 cm sein. Bitte helft mir. Ich gehe auch sicher mit jedem Mädchen, das mich anspricht. Ich brauche Tipps.
Marcus, 15
JENNY: *Der beste Platz sind Eisdielen im Sommer. Da kann man ungeschickt sein und mit dem anderen in Kontakt kommen. Dann sagt man: ,,Darf ich dir helfen?" Du hast da sicherlich Chancen.*
IRIS: *Warum muss sie unbedingt blond sein? Braunhaarige können auch ganz lieb sein.*
JENNY: *Ich hasse es, wenn mich jemand anspricht. Blickkontakt ist besser. Danach kommt man ins Gespräch.*

ICH HABE EIN PROBLEM

Was meint ein Junge, wenn er sagt, dass ich nicht sein Typ bin? Er steht auf rassige Frauen. Was ist das eigentlich?
Sigi, 19
IRIS: *Das ist eine charmante Art zu sagen, dass du ihm nicht gefällst. Wahrscheinlich passt die Chemie zwischen euch einfach nicht.*
JENNY: *Rassig heißt, dass sie ein dunkler Typ ist. Sie hat schwarze Haare und sieht südländisch aus.*

ICH WILL MEINEN EX-FREUND WIEDERSEHEN

Ich würde gern meinen Ex-Freund wiedersehen. Wie kann ich das am besten machen? Ich hatte dazwischen viele Freunde aber ich liebe nur Peter. Bitte gebt mir einen Rat.
Romana, 16
JENNY: *Weiß der Peter, dass du ihn so liebst? Wenn er keine Ahnung hat, dann mach es ihm klar.*

URLAUBSLIEBE

Ich habe letzten Sommer meinen Urlaub in Griechenland verbracht. Dort habe ich ein tolles Mädchen kennen gelernt. Sie kommt aus Österreich und ich lebe weit weg in der Schweiz. Sie hat mir noch nicht geschrieben aber wenn ich sie anrufe, ist sie total nett. Vielleicht könnt ihr mir helfen.
Roland, 17
IRIS: *Urlaublieben sind echt schlimm. Es gibt den Spruch: ,,Aus den Augen aus dem Sinn" und das stimmt wirklich. Das geht zwei oder drei Monate mit Briefen gut und dann nichts . . .*
KATHY: *Ich sehe das anders. Liebe kann auch über Grenzen gehen. Wenn das nicht passiert, ist das nicht die wahre Liebe.*

15

Herr Aygün hat sich um viele
Stellen beworben. Die Firmen
rufen ihn an.
Hör zu.
Verbinde die Firmen mit den
Problemen.

Beispiel: **1** c)

1 ⟩ Wir suchen keine
Arbeiter in Berlin.

2 ⟩ Sie sind nicht gut
genug qualifiziert.

3 ⟩ Nur im Frühling stellen
wir Arbeiter ein.

4 ⟩ Sie sind zu alt.

5 ⟩ Erst im Sommer
werden Jobs angeboten.

a) Firma Metz
b) Reparaturwerkstatt
c) Wilhelm Rahde Fenster-
Service
d) Kolkenkäse
e) Fuchs Ferienreisen

17

Du rufst im Radio die Helpline
an. Was für ein Problem hast du?
Bereite das vor, bevor du
telefonierst.

16

Lies diese Einladung.
Du bist Mamük Aygün und schreibst deine Antwort. Du kannst
beim Basar leider nicht helfen.
Warum? Gib deine Gründe. Wie kannst du dem Kindergarten helfen?

Hilfe

einstellen (v) – to take on, employ
hilfsbereit (adj) – helpful, ready to help
Stand (nm) (¨e) – stall

Study tip
Reduce your revision notes to short
headings and put these on cards
which you can carry around with
you. When you have a spare
moment – on the bus, waiting in a
queue, waiting to meet someone –
you can take out your cards and
test yourself.

Sehenswürdigkeiten in Deutschland

Die Porta Nigra in Trier wurde im 2. Jahrhundert von den Römern gebaut. Sie wurde als Stadttor benutzt. Im elften Jahrhundert wurde sie als Kirche ausgestattet. Heutzutage ist sie ein Museum. Sie wurde wegen der Farbe des Steins „Porta Nigra" genannt. („Porta Nigra" heißt „Schwarzes Tor" auf Lateinisch.)

Das Schloss Neuschwanstein befindet sich in Bayern. Dieses Schloss wurde im neunzehnten Jahrhundert von Ludwig II gebaut. Kurz vor seinem Tod wurde festgestellt, dass er geisteskrank war. Er ertrank – oder wurde ertrunken – im Starnbergersee in der Nähe von seinem Schloss.

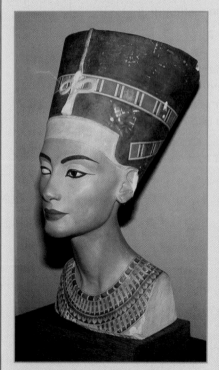

Mit dem Bau des Ulmer Domes wurde 1377 begonnen. Er sollte der größte und herrlichste Dom der Welt werden. Der Turm sollte der höchste Kirchturm der Welt sein und ist mehr als 161 Meter hoch.

Im neunzehnten Jahrhundert wurde der Kopf der Königin Nofretete in Ägypten entdeckt. Er wurde nach Deutschland gebracht und steht im Ägyptenmuseum in Berlin. Jedes Jahr wird diese Königin von Tausenden von Leuten besucht.

Das Olympiastadion in München ist eins der berühmtesten Stadions Deutschlands. Es wurde für die Olympischen Spiele 1972 gebaut. Hier wurden die Weltrekorde in Kugelstoßen (Frauen), Zehnkampf und 4 x 100 Meter gebrochen. Hier spielt heutzutage die Fußballmannschaft Bayern München.

18

Sind diese Sätze richtig oder falsch?

1 Die Römer haben die Porta Nigra gebaut.
2 Die Porta Nigra war am Anfang eine Kirche.
3 Die Olympischen Spiele haben bis jetzt noch nie in München stattgefunden.
4 Das Schloss Neuschwanstein hat man in Norddeutschland gebaut.
5 Ludwig der Zweite war der König von Bayern.
6 Der höchste Kirchturm der Welt ist in Ulm in Süddeutschland.
7 Nofretete war die Ulmer Königin.

Grammatik

The imperfect tense – passive

This is formed with the imperfect of *werden* + past participle.
(For the imperfect of *werden* – *ich wurde*, etc – see page 136.)

*Das Stadion **wurde** 1972 gebaut.*

Hilfe

Königin (nf) – queen
Kugelstoßen (nn) – shotput
Zehnkampf (nm) – decathlon

Study tips

There is nothing wrong with learning set phrases and idioms with which to impress the examiner in your speaking and writing exams or your coursework. If you are going to do this, however, make sure you learn the phrases accurately! Compile a collection as you go along and refer to them as part of your revision.

19

1 Lies den Lebenslauf. Finde die deutschen Ausdrücke für:
  a) three-week work experience
  b) knowledge of computers
  c) written and spoken Turkish
  d) education
2 Wie würdest du das auf Deutsch schreiben?
  a) two-week
  b) knowledge of languages
  c) training for a job
  d) phone number
  e) Business French
  f) spoken Spanish

20

Schreib Erkans Lebenslauf. Sieh dir den Lebenslauf in Aufgabe 19 an.

Lebenslauf

PERSÖNLICHE DATEN

Name	Monika Weiß
Wohnort	13587 Berlin Ahrenshooperstraße 7b
Telefon	030 395 9472
Geburtsort	Berlin
Geburtsdatum	25.7.83
Familienstand	ledig
Staatsangehörigkeit	deutsch
Schulausbildung	Albert-Maas-Grundschule in Berlin-Spandau (August 1989–Juni 1995) Heinrich-Böll-Oberschule in Berlin-Spandau (seit August 1995) Schulabschluss Abitur – Juni 2002
Betriebspraktikum	Dreiwöchiges Betriebspraktikum bei der Firma Finke GmbH in Berlin-Charlottenburg (Mai 1999)
Besondere Kenntnisse	Fortgeschrittene Computerkenntnisse Textverarbeitung mit PC und Mac Türkisch in Wort und Schrift Englisch im Beruf

Na, wie war's, dein Vorstellungsgespräch?

Ich habe die Stelle bekommen! Ich habe den Job!

Oh, ich gratuliere! Im Café Fester als Kellner! Das ist prima!

Du wirst im Café Fester arbeiten? Vati, das ist wunderbar! Wie war denn das Vorstellungsgespräch? Das war mit Frau Grünewald, oder? Sie ist sehr nett.

Sie war charmant! Sehr höflich, und es hat ihr nichts ausgemacht, dass ich nicht mehr so jung bin. Sie hat mich gefragt, wo ich gearbeitet habe, was ich gemacht habe, was ich verdient habe . . .

Und sie hat gewusst, dass du Erkans Vater bist . . .

Natürlich. Sie hat gesagt, mein Sohn ist ein guter Mitarbeiter, immer pünktlich, immer höflich, immer schick angezogen . . .

Hör auf, Vati! Sag mal, wann beginnst du?

Am Montag, um acht Uhr.

Da bin ich froh. Jetzt können wir unsere Reise in die Türkei planen und unsere Verwandten besuchen.

22

Lies die Informationen unten.
Was passt hier?

Beispiel: **1** *Arzthelferin*

1 Mein Termin beim Arzt wurde von der _____ gemacht.
2 Unser Auto wurde uns von einem sehr jungen _____ verkauft.
3 Unsere ganzen Möbel wurden von einer bekannten _____ gemacht.
4 Im Garten wird gerade eine Terrasse von einem _____ installiert.
5 Mein Motorrad ist von einem _____ repariert worden.
6 Im Badezimmer wurden heute die Leitungen fürs Wasser von einem _____ fertiggestellt.

21

Lies den Text und hör dir das Gespräch an.
Was passt hier?

Beispiel: **(a)** *Herr Aygün hat eine* **gute** *Nachricht.*

Herr Aygün hat eine **(a)** _____ Nachricht. Er hat einen neuen **(b)** _____ bekommen. Er wird im Café **(c)** _____ **(d)** _____. Er hatte ein **(e)** _____ mit Frau Grünewald. Es war kein Problem, dass Herr Aygün nicht mehr so **(f)** _____ **(g)** _____. Frau Grünwald sagte, dass Erkan ein **(h)** _____ und **(i)** _____ Mitarbeiter ist. Herr Aygün fängt im Café am **(j)** _____ um **(k)** _____ an. Frau Aygün ist glücklich, weil sie jetzt ihre **(l)** _____ **(m)** _____ **(n)** _____.

Die meistgewählten Ausbildungsberufe	
je 1000 männliche Auszubildende	je 1000 weibliche Auszubildende
67 Kraftfahrzeugmechaniker	Bürokauffrau **82**
47 Maler und Lackierer	Kauffrau im Einzelhandel **70**
45 Tischler	Zahnarzthelferin **60**
42 Elektroinstallateur	Friseurin **60**
41 Maurer	Arzthelferin **59**
34 Kaufmann im Einzelhandel	Industriekauffrau **50**
32 Kaufmann im Groß- und Außenhandel	Verkäuferin im Nahrungsmittelhandwerk **48**
30 Gas- und Wasserinstallateur	Bankkauffrau **37**
26 Industriekaufmann	Hotelfachfrau **36**
25 Metallbauer	Kauffrau für Bürokommunikation **35**

23

Read the application letter and answer the questions in English.

1 What is Christiane applying for?
2 How has she become interested in this area?
3 With what qualifications will she leave school?
4 Where has she taken other courses?
5 Which other courses has she taken?
6 Which certificate does she already have?
7 What does she hope to be invited to?

Christiane Ostertag   Karlsruhe, 16. Mai 2002
Eugen-Bolz-Straße 17
76227 Karlsruhe
Tel. 0721 445 546

Frankenbank eG
Ausbildungsabteilung
Marienplatz 67
76227 Karlsruhe

Bewerbung um einen Ausbildungsplatz als Bankkauffrau

Sehr geehrte Damen and Herren,
durch Schule und Medien habe ich einen Einblick in die Wirtschaft
erhalten und beabsichtige, meine Kenntnisse weiter zu vertiefen.
Da ich mich sehr für den Beruf der Bankkauffrau interessiere,
bewerbe ich mich bei Ihnen für einen Ausbildungsplatz zum September
2002.
Im Juni 2002 werde ich das Gymnasium mit dem Abitur abschließen.
Im Moment mache ich folgende Kurse an der Volkshochschule:
• Praxis der Textverarbeitung mit PC und Mac
• Deutsch im Beruf
Im Januar dieses Jahres habe ich bereits ein VHS-Zertifikat in
Wirtschaftsenglisch erworben. Ich hoffe, Sie finden meine Bewerbung
interessant und würde mich über eine Einladung zu einem
Einstellungstest sehr freuen.
Mit freundlichen Grüßen

Christiane Ostertag

Anlagen
Lebenslauf mit Foto
2 Zeugniskopien
Kopien der Hörerkarten der VHS
Kopien der Programme von Kursen
Kopie des VHS-Zertifikats „Wirtschaftsenglisch"

24

Partnerarbeit.
A – Du bist Christiane Ostertag.
Die Frankenbank hat dich zum
Vorstellungsgespräch und zu
einem Einstellungstest
eingeladen. Wie beantwortest du
diese Fragen? Einige Antworten
musst du erfinden.
B – Du arbeitest in der
Personalabteilung an der
Frankenbank. Du machst das
Vorstellungsgespräch mit Frau
Ostertag. Du musst diese Fragen
stellen. Erfinde auch andere
Fragen.

1 Wann werden Sie die Schule
 verlassen?
2 Mit welchem Schulabschluss
 werden Sie die Schule
 verlassen?
3 Was sind Ihre Stärken?
4 Warum interessieren Sie sich
 für diese Firma?
5 Was für Interessen haben Sie?
6 Welche Fremdsprachen
 können Sie? Und wie gut?
7 Wie gut kennen Sie sich mit
 Computern aus?
8 Warum möchten Sie in dieser
 Stadt arbeiten?

Und **du**? Wie würdest **du** darauf
antworten?

25

Schreib einen Aufsatz mit dem
Titel „Eine gute Nachricht". Du
sollst etwa 150 Wörter schreiben.

Geld   Job   Ausbildungsplatz
Freundin   Urlaub   Wettbewerb
Auto   Vorstellungsgespräch
Familie   Hochzeit

26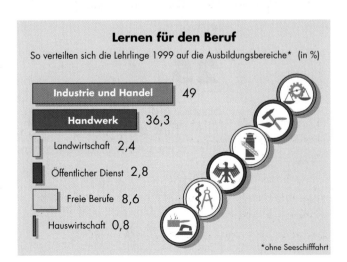

Sieh dir die Informationen an und beantworte die Fragen auf Deutsch.

1 Wird es im Jahre 2010 mehr oder weniger Schulabgänger ohne Hauptschulabschluss als jetzt geben?
2 Welcher Schulabschluss ist heute am beliebtesten?
3 Welche Lehrberufe wählen die meisten jungen Leute heutzutage?
4 Welche Lehrberufe sind am wenigsten beliebt?

27

Sieh dir die Informationen an und beantworte die Fragen auf Deutsch.

1 Wie viele Studierende sind Frauen?
2 Wo studieren die meisten Studenten?
3 Was ist die beliebteste Fachrichtung?
4 Wie viele Studenten aus einer Familie von niedriger sozialer Herkunft studieren Medizin?
5 Warum ist die Studentenanzahl seit 1960/1 gestiegen?

Schulabgänger
Eine Prognose

	2000	2005	2010	2015
ohne Abschluss	79	80	69	65
mit Hauptschulabschluss	238	262	235	213
mit Realschulabschluss	377	411	357	332
mit Hochschul- oder Fachhochschulreife	249	253	253	228
	944	1005	913	838

Absolventen der allgemein bildenden Schulen (in 1000)

Studierende
an den deutschen Hochschulen

in 1000

291	510	1044	1585	1833	1813
1960/61*	1970/71*	1980/81*	1990/91*	1997/98	2000/01

Was sie sind
2000/01 in %:
Studentinnen — 45   Studenten — 55

Was sie studieren
Mathematik, Naturwissenschaften — 15
Rechts-, Wirtschafts-, Sozialwissenschaften — 32
Übrige — 12
Sprach- u. Kulturwissenschaften — 25
Ingenieurwissenschaften — 16

Wo sie studieren
Kunsthochschulen — 2
Verwaltungsfachhochschulen — 2
Fachhochschulen — 23
an Universitäten — 73

*im früheren Bundesgebiet

Lernen für den Beruf
So verteilten sich die Lehrlinge 1999 auf die Ausbildungsbereiche* (in %)

Industrie und Handel 49
Handwerk 36,3
Landwirtschaft 2,4
Öffentlicher Dienst 2,8
Freie Berufe 8,6
Hauswirtschaft 0,8

*ohne Seeschifffahrt

Studierende an den deutschen Hochschulen:
Woher sie kommen, was sie studieren

Soziale Herkunft
nach der beruflichen Stellung und dem Bildungsabschluss der Eltern

Studienfächer
(Anteile in %)

	hoch	gehoben	mittel	niedrig	
Ingenieurwissenschaften	14	19	21	24	
Sozialwissenschaften, Psychologie, Pädagogik	12	14	17	20	
Mathematik, Naturwissenschaften	17	17	17		
Sprach- und Kulturwissenschaften	22	19	19	19	
Medizin	10	21	4	18	
Jura, Wirtschaftswissenschaften	25	5	20	3	
		24		18	

28

Sieh dir die Werbung an und beantworte die Fragen auf Deutsch.

1 Wie viele Leute arbeiten am Berliner BMW Werk?
2 Wie viele Motorräder hat BMW bis Ende September verkauft?
3 Wie viele wurden in Berlin hergestellt?
4 Möchtest du Motorrad fahren? Warum oder warum nicht?
5 Was ist deiner Meinung nach das beste Verkehrsmittel?

Bis Ende September 2002 sind rund 54.000 neue BMW Motorräder an Kunden weltweit ausgeliefert worden. Im gleichen Zeitraum haben 1.460 Mitarbeiter im BMW Motorradwerk in Berlin mehr als 47.000 Motorräder mit Zwei- und Vierzylindermotor gefertigt.

29

Berichte (mit Hilfe von dem Diagramm) von dem Tag des Vorstellungsgesprächs. Erwähne folgendes:

1 Wann aufgestanden? Früher als normal?
2 Was angezogen? Warum?
3 Etwas gegessen? Warum (nicht)?
4 Wohin? Wie lang?
5 Lang gewartet?
6 Einstellungstest – leicht? Oder nicht? Was genau?
7 Mittagessen – wo? Gut geschmeckt?
8 Welche Fragen? Schwierig?
9 Glücklich oder nicht? Warum?

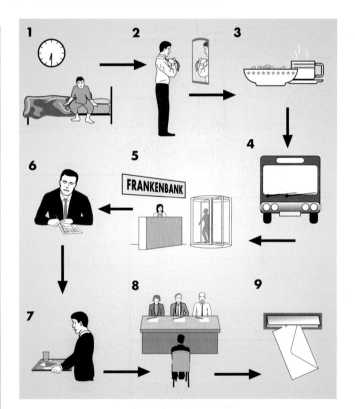

Hilfe

im Durchschnitt – on average
Fachrichtung (nf) – subject
Gerät (nn) (-e) – machine
Gleichberechtigung (nf) – equality
männerfeindlich (adj) – unfriendly to men, anti-male
meckern (v) – to moan
Studentenanteil (nm) – percentage of students

Checklist

I understand:
• the passive – present, perfect and imperfect.

I can:
• talk about jobs and the work environment.
• discuss problems, e.g. unemployment and racism.

Guck' mal. Die Fotos hier. Schön, wa?

Ja, ich freue mich auf die Ferien. Ich hatte schon gedacht, wir würden das nicht schaffen. Ich meine, die Ferien in der Türkei – das ist teuer. Aber mit meinem neuen Job . . .

Ja. Ich hatte auch befürchtet, es würde nicht klappen. Ich war ins Reisebüro gegangen, und ich hatte Broschüren geholt aber ich hatte sie in die Schublade gesteckt und ich hatte sie vergessen. Jetzt können wir doch noch fahren. Ich kann es kaum erwarten!

Hört auf, Mutti und Vati. Ihr sprecht wie kleine Kinder!

Aber wir freuen uns, Erkan. Ich hatte die Hoffnung schon aufgegeben, ich hatte sogar mit der Cem in Ankara telefoniert, ich hatte gesagt, es klappt nicht, wir haben das Geld nicht – aber jetzt klappt es doch! Wir können unsere Verwandten besuchen. Das ist wirklich eine gute Nachricht.

Ich werde Tante Cem nie vergessen. Sie war in Berlin, und ich hatte das Picknick geplant. Erinnerst du dich daran? Wir sind zum Tiergarten gefahren.

Ich erinnere mich daran. Sobald ich das Essen vorbereitet hatte, hat es zu regnen begonnen! Es hat geregnet – und wie!

1

1 Finde die Sätze im Text, die diese Aktionen beschreiben.

Beispiel: **a** *Ich hatte Broschüren geholt.*

a  b  c  d  e

2 Ist das richtig, falsch oder wissen wir das nicht? Schreib R, F oder ? .
   a) Herr Aygün hatte einen Urlaub in der Türkei geplant.
   b) Frau Aygün hatte Urlaubsprospekte geholt.
   c) Sie hatte die Prospekte genau durchgelesen.
   d) Frau Aygün hatte die Broschüren vergessen.
   e) Herr Aygün hatte befürchtet, sie würden nicht in die Türkei fahren.
   f) Herr Aygün hatte Cem angerufen.
   g) Die ganze Familie war damals zum Strand gefahren.

Grammatik

The pluperfect

This tense is used to express 'I had heard', 'I had found', 'she had forgotten', etc. In German it is similar to the perfect tense, in that you use *haben* or *sein* + past participle – except that for the pluperfect the imperfect of *haben/sein* is used.

*Ich **hatte** den Brief **vergessen**.*
I had forgotten the letter.
(imperfect of *haben* + past participle)

*Ich **war** in Berlin **angekommen**.*
I had arrived in Berlin. (imperfect of *sein* + past participle)

2

Mach Sätze. Nimm einen Teil aus jeder Spalte. Pass auf – es gibt mehr Buchstaben als Nummern.

Beispiel: 1 b)

1 Nachdem Frau Aygün das Essen vorbereitet hatte,
2 Nachdem sie die Prospekte bekommen hatte,
3 Nachdem sie ins Reisebüro gegangen war,
4 Nachdem Frau Aygün mit Cem telefoniert hatte,
5 Als Erkan alles über den Urlaub gehört hatte,

a) war er sehr glücklich und aufgeregt.
b) hat es zu regnen begonnen.
c) ist er zum Tiergarten gefahren.
d) hat Frau Aygün alles sorgfältig gelesen.
e) hat sie mit ihrem Mann über die Reise gesprochen.
f) ist sie ganz traurig geworden.

3 — Im Reisebüro

Partnerarbeit. Mach einen Dialog mit diesen Informationen.
A ist der/die Angestellte im Reisebüro. **B** ist der Tourist/die Touristin.

A

Wo? Wann? Wie lange? Wie viele Personen?
Aktiväten? Flug ab? Was für eine Unterkunft?

B

4

Was hattest du schon vor dem Urlaub gemacht?

*Beispiel: **1** Ich hatte meine Kleider gebügelt, bevor ich in die Türkei gefahren bin.*

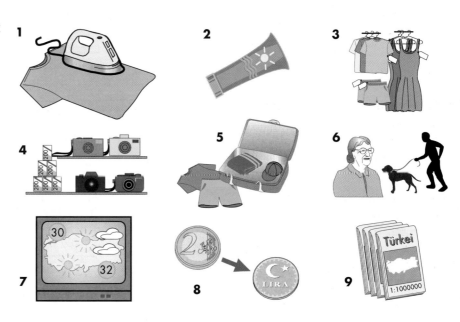

Hilfe

befürchten (v) – to be afraid
Urlaubsprospekt (nm) (-e) – holiday brochure
wechseln (v) – to change (money)

5

Lies den Text und hör dir das Gespräch an.
Welcher Satz ist richtig? Schreib **a)** oder **b)**.

Beispiel: **1** *a)*

1. a) Karin hat einen neuen Mantel an.
   b) Bettina hat einen neuen Mantel an.
2. a) Bettina findet Karins neue Sachen toll.
   b) Karin prahlt über ihre neuen Sachen.
3. a) Karin hat ihre Tasche schon vor ein paar Monaten gekauft.
   b) Karin ist sehr stolz auf ihre Gucci-Tasche.
4. a) Erkan bekommt Karten für das Spiel in der folgenden Woche.
   b) Karin hat Karten von einem Bekannten bekommen.
5. a) Erkan findet, Karin ist zu großzügig.
   b) Für Karin sind fünfzig Euro sehr viel Geld.

6

1. Was hatte Karin **vor** diesem Gespräch gemacht?
2. Was hat sie **während** dieses Gesprächs gemacht?

Beispiel: **1** Karin **hatte** einen neuen Mantel gekauft.
2 Karin **hat** einen neuen Mantel getragen.

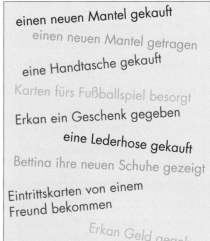

einen neuen Mantel gekauft
einen neuen Mantel getragen
eine Handtasche gekauft
Karten fürs Fußballspiel besorgt
Erkan ein Geschenk gegeben
eine Lederhose gekauft
Bettina ihre neuen Schuhe gezeigt
Eintrittskarten von einem Freund bekommen
Erkan Geld gegeben

7

Hör dir das Gespräch an.
Was ist richtig? Schreib die
Buchstaben.

Beispiel: a) . . .

a) Karin hatte ihr Auto gekauft,
   bevor sie neue Kleider gekauft
   hat.

b) Karin hatte auch Make-up
   gekauft.

c) Sie hat eine neue Tasche
   gekauft, nachdem sie das
   Auto gekauft hatte.

d) Karin hat ihre Ferien
   organisiert, bevor sie eine
   Stereoanlage gekauft hatte.

e) Sie hat mit jemandem
   telefoniert, nachdem sie im
   Café angekommen war.

f) Nachdem Karin ihren Freund
   angerufen hatte, ist sie ganz
   rot geworden.

g) Sie ist letzte Woche in einen
   Mercedes eingestiegen,
   nachdem sie das Café
   verlassen hatte.

8

Read the holiday advertisements and answer in English.
Which of the hotels would you choose if you wanted:

1 to try the local cuisine?
2 a hairdryer in your room?
3 air conditioning?
4 satellite TV?
5 to sit outside?
6 a sound-proofed room?

FRANTOUR
FTS

Paris
3 Übernachtungen/Frühstück

Hotel „Doisy" *
Modern renoviertes Hotel zwischen Arc
de Triomphe und Porte Maillot. 33
Zimmer mit schalldämmenden
Fenstern, Bad/Dusche/WC, Föhn,
Klimaanlage, Telefon, Wecker, Safe,
Sat-TV. Man spricht deutsch.
Nichtraucherzimmer möglich.

€ 98,00

Hotel „Pax" *
Komfortables Hotel in der Nähe des
historischen Zentrums. Es verfügt über
eine Terrasse, einen Sommergarten
und ein eigenes Restaurant mit typisch
französischer Küche. 106 Zimmer mit
Bad/Dusche/WC, Telefon, Wecker und
TV. Man spricht deutsch.
Nichtraucherzimmer möglich.

€ 80,00

9

Erzähl (mit Hilfe von dem Diagramm) wie du diesen Urlaub geplant hast.

Beispiel:

> Es war Januar und es hatte am Tag vorher geschneit.
> Ich habe mich deprimiert gefühlt und wollte meinen
> Sommerurlaub buchen.

Hilfe

Bekannte (nm) (-n) – acquaintance,
  friend
besorgen (v) – to get
großzügig (adj) – generous
prahlen (v) – to boast
Schmuck (nm) – jewellery

The preposition **während** (during)
takes the genitive case.

Study tip

Make lists of all the material you need
to know for your exam. Tick each item
off as you revise it. Take satisfaction
from your progress as you cross off
each item you have revised.

* *

Hi, Bettina!
Wie geht's dir? Gut, hoffentlich. Ich denke immer noch an
meine Zeit in Berlin. Wie geht's dem Achim?
Meine Arbeit hier in Athen ist nicht so interessant. Was
machst du im Moment? Ich arbeite im Büro mit meinem
Vater. In den Osterferien waren wir an Bord unserer Jacht an
der Südküste von Griechenland. Wir hatten geplant, eine
Woche zu bleiben, aber das Wetter war schön, und wir sind
zwei Wochen geblieben. Jetzt habe ich keine Lust zu arbeiten!
Wo hast du die Ferien verbracht?
Das Wichtigste ist . . . ich werde in drei Monaten heiraten!
Meine Verlobte heißte Nicola, kommt aus der Schweiz und hat
drei Jahre in Italien in Venedig gewohnt. Sie war auf Urlaub
nach Griechenland gekommen, und wir haben uns letztes Jahr
kennen gelernt. Die Hochzeit wird am 10. August stattfinden.
Ich möchte dich einladen. Hoffentlich kannst du kommen. Was
hast du in der letzten Zeit gemacht? Was hast du in der
Schule gemacht? Was macht deine Familie?
Im Moment lassen wir uns ein Haus bauen. Es steht an der
Küste und hat eine sehr schöne Aussicht. Wir planen auch
unsere Flitterwochen – ein Urlaub in Thailand. Danach werden
wir einen Monat auf einem Luxusschiff im Pazifischen Ozean
verbringen. Was machst du in den Sommerferien?
Wir waren letzte Woche auf dem Madonna-Konzert in Athen.
Die ist immer noch meine Lieblingssängerin. Was für Musik
hörst du gern im Moment? Schwärmst du auch für Madonna?
Bitte schreib bald. Lass mal von dir hören.
Grüsse und Küsse
Dein
Dimitri

* (*)

11

Ersetze diese Wörter. Der Satz
muss immer noch sinnvoll sein.

*Beispiel: 1 Meine **Wohnung** in
Rom ist nicht so **groß**.*

1 Meine Arbeit in Athen ist
nicht so interessant.
2 In den Osterferien waren wir
an der Südküste.
3 Die Ferien waren schön.
4 Ich werde in drei Monaten
heiraten.
5 Die Hochzeit wird am
10. August stattfinden.
6 Was hast du in der Schule
gemacht?
7 Wir lassen uns ein Haus bauen.
8 Wir wollen unsere
Flitterwochen in Thailand
verbingen.

10

Lies die E-Mail. Welches Wort stimmt?

Beispiel: 1 E-Mail

1 Dimitri schickt eine Postkarte/E-Mail an Bettina.
2 Dimitri findet seine Arbeit/Ferien nicht besonders interessant.
3 Er arbeitet zusammen mit seinem Vater/Onkel im Büro.
4 Er hat die Osterferien in Südgriechenland/Athen verbracht.
5 In drei Monaten wird Dimitri Bettina/Nicola heiraten.
6 Dimitri möchte Bettina zur Hochzeit/Verlobung einladen.
7 Dimitri hat vor, seine Flitterwochen in Italien/Thailand zu
verbringen.
8 Dimitri und Nicola waren vor langem/kurzem auf einem Konzert
in Athen.

12

Du bist Bettina. Wie
beantwortest du die Fragen in
Dimitris E-Mail?
Schick eine E-Mail zurück.

Grammatik

Prepositions

Revise the sections on prepositions
on pages 4 and 16 before doing
Aufgabe 13.

13

Vervollständige diese Sätze zum Thema Ferien.

Beispiel: 1 Unser Ferienhaus war auf einer Insel.

1 Unser Ferienhaus war auf einer _____.
2 Unser Apartment steht auf einer _____ neben einer _____ und hinter einem _____.
3 Meine Traumvilla liegt in einem _____ vor einem _____ und neben einer _____.
4 Unser Luxusschiff fährt durch die _____ bis zu den _____.
5 Mit dem _____ wollen wir um die _____ in _____ reisen.
6 Wir werden auf dem _____ ein Hotel neben einem _____ finden.

14

Mach eine Umfrage zum Thema Ferien.
Wer in der Klasse . . .

1 ist in die Türkei gefahren?
2 war schon in Deutschland?
3 hat einen Campingurlaub in Frankreich gemacht?
4 ist noch nie ins Ausland gefahren?
5 fliegt nicht gern?
6 wird immer seekrank?
7 ist noch nie geflogen?
8 war schon in den USA?
9 ist nach Italien gefahren?
10 reist gern an die See?
11 liegt gern in der Sonne?
12 geht abends gern tanzen?
13 fährt nicht gern mit den Eltern in Urlaub?
14 würde gern nach China fahren?
15 möchte auf einem Luxusschiff reisen?

15

Sieh dir die Anzeigen an und vervollständige die Sätze.

Beispiel: (a) ersten Juni

Die Urlaube sind vom (a) _____ bis zum (b) _____ gültig. Das Hotel Quellenhof in (c) _____ bietet drei (d) _____ im Doppelzimmer zu einem Preis von € (e) _____ pro (f) _____. Man fährt mit der (g) _____, zweiter (h) _____, bekommt einen (i) _____ zum Hotel und eine (j) _____ im Zug. In Triberg kann man im (k) _____ übernachten. Der Preis beträgt pro (l) _____ € (m) _____. Dafür bekommt man (n) _____ (o) _____ im Doppelzimmer mit (p) _____. Kinder erhalten in beiden Hotels eine (q) _____.

last minute Bahnurlaub

Schwarzwald
Triberg, Hotel Schwarzwald Residenz,
vom 01.06. bis 30.06, Bahnfahrt 2. Klasse,
Sitzplatzreservierung, Transfer zum/vom
Hotel, 3 Übernachtungen im Doppelzimmer mit
Halbpension, bei täglicher Anreise

pro Person **€ 240**

Zuschlag 1. Klasse: € 40
Verlängerungsnacht pro Person: € 50
Einzelzimmerzuschlag pro Nacht: € 14
Kinderermäßigung (Zustellbett im Doppelzimmer):
bis 3 Jahre 5 100% und 4–11 Jahre 5 50%

last minute Bahnurlaub

Oberbayern
Grainau, Hotel Quellenhof,
vom 01.06. bis 30.06, Bahnfahrt 2. Klasse,
Sitzplatzreservierung, Transfer zum/vom
Hotel, 3 Übernachtungen im Doppelzimmer mit
Frühstücksbuffet, bei täglicher Anreise

pro Person **€ 210**

Zuschlag 1. Klasse: € 40
Verlängerungsnacht pro Person: € 40
Einzelzimmerzuschlag pro Nacht: € 14
Kinderermäßigung (Zustellbett im Doppelzimmer):
bis 3 Jahre 5 100% und 4–11 Jahre 5 50%

16

Du möchtest einen Bahnurlaub machen. Such dir einen aus. Schreib ein Fax an das Reisebüro, um den Urlaub zu buchen.

Wo?   Wie viele Personen?
Wie viele Nächte?   Kinder?

Hilfe

Ermäßigung (nf) (-en) – reduction
Flitterwochen (npl) – honeymoon
gültig (adj) – valid

17

Was war der beste Urlaub ihres Lebens?
Hör zu. Kopiere die Tabelle und füll sie aus.

	Wo?	Meinung?	Weitere Informationen
1 Achim	Amerika – Disneyland		
2 Frau Essler		romantisch	
3 Bettina			konnte Deutsch reden
4 Herr Essler			
5 Martin			

18

Verschiedene Personen sprechen über
Schwierigkeiten beim Reisen. Pass auf – du
brauchst nicht alle Bilder.
Hör zu. Welche Bilder passen zu welcher Person?

*Beispiel: Frau Dehmel **1** . . .*

Frau Dehmel   Frau Johanssohn   Herr Braun   Karin
      Herr Kendzia

19

1 Finde die fehlenden Buchstaben.
2 Mach ein Wort aus den
   Buchstaben. Es ist ein
   Anagramm.

Beispiel: **e** *– faszinierend**e***

> Hallo Michael
> Wir sind gerade in Lissabon – eine
> faszinierend? Stadt. Wir haben viel ?esichtigt.
> Zuerst haben wir ein? Stadtrundfahrt mit de?
> Straßenbahn gemacht aber nachher sind wir
> weit gelaufen. Unser Hotel ist neben einer
> schöne? Kirche direkt ?m Flussufer. Wir
> genießen die toll? A?ssicht aus dem Fens?er
> Adeus
> Anke u. Matthias

20

Erzähl von dem besten Urlaub, den du gemacht
hast.

- Wo?
- Wie lange?
- Mit wem?
- Aktiväten?
- Wetter?
- Wie gefahren?
- Meinungen? Gründe?

21

Look at the leaflet below and answer the questions in English.

1 When especially should you allow yourself time on a journey? (2 marks)
2 How can planning help? (1 mark)
3 When should you not start a long holiday journey? (1 mark)
4 Why should you take frequent rests? (1 mark)
5 How should you eat? (1 mark)

A

TOUREN- UND FAHRRADRUCKSACK „HIKE 'N BIKE"
Modischer Fahrradrucksack aus Nylon. Rücken mit Klima-Back-System und vertikaler Polsterung. Zwei Compartments. Integrieter Regenschutz.

B

TASCHEN-RUCKSACK
Tasche und Rucksack in einem. High Density Nylon. Gepolsterte Schultergurte. Fronttasche.

C

BERGKLIMA 40
Mit einer Fronttasche und zwei Außentaschen. Das Klima-Back-System bietet optimalen Tragekomfort.

Reisen statt Rasen – Tipps für Unterwegs

★ Gönnen Sie sich auf Ihrer Reise etwas Zeit und Ruhe – besonders auf langen Strecken und der großen Urlaubsfahrt. Mit ein wenig Planung kann aus Ihrer Reise ein schöner und erlebnisreicher Ferientag werden.

★ Lassen Sie Alltag, Stress und Ärger hinter sich. Starten Sie nicht direkt nach einem vollen Arbeitstag in den Urlaub.

★ Wer seinen Weg in den Urlaub im Voraus durchdenkt und dabei vernünftige Pausen einplant, kommt ausgeruhter ans Ziel.

★ Nehmen Sie Rücksicht auf Ihre Gesundheit. Wer öfter Sauerstoff tankt und seine müden Glieder streckt, lässt Stress und Müdigkeit keine Chance. Mehrere kleine Mahlzeiten halten Sie fit für die Fahrt.

An unseren Service-Stationen bieten wir durchgehend 24 Stunden: (und alles behindertengerecht)
– Tankstellen
– Restaurants
– Motels
– Kioske
– Verkaufsshops
– Geldautomaten
– Informationen
– Toiletten
– Babywickelräume
– Kinderspielplätze

22

Finde ein passendes Wort.

Beispiel: **1** *Bein*

1 ein Teil des Körpers: B . . .
2 ein Haustier: K . . .
3 eine Farbe: S . . .
4 ein Transportmittel: F . . .
5 ein Land: G . . .
6 ein Getränk: S . . .
7 ein Imbiss: B . . .
8 ein elektrisches Gerät: F . . .
9 eine Stadt in Österreich: S . . .
10 eine Obstsorte: E . . .
11 eine Gemüsesorte: S . . .
12 ein Kleidungsstück: B . . .

Checklist

I can:
• use the pluperfect.

I have revised:
• prepositions.
• the case system.
• adjective endings.

I can:
• talk about holidays.
• talk about travel arrangements.

23

Look at the advertisement above and answer the questions in English.

1 Find the German for:
   a) compartment
   b) outer pocket
   c) high-density nylon
   d) padding

2 Give the letter.
   Which rucksack . . .
   a) is waterproof?
   b) has padding?
   c) is ideal for use on a bike?
   c) has padded straps?
   e) has two outer pockets?
   f) is especially comfortable to wear?

Hilfe

einschlafen (vs) – to fall asleep
Fahrprüfung (nf) – driving test
Glied (nn) (-er) – limb
Gondelfahrt (nf) (-en) – gondola ride
Mondlicht (nn) – moonlight
rasen (v) – to rush
sich gönnen (v) – to grant, allow yourself
strecken (v) – to stretch
Verspätung haben (v) – to be late

Spandauer Kellnerin verhaftet wegen Drogenhandel

In der Nacht zum Samstag fand die Polizei Heroin im Wert von € 300 000 in einer Wohnung in Spandau. Karin Rilke wurde verhaftet und wird jetzt auf dem Polizeirevier in Spandau verhört.

Rilke (21) aus Steinbach wohnt seit 2 Jahren in Berlin. Polizeikommissar Hugo Bremnitz erklärte unserem Reporter: „Wir glauben, sie ist Mitglied einer Gruppe, die regelmäßig nach Holland reist. Ein bekannter Dealer verkauft ihnen Drogen, die sie auf den Straßen und in den Nachtclubs Berlins weiter verkaufen."

Kommissar Bremnitz sagte, die Polizei in Spandau arbeitete seit drei Monaten mit Kollegen aus Holland und Dänemark zusammen. Er glaubt, die Gruppe hat mehrere Kontakte in vielen europäischen Ländern. Zwei holländische Dealer wurden auch am Wochenende verhaftet, und ein Mann hat der Polizei die Adresse von einem dritten Mitglied der Gruppe gegeben.

Am Tag arbeitete Rilke als Kellnerin in einem Spandauer Café. Frau Grünewald, Inhaberin des Café, meinte: „Das war für mich die größte Überraschung. Die Karin war immer höflich und freundlich. Sie war bei unseren Kunden sehr beliebt. Wir hatten keine Ahnung von ihrem Doppelleben."

Bettina Essler (18), die auch am Café tätig ist, sagte „Wir waren verblüfft. Ein unbekannter Freund kaufte ihr ein neues Auto und teuere Kleider, und wir haben uns gefragt, woher sie ihr Geld bekommt. Wir haben nicht gewusst, dass es vom Drogenhandel kommt. Das ist eine totale Überraschung."

1

Lies die beiden Artikel. In dem zweiten Artikel (unten) sind sieben Fehler. Welche Fehler sind das?

Geschnappt!
Schande des Doppellebens einer Spandauer Kellnerin

Die Komplizin eines internationalen Dealers sitzt jetzt in einer Zelle des Spandauer Polizeireviers. Karin Molke (22) aus Leipzig wurde am Freitagabend wegen Drogenhandel verhaftet.

Mitarbeiter im Café, wo sie arbeitete, waren nicht erstaunt. „Die Karin arbeitet seit einigen Monaten hier. Sie hatte wenige Freunde. Die Kunden fanden sie unhöflich und unfreundlich." Sabine Essler, Kellnerin, meinte die anderen waren auf Karin eifersüchtig. „Ihr Freund hatte ihr einen Porsche gekauft, und sie trug immer teuere Kleider. Das konnte man sich unmöglich leisten mit dem Geld, das wir hier verdienen."

Frau Sabine Wäldler, Inhaberin des Cafés, sagte unserer Reporterin, „Das ist keine große Überraschung. Alle wussten, dass sie Geld hatte, das nicht von ihrer Arbeit im Café kam."

Grammatik

The indirect object

You have already met the idea of using the **accusative** for the object of a sentence (see page 3). The **dative** is used for the **indirect** object. The indirect object contains the idea of 'to' or 'for'.

*Sie verkaufte **dem** Mann die Drogen.* She sold the drugs to the man.
*Er sagte **der** Polizei, dass . . .* He told (to) the police that . . .
*Sie sagte **mir** . . .* She told (to) me . . .
*Ich gab **meiner** Mutter das Geld.* I gave (to) my mother the money.

2

Wähl einen passenden Ausdruck aus dem Kästchen.

> der Kellnerin   unserem Reporter   der Polizei
> der Kriminellen   der deutschen Gruppe   unserer Reporterin

Beispiel: **1** *Kommissar Bremnitz sagte* **unserem Reporter**, *dass die Polizei die Gruppe seit langem suchte.*

1 Kommissar Bremnitz sagte _____, dass die Polizei die Gruppe seit langem suchte.
2 Frau Grünewald hatte _____ den Job im Café gegeben.
3 Ein Freund hatte _____ ein Auto geschenkt.
4 Ein holländischer Dealer hatte _____ Drogen verkauft.
5 Ein Mann hatte _____ über das dritte Mitglied der Gruppe informiert.
6 Bettina sagte _____, dass sie Karin nie gemocht hatte.

3

Bettina und Erkan sprechen über Karins Verhaftung.
Hör dir das Gespräch an.
Notiere die Wörter, die dasselbe bedeuten.

Beispiel: **1** *Mein Bruder hat es mir gesagt.*

1 Mein Bruder hat mir erzählt.
2 Karin hat dir das Geld für den Urlaub geschenkt.
3 Karin hatte dem Achim Musik gekauft.
4 Der holländische Freund hatte Karin den Wagen gegeben.
5 Er hatte ihr viel geschenkt.

Grammatik

The DAN and PAD rules

These rules for word order apply if you have both an object (accusative) and an indirect object (dative) in the same sentence.

If both are nouns: dative comes before accusative (**D**ative before **A**ccusative with **N**ouns – DAN)
If both are pronouns: accusative comes before dative (**P**ronouns – **A**ccusative before **D**ative – PAD)
If you have one noun and one pronoun: pronoun comes first.

Sie gab ihrer Mutter ein Geschenk. (DAN)
Sie gab es ihr. (PAD)
Sie gab es ihrer Mutter. (pronoun first)

4

Sprich über eine Überraschung.

> Wo? Wann? Was ist passiert?
> Mit wem? Konsequenzen?
> Geld? Freunde?
> Wohnung? Job? Urlaub?

5

Wähl etwas aus jedem Kreis und mach einen Satz.

Beispiel: Ich gab meiner Mutter eine Schachtel Pralinen.

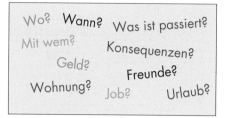

ich er
meine Cousine
unsere Freunde
wir

gab
schenkte
gaben
schenkten

meiner Mutter
ihm mir
unserem Hund
seinem Onkel
uns

eine Schachtel Pralinen
ein tolles Geschenk
einen Ball ihn es sie
einen roten Ball
ein Theaterkarte
ein dickes Buch
eine Gucci-Tasche

6

Beantworte diese Fragen auf Deutsch.

Beispiel: **1** — Ich habe ihr eine Schachtel Pralinen geschenkt.

1 — Was hast du deiner Mutter zum Geburtstag geschenkt?

2 — Wo hast du das gekauft?

3 — Wie hat sie darauf reagiert?

4 — Was hast du deiner Großmutter zu Weihnachten geschenkt?

5 — Wie hast du deinen Geburtstag gefeiert?

6 — Was haben dir deine Freunde und Freundinnen gegeben?

7 — Was war dein bestes Geschenk? Warum?

8 — Was wünschst du dir zum nächsten Geburtstag?

7

Erzähl von einer Geburtstagsfeier. Schreib etwa 150 Wörter.

- Geburtstag von wem?
- Wann?
- Wie alt?
- Was für eine Feier – Party? Ausflug?
- Wie viele eingeladen?
- Stimmung? (und warum?)
- Essen und Getränke?
- Musik? Geschenke?
- Probleme? (und warum?)
- Meinung?

8

Lies die Nachrichten. Welche Schlagzeile passt zu welcher Nachricht? Vorsicht – es gibt mehr Schlagzeilen als Nachrichten.

Beispiel: **1** d)

1 **Madrid** – Der Streik der spanischen Fluglotsen hat bis Samstag zu Verspätungen im Flugverkehr geführt. Ab Palma gingen Rückflüge nach Deutschland mit drei Stunden Verspätung. Britische Urlauber mussten bis zu acht Stunden warten. Die Arbeiter verlangen 700 neue Stellen.

2 **Wien** – „Der Tourismus in Österreich startet wieder", sagt Michael Höferer, Chef der Österreich-Werbung in Wien. 3 458 500 deutsche Touristen übernachteten im April in Österreich – 83,2 Prozent mehr als im Vorjahr.

3 **München** – Ottmar H. (85) schob seinen behinderten Sohn Ernst (43) im Rollstuhl über einen Bahnübergang in Nersingen. Ein ICE-Zug aus München raste heran und erfasste den Vater. Er war sofort tot. Sein Sohn blieb mit dem Rollstuhl auf dem anderen Gleis stecken – ein Güterzug konnte zwei Meter vor ihm bremsen.

4 **Hamburg** – Rowdytum im Flugzeug wird zu einem Sicherheitsproblem, sagt Holger Carstensen, Luftfahrtexperte. Allein die Charterlinie Condor registriert pro Monat zehn Fälle. Hauptursache: Alkohol und überbuchte Flugzeuge.

5 **Berlin** – Seit Montag wird die 13-jährige Sarah vermisst. Das Mädchen aus Nottensdorf ist vermutlich in Berlin in der Punk-Szene verschwunden. Sie hat kurze blonde Haare, trägt ein blaues Kapuzen-Shirt und Plateau-Schuhe. Hinweise an die Polizei, Tel 04161 / 35 78.

6 **Hamburg** – Bei laufendem Motor arbeitete ein 63-Jähriger aus Ammersbek an einem Hydraulikbagger. Plötzlich rollte das tonnenschwere Gefährt los und der Mann wurde unter einem Rad zerquetscht.

7 **Stuttgart** – Unbekannte stahlen aus einem Haus mehrere Computer und legten anschließend Feuer. Das Gebäude brannte aus – € 60 000 Schaden.

a) ■ Unser Nachbarland boomt!

b) ■ Wo kann sie sein?

c) ■ Randale in der Luft

d) ■ Mallorca-Flüge: Alles wieder o.k.

e) ■ Hochwasser im Gebirge

f) ■ Vom Bagger überrollt

g) ■ Unfall – Rentner wird getötet

h) ■ Gefährliches Reptil in Wohnung gefunden!

i) ■ Einbrecher auch Brandstifter

9 *Nachrichten aus aller Welt*

Hör dir die Radiosendung an. Kopiere die Tabelle und füll sie aus.

	Land?	Wann?	Tier/Tiere?	Ein Detail?
1		Samstag		
2	Amerika			
3			Forelle	
4				
5				Arzt verhaftet
6				

Hilfe

Bahnübergang (nm) (¨e) – level crossing
Brandstifter (nm) (-) – arsonist
Einbrecher (nm) (-) – burglar
Fluglotse (nm) (-n) – air traffic controller
Forelle (nf) (-n) – trout
Gefährt (nn) (-e) – vehicle
Höhle (nf) (-n) – cave
Hydraulikbagger (nm (-) – hydraulic digger, excavator
quatschen (v) – to chat
Randal (nm) (-e) – lout
Werbung (nf) – publicity, advertising

10

Give the name. Who . . .

1 is keen on the cinema?
2 likes chatting?
3 can speak Russian?
4 likes dancing?
5 wants friends from all over the world?
6 is interested in languages?
7 is artistic?
8 is interested in other cultures?
9 is a bit mad?
10 is male?

Example: **1** *Tinka*

What do they all have in common?

hey, mr. postman

Hi! Ich bin aus Tschechien und bin 16 Jahre alt. Meine Hobbys sind Musik, Sport und Reisen. Bitte schreib mir auf Englisch.
Petra Sediva, Hradec Králove, Tschechien

Hallo, mein Name ist Zuzana. Ich bin 21 Jahre alt und suche Brieffreunde auf der ganzen Welt. Meine Hobbys sind Lesen, Sport, Musik und Reisen. Ich warte auf deine Antwort.
Zuzana Spulakova, Liberec, Tschechien

Hallo, ich bin 21 und komme aus Belgien. Ich suche jede Menge Brieffreunde. Ich bin ein lustiges, manchmal etwas verrücktes Mädchen, das gern tanzt, singt und auf Partys geht. Ich spreche Deutsch, Französisch, Englisch und Belgisch und fahre sehr gern in Urlaub.
Aline Kaut, St. Vith, Belgien

Mein Name ist Mario und ich suche Leute auf der ganzen Welt, die einen spanischen Brieffreund wollen. Zu meinen Lieblingsbeschäftigungen gehören Lesen, Ausgehen, ins Ausland fahren, Musik hören und Briefe schreiben. Ihr könnt mir auf Englisch oder Französisch schreiben.
Mario Cebrian, Zaragoza, Spanien

Hi, ich bin 20 und ich suche dringend Brieffreunde. Das Alter ist nicht so wichtig. Ich interessiere mich für Sprachen, Reisen, Musik und Lesen. Ich verstehe Deutsch und Russisch.
Vita Samuilyte, Kaunas, Lithauen

Mein Name ist Tinka ich bin 17. Ich suche Brieffreundinnen aus allen europäischen Ländern. Meine Hobbys sind Musik, Kino, Reisen und Sport. Ich freue mich auf einen Brief von dir. Vielleicht können wir uns auch treffen?
Tinka Ivanova, Sofia, Bulgarien

Ich bin ein 22-jähriges Mädchen aus Bratislava und suche neue Freunde in Europa, die ich eventuell auch besuchen könnte. Ich liebe Musik, Malen, Reisen und über alles zu quatschen. Ich interessiere mich für andere Länder und Kulturen. Bitte schreib mir auf Englisch.
Blanka Frydkova, Bratislava, Slowakische Republik

11

Lies den Text und hör dir das Gespräch an.
Ist das richtig oder falsch?
Schreib R oder F.

Beispiel: 1 R

1 Die Familie Aygün fährt bald in Urlaub.
2 Sie werden in der Türkei Verwandte besuchen.
3 Erkan hofft, im nächsten Jahr mit dem Studium zu beginnen.
4 Bettina und Erkan möchten zusammenziehen.
5 Bettina plant, Tiermedizin zu studieren.
6 Achims Autowaschdienst ist erfolgreicher geworden.

12

Bereite eine Präsentation über deine Zukunft vor. Du solltest 3–5 Minuten sprechen.

- Schule? Wie lange?
- Studium? Fachrichtung? Wo? Wie lange?
- Geld – woher? Nebenjob? Eltern?
- Beruf? Warum?
- Interessen/Hobbys
- Familienleben – heiraten? Kinder? Wo wohnen?
- Wünsche für die Zukunft?

13

Wähl eine Person aus Aufgabe 10 und schreib ihr/ihm einen Brief.
Du sollst dich vorstellen und gut erklären, warum du ein guter Brieffreund/eine gute Brieffreundin bist.

14

According to the guide below, what sort of lips show that:

1 you are reliable?
2 you are friendly?
3 you are obstinate?
4 you are fun-loving?
5 you are over-optimistic?
6 you are a bit crazy?
7 you are cool, calm and collected?
8 you are self-centred?

Example: **1** *b*

Was sagen deine Lippen?

a

**Oberlippe
großer** – süß, sexy und schüchtern.
Du bist verführerisch und charmant aber auch eigensinnig und egozentrisch.

b

Dünn – kühl, ruhig aber sehr liebevoll.
Immer kompetent und verlässlich aber etwas taktlos und rechthaberisch.

c

Schmollmund – lebenshungrig und ein guter Freund (aber kein guter Liebhaber).
Lustig und lebendig aber auch frustrierend und ein wenig verrückt.

d
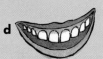

Voll – sanft und geeignet zum Küssen.
Lieb und freundlich aber vielleicht ein bisschen zu optimistisch.

e

Symmetrisch – sinnlich und sexy.
Logisch und vernünftig aber auch emotional und manchmal zu direkt.

f

**Unterlippe
größer** – missmutig und braucht Liebe.
Lebenslustig und nett aber unverlässlich und zu pessimistisch.

15

Neue Zeichen erobern die Welt. Sie heißen „Emoticons", zusammengesetzt aus „emotion" = Gefühl und „icons" = Bilder. Zu finden sind sie in Computernetzen. Man kann mit wenigen Tasten Gefühle zeigen – und damit Telefonkosten sparen. Über 100 Emoticons gibt es schon. Kennst du andere?

Einfach den Kopf nach links drehen, dann erkennt man das Emoticon!

:-) Das finde ich lustig!
:-(Das finde ich ärgerlich!
:-[Ich bin ein Vampir!
:-/ Ich bin skeptisch!

[:-) Ich trage einen Walkman!
8-) Ich trage eine Sonnenbrille!
-:-) Ich bin ein Punker!
:-* Ich habe etwas Saures gegessen!
<:-I Ich bin ein schlechter Schüler!
:´-) Ich weine vor Glück!

16

Beschreib entweder eine Persönlichkeit oder eine Freundin/einen Freund.
Gib Details von ihrem/seinem Aussehen und Charakter (mit Beispielen).
Schreib etwa 100 Wörter.

Hilfe

eigensinnig (adj) – obstinate, stubborn
missmutig (adj) – sullen
rechthaberisch (adj) – self-opinionated
verführerisch (adj) – seductive

Study tip

On the day of your speaking exam keep going over in your mind in German the things you have done so far that day:
Ich bin um 7 Uhr aufgestanden.
Ich habe gefrühstückt.
Ich habe mit meinem Bruder gesprochen . . .

17 📖 🖌️

1 Look at the weather forecast.
   Where will it be . . .
   a) changeable with showers or storms?
   b) very cloudy with rain or storms?
   c) mostly fine with occasional storms?
   d) stormy in the evening?
   e) hottest?
2 Schau dir die Wetterkarte an.
   Schreib den Wetterbericht für Deutschland, Österreich und die Schweiz.

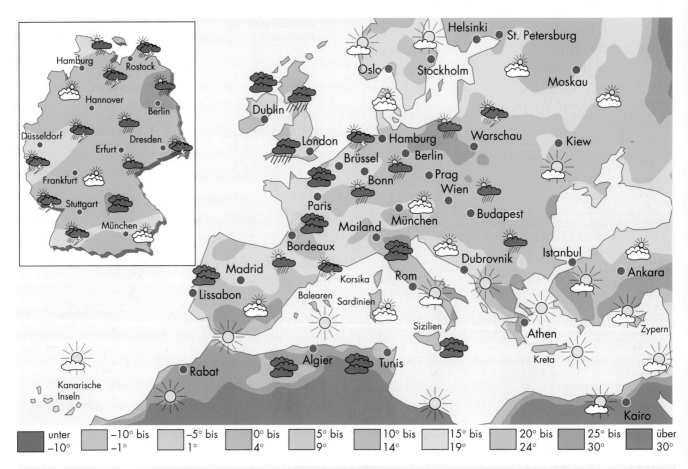

	unter −10°	−10° bis −1°	−5° bis 1°	0° bis 4°	5° bis 9°	10° bis 14°	15° bis 19°	20° bis 24°	25° bis 30°	über 30°

Auslandswetter

Dänemark: Heiter und kaum Schauer, 19–25°. **England und Irland:** Stark bewölkt mit Regen oder Gewittern, 15–20°. **Beneluxstaaten:** Aufgelockert bis stark bewölkt, Schauer oder Gewitter, 18–24°. **Frankreich:** Wechselhaft mit Schauern oder Gewittern, 18–25°. **Österreich** und **Schweiz:** Heiter bis wolkig, abends Schauer und Gewitter, 15–20, später bis 25°. **Ungarn:** Aufgeheitert bis stark bewölkt, meist trocken, 22–28°. **Italien** und **Malta:** Sonnig und trocken, später Schauer oder Gewitter, 23–30°.

Korsika und **Balearen:** Meist heiter, vereinzelt Gewitter, bis 30°. **Kroatien** und **dalmatinische Küste:** Heiter bis wolkig, gebietsweise Regen oder Schauer, 24–30°. **Griechenland, Türkei, Zypern:** Heiter und trocken, vereinzelt Gewitter, 25–32°. **Spanien** und **Portugal:** Wolkig, tells gewittriger Regen, 25–30°. **Kanarische Inseln:** Heiter bis wolkig, trocken, 20–26°. **Tunesien, Algerien, Marokko:** Sonnig, nachmittags Gewitter, 23–28°, im Landesinneren 30–37°.

18

Read the text and answer the questions in English.

1 What catastrophes has El Niño caused? (3 details)
2 What exactly is El Niño? (1)
3 Why are scientists still concerned? (1)
4 Where will La Niña have an effect? (3)
5 How will La Niña affect water temperature? (1)
6 What types of catastrophe are now threatened? (2)
7 How serious will it be, according to Dr Latif? (2)
8 What will the returning rains help to do in South East Asia? (1)
9 Why will floods and mudslides affect the area? (1)
10 What danger could there be in the Eastern United States? (1)

El Niño:
Eine neue Katastrophe kommt

Es war das Schreckensjahr von El Niño: Überschwemmungen in Südamerika setzten große Flächen unter Wasser, Schlamm begrub ganze Dörfer, Waldbrände in Südostasien verursachten eine große Umweltkatastrophe. Und alles wegen einer warmen Pazifik-Strömung, die El Niño (= Der Kleine) heißt. Wissenschaftler wollen immer noch den exakten Schaden kalkulieren (erste Schätzungen: 20 Milliarden Dollar, bis zu 2000 Tote) und schon droht der nächste Klima-Kollaps. Jetzt kommt La Niña, die kleine Schwester von El Niño. Besonders betroffen sind die USA, Südamerika und Südostasien. „La Niña hat ähnlich katastrophale Effekte wie ihr großer Bruder", erklärt ein Klimaforscher vom Max-Planck-Institut für Meteorologie in Hamburg, „nur die Auswirkungen sind anders."

El Niños Wirkung kam durch die Erwärmung des Pazifik-Stroms aber La Niña sorgt für die Abkühlung des Wassers. Statt Dürrekatastrophen in Südostasien und Überflutungen auf dem amerikanischen Kontinent droht nun das Gegenteil: lange Trockenperiode in Nord- und Südamerika, Überschwemmungen in Asien. „Die Auswirkungen werden zwar nicht so schlimm sein wie bei El Niño", glaubt der Klimaforscher, Dr. Latif, „aber wir müssen mit Schäden von fast 14 Milliarden Dollar und mit Tausenden von Toten rechnen."

In Südostasien zum Beispiel sieht man den Regen als etwas Gutes, weil er hilft, die brennenden Wälder zu retten. Aber dort, wo es keine Wälder mehr gibt, besteht jetzt kein Schutz mehr. Überschwemmungen und Schlammkatastrophen drohen.

Besonders in Gefahr sind auch die Menschen an der Ostküste der USA und in der Karibik. Dr. Latif meint, „Über dem Atlantik werden sich oft Hurrikane bilden und diese Regionen bedrohen."

Bild der Zerstörung Hier schlug El Niño zu: Diese Häuser in Kalifornien wurden vom Sturm zerstört.

19

Hör gut zu.
Welcher Satz passt am besten?

Beispiel: **1** c)

1 a) Nein, er kostet zwölf Euro.
   b) Haben Sie ein Auto dabei?
   c) Ja, bitte schön.
2 a) Wann genau möchten Sie fahren?
   b) Das finden Sie auf dem Markt.
   c) Nein, das ist für mich unwichtig.
3 a) Wasserflaschen kaufen Sie im Campingladen.
   b) Moment mal. Ich schaue, ob ein Mechaniker kommen kann.
   c) Aber Sie brauchen auch Benzin.
4 a) Nummer 40, bitte.
   b) Diese sind viel zu klein.
   c) Was kosten die schwarzen?
5 a) Kannst du mir noch eine Karte kaufen?
   b) Ja, aus deinem Portemonnaie habe ich das genommen.
   c) Ich fahre nie mit dem Rad.
6 a) Ich würde lieber schwimmen gehen.
   b) In der Stadt gibt es kein Freibad.
   c) Ja, aber erst um vier Uhr.

Hilfe

Auswirkung (nf) (-en) – effect
Dürre (nf) – drought
Schreckensjahr (nn) (-e) – year of terror
Schutz (nm) – protection
Strom (nm) – current
verrenken (v) – to sprain

20 📖

Lies den Text und vervollständige die Sätze.

Hier kamen zwei Menschen lebend raus

„Ich kann kaum glauben, dass wir da lebend herausgekommen sind," sagt Jason Pladdy (27). Gemeinsam mit Freundin Claire (17) überlebte der Engländer unverletzt den schrecklichen Unfall. Jason hat nur ein gebrochenes Fußgelenk und Claire eine kleine Wunde am Knie. Das Wrack des Toyota MR2 kann man kaum noch als Auto erkennen. Bei dem Unfall im britischen Hampshire drückte ein 17-Tonnen-Lkw den Sportwagen am letzten Mittwoch gegen einen Lastwagen und zerquetsche den Toyota wie ein Insekt. Der MR2 war nach dem Crash nur noch halb so groß – ein Klumpen Blech wie frisch aus der Schrottpresse! Dann das Wunder: Claire kroch nach dem Unfall ohne Hilfe aus dem Wrack und ging zum Straßenrand. Jason wurde von der Feuerwehr befreit. Als die Feuerwehrmänner das Autodach zerschnitten, scherzte Jasom mit dem Notarzt: „Wollen Sie mein Auto kaufen?" Und Doktor Tom Moore antwortete: „Wenn ich Sie wäre, würde ich heute ein Lotterie-Los kaufen. Sie haben so viel Glück!" Der Schock für Jason kam erst später, als er die Fotos vom Wrack sah. „So, wie das Auto aussieht, da kommt kein Mensch normalerweise wieder 'raus."

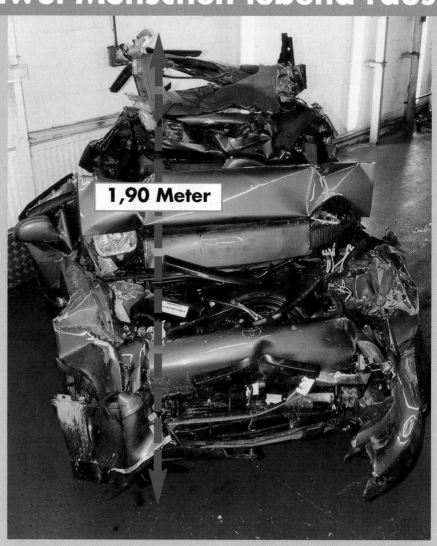

1,90 Meter

Beispiel: **1** *Jason und Claire*

1 In dem Toyota waren _____ und _____ .
2 Claire war Jasons _____ .
3 Nach dem Unfall hatte Jason ein gebrochenes _____ .
4 Claire war nur am _____ verletzt.
5 Der Unfall passierte in _____ .
6 Ein Lkw zerquetsche den _____ wie ein _____ .
7 Claire konnte _____ aus dem Auto _____ .
8 Die Feuerwehr _____ Jason von dem Auto.
9 Der Notarzt sagte Jason, er sollte ein _____ kaufen.
10 Jason war schockiert, als er die _____ vom _____ _____ .

Vorher – nachher!
*Der schnittige Toyota MR2 (kleines Foto)
sah nach dem Unfall aus wie frisch aus
der Schrottpresse (großes Foto)*

21

Hör dir das Gespräch an.
Verbinde das Datum und das Bild.

Beispiel: **1** *c)*

1

2

3

4

5

a) 1945
b) 1901
c) 1920
d) 1909
e) 1939

22 *Forschungsarbeit*

Wähl zehn Sachen/Personen und schreib ein paar Sätze über jede.

Willy Brandt   Buxtehude   Zugspitze   Genf   Kreuzberg   Goethe
Donau   Friedrich der Große   Schultüte   Berner Oberland
Mahler   Prater   Alster   Sigmund Freud   Vierwaldstättersee
Sachertorte   Eifel   Schaffhausen   Schalke 04

Checklist

I can:
* understand the 'indirect object' using the dative.
* understand the 'DAN' and 'PAD' rules.
* read and understand newspaper and magazine articles.

Hilfe

Schrottpresse (nf) – scrap metal press
überleben (v) – to survive

Study tip

Find a German radio station and tune into it regularly in the days leading up to the listening exam. A few minutes last thing at night will help to attune your brain to German speech patterns, even if you only pick out the odd word here and there.

List of German instructions

Anagramme   *Anagrams*
Arbeite abwechselnd . . .   *Take turns . . .*
Arbeite (zusammen) mit einem Partner/einer
   Partnerin   *Work with a partner*
Arbeitet (zusammen) in einer Gruppe   *Work in groups*

Beantworte die/diese Fragen (auf Deutsch)   *Answer
   the/these questions (in German)*
Beantworte die Fragen von deinem Partner/deiner
   Partnerin   *Answer your partner's questions*
Beginn mit . . .   *Begin with . . .*
Benutze ein Wörterbuch/ein anderes Wort   *Use a
   dictionary/another word*
Beschreib diese Personen . . .   *Describe these people . . .*
Bilde Sätze/Paare   *Make sentences/pairs*

Du bist dran   *It's your turn*

Entweder . . . oder . . .   *Either . . . or . . .*
Erfinde eine Antwort   *Make up an answer*
Ergänze die Sätze   *Complete the sentences*
Ersetze   *Replace*
Erwähnt man das/diese Objekte?   *Is this/Are these
   objects mentioned?*
Erzähl die Geschichte   *Tell the story*

Finde (im Singular)   *Find (in the singular)*
Folge den Angaben   *Follow the instructions*
Frag deinen Partner/deine Partnerin   *Ask your partner*
Frag nach dem Preis   *Ask the price*
Füll die Lücken   *Fill in the gaps*
Füll das Formular/die Tabelle aus   *Fill in the form/table*

Gib Informationen/den Buchstaben   *Give
   information/the letter*
Gib den Satz wieder   *Repeat the sentence*

Hör dir das Gespräch an   *Listen to the conversation*
Hör (gut) zu   *Listen (carefully)*

Identifiziere . . .   *Identify . . .*
In welcher Reihenfolge hörst du diese Zahlen/
   Meinungen/Aussagen?   *In what order do you hear
   these numbers/opinions/statements?*
Ist das falsch oder richtig?   *Is it true or false?*
Ist das richtig oder nicht?   *Is this correct or not?*

Kannst du das aussprechen/vorlesen?   *Can you
   pronounce this/read this out loud?*
Kannst du das enträtseln/lösen?   *Can you solve this?*
Kannst du diese Sätze/den Dialog verbessern?   *Can you
   correct these sentences/the dialogue?*
Kannst du . . . zeichnen/beschreiben?   *Can you
   draw/describe . . . ?*
Kontrolliere die Fakten/deine Antworten, wenn du
   fertig bist   *Check the facts/your answers when you have
   finished*
Kopiere   *Copy*
Korrigiere die falschen Antworten/diese Sätze   *Correct
   the wrong answers/these sentences*
Kreuz das Kästchen/das passende Bild an   *Put a cross in
   the box/by the appropriate picture*

Lies den Text/diese Ausschnitte/die Schlagzeilen/den
   Brief/die Postkarte   *Read the text/these excerpts/the
   headlines/the letter/the postcard*
Lies . . . durch   *Read through*
Lös das Rätsel   *Solve the puzzle/problem*

Mach ein Interview   *Make up an interview*
Mach ein Wort aus zwei/ein Poster   *Make one word
   from two/a poster*
Mach eine Liste/Listen   *Make a list/lists*
Mach eine Umfrage   *Carry out a survey*
Mach einen Namen/Satz damit/Satz aus jeder Zeile/
   Sätze   *Make a name/sentence with it/a sentence out of
   each line/sentences*
Mach Notizen/Paare   *Make notes/pairs*
Mit Hilfe des Glossars/eines Wörterbuchs   *Using the
   glossary/a dictionary*

Nimm den ersten Buchstaben von den richtigen
   Aussagen   *Take the first letter of the correct statements*
Nimm ein Wort/einen Teil aus jeder Spalte/jedem
   Kästchen/Kreis   *Take one word/part from each
   column/box/circle*

Partnerarbeit   *Pairwork*
Pass auf – es gibt mehr Bilder als Sätze   *Take care –
   there are more pictures than sentences*

Rate (mal)   *Guess*
Richtig oder falsch?   *True or false?*
Rollenspiel   *Role play*

Sag oder schreib die Wörter   *Say or write the words*

Sagt er/sie das oder sagt er/sie das nicht?   *Does he/she say that or not?*

Schau ins Glossar/Wörterbuch   *Look in the glossary/ dictionary*

Schreib den/die Buchstaben/a oder b/den/die Namen/R oder F/ja oder nein   *Write the letter/letters/a or b/the name/names/R or F/'ja' or 'nein'*

Schreib den Satz zu Ende   *Complete the sentence*

Schreib den Text um   *Re-write/adapt the text*

Schreib die passenden Wörter auf   *Write the correct words down*

Schreib die Zahlen (als Wörter)   *Write the numbers (as words)*

Schreib eine Liste/Sätze   *Write a list/sentences*

Setz in die richtige Reihenfolge   *Put in the right order*

Sieh dir die Bilder/Wörter an   *Look at the pictures/words*

Sind diese Aussagen falsch oder richtig?   *Are these statements true or false?*

Sortiere diese Wörter   *Sort these words*

Sprich für . . .   *Speak for . . .*

Sprich über . . .   *Talk about . . .*

Stell (die) Fragen (und beantworte sie)   *Ask (the) questions (and answer them)*

Stell dir vor . . .   *Imagine . . .*

Such dir ein Wort aus dem Kästchen unten   *Choose a word from the box below*

Teil . . . in . . . Kategorien   *Divide . . . into . . . categories*

Verbessere die Sätze   *Correct the sentences*

Verbinde die Hälften   *Join the halves*

Vervollständige die Sätze   *Complete the sentences*

Wähl das richtige Wort/etwas aus jedem Kreis   *Choose the right word/something out of each circle*

Wähl die richtigen Wörter aus dem Kästchen   *Choose the right words from the box*

Wähl eine Antwort/die richtige Antwort   *Choose an answer/the right answer*

Was bedeutet das?   *What does that mean?*

Was darf man hier nicht machen?   *What are you not allowed to do here?*

Was erwähnt man?   *What is mentioned?*

Was fehlt hier/in diesen Sätzen?   *What is missing here/in these sentences?*

Was gehört nicht dazu?   *Which is the odd one out?*

Was gibt es . . . ?   *What is there . . . ?*

Was (genau) hast du gehört/gemacht?   *What (exactly) did you hear/do?*

Was ist anders?   *What is different?*

Was ist das?   *What is it/that?*

Was ist falsch im Text/hier falsch?   *What is wrong in the text/here?*

Was ist richtig/hier anders?   *What is right/different here?*

Was kommt als nächstes?   *What comes next?*

Was kommt hier rein?   *What fits here?*

Was passt hier (nicht)?   *What fits/does not fit here?*

Was passt (hier) zusammen?   *What matches/fits together?*

Was passt in die Lücken?   *What goes in the gaps?*

Was sagt . . ./sagst du?   *What does . . ./do you say?*

Was stimmt hier nicht?   *What is not right here?*

Was würdest du hier machen?   *What would you do here?*

Welche Antwort passt am besten?   *Which answer fits best?*

Welche Farbe hat . . . ?   *What colour is . . . ?*

Welche ist die richtige Antwort?   *Which is the right answer?*

Welche Nummer/Person (ist das)?   *Which number/person (is it)?*

Welche Wörter kommen in die Lücken?   *Which words go in the gaps?*

Welches (Bild) ist das?   *Which (picture) is it?*

Welches Bild passt (zu welchem Satz/Dialog)?   *Which picture matches (which sentence/dialogue)?*

Welches Wort gehört nicht dazu?   *Which is the odd word out?*

Wer in der Klasse hat . . . ?   *Who in the class has . . . ?*

Wer sagt/erwähnt/schreibt das?   *Who says/mentions/ writes that?*

Wie antwortet . . ./hat . . . geantwortet?   *How does/did . . . answer?*

Wie findest du das?   *What do you think of that?*

Wie heißt das richtig?   *How should it be?*

Wie heißt die Mehrzahl?   *What is the plural?*

Wie ist die richtige Telefonnummer?   *What is the right phone number?*

Wie schreibt man das (richtig)?   *How is it spelled (correctly)?*

Wie sind die Fragen?   *What are the questions?*

Wie viele Kombinationen/Sätze kannst du finden/bilden?   *How many combinations/sentences can you find/make?*

Wie war das genau?   *What was it exactly?*

Wie viel Uhr ist es?   *What is the time?*

Zeichne   *Draw*

GRAMMAR INFORMATION

Nouns

There are three genders in German: **masculine, feminine** and **neuter**.
Nouns may be **singular** or **plural**.
In addition, there are four cases in German: **nominative, accusative, genitive** and **dative**.
Which case to use depends on how the noun is being used in the sentence.

When to use the nominative

The **nominative** is the basic form of the noun which you find listed in the dictionary. It is used for the subject of the sentence (the subject 'does' the verb).
Mein **Bruder** heißt Achim.

When to use the accusative

The **accusative** is used for the **object** of the sentence.

Ich esse nicht gern **Tomaten**.
Ich habe die **Hausaufgaben** gemacht.
Sie hat drei **Schwestern**.

You always need the accusative after the phrase es gibt (= there is/there are):
Es gibt **einen Schnellimbiss** im dritten Stock.

The accusative is also used after certain prepositions. These are:

bis – until
durch – through
für – for
gegen – against
ohne – without
um – around

When to use the genitive

The **genitive** carries the meaning 'of the . . .', 'belonging to . . .'.

das Ende **des Films** the end of the film
die Ratte **meines Bruders** my brother's rat

When to use the dative

The **dative** is used for the indirect object of the sentence – that is to express 'to/for someone' or 'to/for something'.
Herr Essler hat **dem Kellner** ein Trinkgeld gegeben.
Ich habe **meinem Vater** ein Buch geschenkt.

Tip

Genders are sometimes derived from the meaning but be especially careful with:
das Mädchen (n) – girl
die Person (f) – person

Tip

In German you can often avoid the genitive by using von + dative:
die Ratte von meinem Bruder

The dative is also used after certain prepositions. (For more details see page 16.) There are eight common prepositions that are always followed by the dative:

aus – out of/from
bei – at (the house of)
gegenüber – opposite
mit – with
nach – after
seit – since/for
von – from/of
zu – to

There are nine common prepositions that sometimes take the accusative, but sometimes take the dative (see also page 4). These are:

an – at/on
auf – on
hinter – behind
in – in
neben – next to
über – over
unter – under
vor – in front of/before
zwischen – between

> ## Tip
>
> The rule is: where there is an idea of one thing/person approaching another, use the accusative.
> **AA**: **a**pproaching = **a**ccusative

Case and gender markers

The definite article ('the')
This varies in German according to the case and gender of the noun it refers to.

	masculine	**feminine**	**neuter**	**plural**
nominative	*der*	*die*	*das*	*die*
accusative	*den*	*die*	*das*	*die*
genitive	*des*	*der*	*des*	*der*
dative	*dem*	*der*	*dem*	*den*

The following take the same endings as *der, die, das*:

dieser – this
jener – that
welcher? – which?
jeder – each

Examples:

*dies**er** Mann* (nominative masculine)
*mit welch**em** Computer?* (dative masculine)
*für jen**e** Frau* (accusative feminine)
*für jed**es** Mädchen* (accusative neuter)

The indefinite article ('a', 'an')

This also varies according to the case and gender of the noun it refers to.

	masculine	**feminine**	**neuter**
nominative	ein	eine	ein
accusative	einen	eine	ein
genitive	eines	einer	eines
dative	einem	einer	einem

The following also take the same endings as *ein, eine, ein*:

mein – my
dein – your
sein – his
ihr – her
unser – our
euer – your (plural)
Ihr – your (polite)
ihr – their
kein – not a, no

In addition they have the following plural forms:

nominative: *meine*
accusative: *meine*
genitive: *meiner*
dative: *meinen*

Examples:

mein**e** *Mutter* (feminine nominative)
mit dein**em** *Bruder* (masculine dative)
sein Haus (neuter nominative)
kein**e** *Geschwister* (plural nominative)

Masculine and neuter nouns add *-s* or *-es* in the genitive singular:

mein**es** *Vater***s** (= of my father, my father's . . .)
d**es** *Auto***s** (= of the car, the car's . . .)

All dative plural nouns end in *-en*:

Ich war bei mein**en** *Freund***en.**

Plurals

German nouns form their plurals in different ways. A few add *-s*, as in English, some add *-en*, *-e* or an Umlaut.
The plural of each noun is given in brackets in the glossary at the end of this book.
Most dictionaries show the plurals in a similar way.

> *Tip*
>
> The vast majority of feminine nouns add *-n* or *-en* to form their plural.

Pronouns

Pronouns are used to replace nouns, in order to save repetition. They vary according to:

- who they refer to
- case.

nominative	accusative	dative
ich (I)	*mich* (me)	*mir* (to me)
du (you)	*dich* (you)	*dir* (to you)
er (he)	*ihn* (him)	*ihm* (to him)
sie (she)	*sie* (her)	*ihr* (to her)
es (it)	*es* (it)	*ihm* (to it)
wir (we)	*uns* (us)	*uns* (to us)
ihr (you, plural)	*euch* (you, plural)	*euch* (to you, plural)
Sie (you, polite)	*Sie* (you, polite)	*Ihnen* (to you, polite)
sie (they)	*sie* (they)	*ihnen* (to them)

Adjectives

An adjective requires an ending when it comes immediately in front of the noun to which it refers. There are two sorts of ending: **Type A** and **Type B**.

Type A endings

Type A endings are the same as those found on the words *dieser*, *welcher*, etc. (see page 125).
Use these where the following applies:

- There is no 'marker' to show the gender or case of the noun.
  (A 'marker' is a word like *der, die, das, meine, deine*, etc., which can show by its ending what gender/case the noun is.)

or

- There is a 'marker' but the marker is without an ending and so does not show the gender/case of the noun (i.e. it has the form *mein, dein*, etc., as opposed to *meine, deinen, meiner*, etc.).

Examples:

*heiß**es** Wasser* (neuter nominative)
*mein neu**er** Wagen* (masculine nominative)
*viele alt**e** Häuser* (plural nominative)
*Ich habe zwei gut**e** Freunde.* (plural accusative)
*mit zwei gut**en** Freunden* (plural dative)
Exception: In the genitive singular, masculine and neuter, the adjective ending is -*en*.

Type B endings

These are:

-e for the nominative singular, all genders
-e for the accusative singular, feminine and neuter
-en everywhere else

Use these where the adjective follows a 'marker' which shows by its ending the gender/case of the noun.

Examples:

der alte Mann (masculine nominative)
mit der alten Frau (feminine dative)
die neuen Häuser (plural nominative)
mit meinen guten Freundinnen (plural dative)
des alten Hauses (neuter genitive)

Free-standing adjectives (those not immediately in front of their noun) do not require endings.

The comparative of adjectives

Comparative adjectives are **more** intelligent, bigg**er**, small**er**, etc.
To form them in German:

- Add **-er** to the adjective.
- Add an Umlaut to the vowels *a*, *o*, or *u* if the adjective is short.

klein – kleiner
intelligent – intelligenter
groß – größer

Exceptions:

gut – besser
hoch – höher
nah – näher

The superlative of adjectives

Superlative adjectives are '**most** intelligent', 'bigg**est**', 'small**est**', etc.
To form them in German:

- Add **-st** to the adjective.
- Also add adjective endings in the usual way (see above).

der kleinste Mann
mit dem schnellsten Zug

Exceptions:

gut – best
hoch – höchst
nah – nächst

> *Tip*
>
> If you are stuck for an adjective ending, go for -en every time. You will have a more than 50% chance of being right!

> *Tip*
>
> In English, where the adjective is long, we say 'more intelligent', 'more beautiful', etc. instead of adding '-er'.
> In German, always add -er: *interessanter* (**not** *mehr interessant*), *schöner* (**not** *mehr schön*).

Adverbs

Almost all adjectives in German may also be used as adverbs without any change.

schnell = quick or quickly   *langsam* = slow or slowly

Verbs

The present tense

The present tense is:

I play
I am playing
I do play

To form it in German, take the infinitive, drop the *-en* and add endings as follows.

ich – e	*ich spiele*: I play, I am playing
du – st	*du spielst*: you play, you are playing
er, sie, es – t	*er sie/es spielt*: he/she/it plays, is playing
wir – en	*wir spielen*: we play, we are playing
ihr – t	*ihr spielt*: you play, you are playing
Sie – en	*Sie spielen*: you play, you are playing
sie – en	*sie spielen*: they play, they are playing

Man or one person's name (e.g. *Achim*) takes the same ending as *er/sie/es*:

Man hört nicht gern, wenn Achim singt.

Two or more names together (e.g. *Bettina und Achim*) take the same ending as the plural *sie*:

Bettina und Achim kommen aus Berlin.

Most verbs in German are weak (= regular – too 'weak' to 'do their own thing' and break the rules) but some are strong (= irregular – strong enough to 'do their own thing').

In the present tense strong verbs have a vowel change in the *du* and *er/sie/es* forms. For example:

fahren	**lesen**	**sprechen**
ich fahre – I go	*ich lese* – I read	*ich spreche* – I speak
du fährst – you go	*du liest* – you read	*du sprichst* – you speak
er fährt – he goes	*sie liest* – she reads	*sie spricht* – she speaks

You can find a list of strong verbs on pages 142–43. Look in the column headed 'present' to find the vowel changes.

Verbs which end in *-den* or *-ten* in the infinitive take an extra *e* in the er/sie/es form:

arbeiten – *er arbeitet*
finden – *er findet*

> **Tip**
>
> Make sure you do not use the *du* form in situations where you should use the formal *Sie* form, i.e. when you are talking to an adult, unless they are a close friend or member of the family. You could cause offence!

> **Tip**
>
> If a verb is not in the strong verb list, assume it is weak.

Irregular verb: sein – to be
ich bin – I am
du bist – you are
er/sie/es ist – he/she/it is
wir sind – we are
ihr seid – you (plural) are
Sie sind – you (polite) are
sie sind – they are

Irregular verb: haben – to have
ich habe – I have
du hast – you have
er/sie/es hat – he/she/it has
wir haben – we have
ihr habt – you (plural) have
Sie haben – you (polite) have
sie haben – they have

The perfect tense

The perfect tense is:

I have played
I have been playing
I played
To form it in German, two parts are needed: the present tense of *haben* +
the past participle. (For the present tense of *haben*, see above.)

If the verb is strong, find its past participle in the strong verb list (pages
142–43) in the column headed 'past participle'.
If the verb is weak, form its past participle as follows:

• Take the infinitive, e.g. *spielen*
• Drop the *-en*: *spiel*
• Add *ge. . .t*: **ge**spiel**t**

The past participle goes to the end of the sentence.

Du **hast** *Fußball* **ge**spiel**t**.	(from *spielen*) (weak)
Sie **hat** *ein neues Auto* **ge**kauf**t**.	(from *kaufen*) (weak)
Ich **habe** *eine Portion Pommes* **gegessen**.	(from *essen*) (strong)
Wir **haben** *Orangensaft* **getrunken**.	(from *trinken*) (strong)

Some verbs use *sein* instead of *haben*. These are marked with an asterisk (*)
in the strong verb list.

Ich **bin** *nach Amerika* **gefahren**.	(from *fahren*)
Wir **sind** *zwei Wochen* **geblieben**.	(from *bleiben*)

> **Tip**
>
> Remember that to say 'I am
> . . .ing' you always use the
> ordinary present tense in German
> – never start *Ich bin* . . . for these
> phrases.

> **Tip**
>
> The verbs which take *sein* instead
> of *haben* all have something to do
> with movement or change of
> state, e.g. *gehen, fahren,
> sterben* . . .

The pluperfect tense

The pluperfect tense is:

I had played
I had been playing

To form it in German, two parts are needed: the imperfect tense of *haben* or *sein* + the past participle.

The imperfect of *haben* is:

ich hatte
du hattest
er/sie/es hatte
wir hatten
ihr hattet
Sie hatten
sie hatten

For the past participle, see the notes above on the perfect tense.
Ich **hatte** *Obst und Käse* **gegessen**.   (from *essen*) (strong)
Wir **hatten** *eine lange Reise* **ge**macht.   (from *machen*) (weak)

As with the perfect tense, some verbs use *sein*. Use the imperfect of *sein*, which is:

ich war
du warst
er/sie/es war
wir waren
ihr wart
Sie waren
sie waren

Ich **war** *nach Hause* **gegangen**.   (from *gehen*)
Du **warst** *nach Deutschland* **gekommen**.   (from *kommen*)

The future tense

The future tense is:

I will play
I will be playing
I am going to play

To form it in German, you need the present tense of *werden* + the infinitive.

The present tense of *werden* is:

ich werde
du wirst
er/sie/es wird
wir werden
ihr werdet
Sie werden
sie werden

Tip

When *werden* is used on its own it means 'to become'.
Es wird kalt – wir werden gehen.
It's getting (becoming) cold – we'll go.

The infinitive goes to the end of the sentence:

*Ich **werde** um 6 Uhr nach Hause **kommen**.*
*Bettina **wird** ein neues Kleid **kaufen**.*

The conditional

The conditional is:

I would play
I would be playing

To form it in German, use the following with the infinitive:

ich würde
du würdest
er/sie/es würde
wir würden
ihr würdet
Sie würden
sie würden

The infinitive goes to the end of the sentence:

*Ich **würde** das Kleid nicht **kaufen**.*
*Wir **würden** zwei Wochen in Italien **verbringen**.*

The imperfect tense

The imperfect tense is:

I played
I was playing
I used to play

The imperfect tense is normally only used in written German, not in spoken. Its formation depends on whether the verb is weak or strong.

Weak verbs
- Take the infinitive, e.g. *spielen*.
- Drop the -en: *spiel-*
- Add endings as follows:

*ich – **te***	*ich spiel**te***
*du – **test***	*du spiel**test***
*er/sie/es – **te***	*er spiel**te***
*wir – **ten***	*wir spiel**ten***
*ihr – **tet***	*ihr spiel**tet***
*Sie – **ten***	*Sie spiel**ten***
*sie – **ten***	*sie spiel**ten***

> **Tip**
>
> Don't forget the Umlaut on *würde*.

> **Tip**
>
> In some grammar books the imperfect is called the preterite or simple past.

Strong verbs

Look in the strong verb list (pages 142–43) under the column headed 'imperfect'.
To this 'stem' add endings as shown below.

singen *(stem =* ***sang****)*

ich – –	*ich sang*
du – ***st***	*du sang****st***
er/sie/es – –	*er sang*
wir – ***en***	*wir sang****en***
ihr – ***t***	*ihr sang****t***
Sie – ***en***	*Sie sang****en***
sie – ***en***	*sie sang****en***

lesen *(stem =* ***las****)*
ich las, wir lasen . . .

fahren *(stem =* ***fuhr****)*
er fuhr, sie fuhren . . .

brechen *(stem =* ***brach****)*
Sie brachen, Achim brach . . .

The imperative

This is used to give instructions or commands:

Please come in.
Shut the door!
Bring me a glass of water, please.

There are three forms in German.

du *form*

This is used when speaking to a friend or family member.

* Take the normal *du* form, e.g. *du gehst*
* Take away the word *du* and drop the *-st*: *geh!*

Strong verbs which have an Umlaut in the *du* form (e.g. *fahren*) drop the Umlaut:

du fährst – fahr!
du schläfst – schlaf!

ihr *form*

This is used when speaking to friends or family members (plural).

* Take the normal *ihr* form, e.g. *ihr geht*
* Take away the word *ihr*: *geht!*

Sie *form*

This is used when speaking to a stranger or strangers, or people with whom you are on 'polite' terms.

* Take the normal *Sie* form, e.g. *Sie gehen*
* Swap the words around: *Gehen Sie!*

Exception:

sein – to be
du form – *sei!*
ihr form – *seid!*
Sie form – *seien Sie!*

Reflexive verbs

These are verbs such as *sich sonnen, sich waschen and sich rasieren*. They require a reflexive pronoun in order to make their meaning complete. The reflexive pronouns are:

mich	*ich sonne mich* (I sunbathe, I 'sun myself')
dich	*du sonnst dich*
sich	*er/sie/es sonnt sich*
uns	*wir sonnen uns*
euch	*ihr sonnt euch*
sich	*Sie sonnen sich*
sich	*sie sonnen sich*

In the perfect and pluperfect tenses the reflexive pronoun stays next to the verb *haben*. It does not go to the end with the past participle:

*Ich **habe mich** im Garten **gesonnt**.*

Separable verbs

These are verbs such as **an**kommen, **ab**fahren and **statt**finden. They have a separable prefix attached to the front. In the vocabulary lists and glossary in this book, the separable prefixes are underlined so they can be easily recognised. In the infinitive the separable prefix is joined to the front of the verb:

ankommen, **ab**fahren, **vor**stellen

When you use these verbs, the separable prefix usually goes to the end of the sentence:

*Wir **fahren** um 8 Uhr **ab**.*

If, for any reason, the verb is sent to the end (see 'word order' on page 137) then the prefix and the verb join up at the end:

*. . . weil wir um 8 Uhr **abfahren**.*

In the past participle the separable prefix goes in front of *ge-*:

abgefahren, **ange**kommen, **stattge**funden

These are written all as one word.
Where the word *zu* is used with the infinitive (see page 137) it is inserted between the separable prefix and the verb. The whole thing is written as one word:

anzukommen, **auszu**gehen, **abzu**spülen

> ## Tip
>
> **All** reflexive verbs in German use *haben*, not *sein*, in the perfect and pluperfect tenses.

Inseparable verbs

These start with a prefix which does not separate and go to the end. Common inseparable prefixes are:

be-, ge-, emp-, ent-, er-, miss-, ver- and zer-.

In the past participle they have no *ge-*.

besuchen – behaves like *suchen*; past participle = *besucht*
verstehen – behaves like *stehen*; past participle = *verstanden*
erbrechen – behaves like *brechen*; past participle = *erbrochen*

Modals

Modal verbs are usually paired up with another verb which is always in the infinitive. There are six only:

wollen – to want
können – to be able
dürfen – to be allowed
mögen – to like
müssen – to have to, 'must'
sollen – 'should'

This second verb – in the infinitive – always goes to the end of the sentence, and does not change its form:

*Ich **will** nach Hause **gehen**.*
*Wir **müssen** unsere Hausaufgaben **machen**.*

Modals can be used in the past tense (remember the infinitive still does not change).

You use the imperfect of the modal verb:

*Er **musste** nach Hause **gehen**.* He had to go home.

Tip

There is no *zu* with the infinitive.

The passive

The passive is:

I am watched
I am being helped
I have been seen
I will be taken

To form it in German, you need the appropriate part of the verb *werden* + the past participle. The past participle goes to the end of the sentence. The appropriate parts of *werden* are given opposite.

Present tense

ich werde
du wirst
du wirst
er/sie/es wird
wir werden
ihr werdet
Sie werden
sie werden
*Deutsch **wird gesprochen**.* German is spoken.

Perfect tense

ich bin . . . worden
du bist . . . worden, etc.
*Nichts ist **gemacht worden**.* Nothing has been done.

Pluperfect tense

ich war . . . worden
du warst . . . worden, etc.
*Nichts war **gesehen worden**.* Nothing had been seen.

Imperfect tense

ich wurde
du wurdest, etc.
Der Dealer wurde von der Polizei gefunden. The drug dealer was found by the police.

Asking questions

Swap the order of the subject and verb:

Statement: *Wir gehen nach Hause.*
Question: *Gehen wir nach Hause?*

Add a 'question word' (interrogative pronoun) if needed. Common ones are:

wann? – when?
wo? – where?
wie? – how?
wer? – who?
wo? – where?
warum? – why?
was? – what?

wohin? – where . . . to?
woher? – where . . . from?
wie oft? – how often?
wie lange? – how long for?
wie viel? – how much?
wie viele? – how many?

Where a 'question word' is used, the order of the subject and the verb must still be swapped:

Wann gehen wir nach Hause?

> ## Tip
>
> You can usually avoid the passive by using *man*:
> *Hier spricht man Deutsch.*
> German is spoken here/People speak German here.

> ## Tip
>
> Do not mix up *wo?* (where?) and *wer?* (who?).

Word order

Verb = second idea

In a German sentence the main verb is normally the second idea:

*Achim **geht** in die Schule.*

Be particularly careful about this when the sentence starts with something other than the subject:

*Um 8 Uhr **geht** Achim in die Schule.*

Verb to the end

Certain words send the verb to the end of the sentence. It helps to think of these as 'verb scarers' (the technical term is 'subordinating conjunctions'). See page 30 for a list of common ones.

*. . . **weil** mein Bruder krank **ist**.*

Time-Manner-Place

In any German sentence expressions of **time** (when) must come before expressions of **manner** (how) which in turn must come before expressions of **place** (where).

Wir gehen	*um 7 Uhr* **when**	*zum Stadion.* **where**	
Karin fährt	*schnell* **how**	*in die Stadt.* **where**	
Achim geht	*am Samstag* **when**	*mit seinen Freunden* **how**	*ins Kino.* **where**

Verb-comma-verb

Watch out for this whenever a sentence has more than one clause (see right for a definition of a 'clause'). If the verb in one clause is sent to the end by a 'verb scarer', the verb in the next clause moves back to join it. The two verbs are separated by a comma.

*Weil das Wetter schön **ist, gehen** wir schwimmen.*
*Nachdem sie **gegessen hatten, sind** sie in die Stadt gegangen.*

Infinitives

These always go to the end of the clause.

Use *zu* with infinitives if no modal verb is present:

*Wir **versuchen**, die Tür **aufzu**machen.* (no modal so needs *zu*)
*Es **ist** nicht schwer, Deutsch **zu sprechen**.* (no modal so needs *zu*)

> *Tip*
>
> In English it is usual to put the 'place' expression first. Don't do this in German!

> *Tip*
>
> A **clause** is a group of words which contains a verb, but it need not be a complete sentence. 'I learn German' and 'when you went out' are clauses. By contrast, a **phrase** is a group of words which does not contain a verb (e.g. 'the teacher's car').

> *Tip*
>
> **um . . . zu** + **infinitive** conveys **purpose** or **intention**:
> *Ich gehe in die Stadt, um ein Buch zu kaufen.*
> I go to town (in order) to buy a book.

Omit *zu* if a modal verb is present:

*Ich **kann** heute Abend nicht ins Kino gehen.* (no *zu* needed because *kann* is a modal)
*Ich **muss** meine Hausaufgaben **machen**.* (no *zu* needed because *muss* is a modal)

Relative pronouns

These are used to refer back to something mentioned earlier:

The man **who** lives here . . ., the woman **who** wrote the book . . ., the café **which** is in the wood . . .

- Use **der** to refer back to a masculine noun.
- Use **die** to refer back to feminine noun.
- Use **das** to refer back to a neuter noun.

Relative pronouns are 'verb scarers', that is they send the verb to the end:

*Der Mann, **der** hier **wohnt**, . . .*
*Die Frau, **die** das Buch **geschrieben hat**, . . .*
*Das Café, **das** im Wald **liegt**, . . .*

> **Tip**
> There is always a comma before the relative pronoun.

Prepositions

- Some prepositions are always followed by the accusative. (See page 124 for a list.)
- Some prepositions are always followed by the dative. (See page 125 for a list.)
- Some prepositions are followed by the accusative if the idea of approaching is present. They are followed by the dative if there is no idea of approaching. (See page 125 for a list.)

> **Tip**
> Remember 'AA' – Accusative for Approaching.

Numbers, times and dates
Cardinal numbers

1	eins	16	sechzehn*	100	hundert		
2	zwei	17	siebzehn*	101	hunderteins		
3	drei	18	achtzehn	102	hundertzwei		
4	vier	19	neunzehn	103	hundertdrei		
5	fünf	20	zwanzig	200	zweihundert		
6	sechs	21	einundzwanzig*	300	dreihundert		
7	sieben	22	zweiundzwanzig	1000	tausend		
8	acht	23	dreiundzwanzig	1001	tausendeins		
9	neun	30	dreißig*	1002	tausendzwei		
10	zehn	40	vierzig	10000	zehntausend		
11	elf	50	fünfzig	100 000	hunderttausend		
12	zwölf	60	sechzig*	1 000 000	eine Million		
13	dreizehn	70	siebzig*	1 000 000 000	eine Milliarde		
14	vierzehn	80	achtzig				
15	fünfzehn	90	neunzig				

> **Tip**
> *Note the slightly unexpected spelling of these numbers.

Ordinal numbers

These are 'first', 'second', 'third', etc.
To form them in German:

Add **-te** to cardinal numbers of 1–19.
Add **-ste** to cardinal numbers of 20 and above.

der neunte Mann
das zwanzigste Auto

Exceptions:

1st – *erste*
3rd – *dritte*
7th – *siebte*

Remember to put on adjective endings in the usual way:
Ich bekam den zweiten Preis.

> ## Tip
>
> Ordinal numbers are usually indicated by putting a full stop after the figure:
> *der 1. Preis* – the first prize
> *am 22. Januar* – on the 22nd January

Quantities and measurements

When talking about quantities, there is no word for 'of' in German:

ein Kilo Kirschen – a kilo of cherries
eine Tasse Kaffee – a cup of coffee

Quantities, distances, etc. are always given in the singular:

fünf Kilometer – five kilometres
zwei Kilo Kirschen – two kilos of cherries
zwei Pfund Bananen – two pounds of bananas
sechs Zentimeter – six centimetres

Telling the time

You can use the 24-hour clock method:

8.00	*acht Uhr*
17.00	*siebzehn Uhr*
8.30	*acht Uhr dreißig*
10.15	*zehn Uhr fünfzehn*
6.45	*sechs Uhr fünfundvierzig*
4.20	*vier Uhr zwanzig*
19.40	*neunzehn Uhr vierzig*

Alternatively:

8.00	*acht Uhr*
10.00	*zehn Uhr*
8.30	*halb neun**
10.15	*Viertel nach zehn*
6.45	*Viertel vor sieben*
4.20	*zwanzig Minuten nach vier*
9.40	*zwanzig Minutent vor zehn*

'at' = *um*:

um 6 Uhr – at 6 o'clock

> ## Tip
>
> *Think in term of 'half towards . . .' rather than 'half past . . .'.

Days

Sunday – *Sonntag*
Monday – *Montag*
Tuesday – *Dienstag*
Wednesday – *Mittwoch*

Thursday – *Donnerstag*
Friday – *Freitag*
Saturday – *Samstag/Sonnabend**

> ## Tip
>
> *There are two words for 'Saturday'. *Sonnabend* – which is used in some parts of the north of Germany – means 'Saturday', not 'Sunday'!

Months

January – *Januar*
February – *Februar*
March – *März*
April – *April*
May – *Mai*
June – *Juni*

July – *Juli*
August – *August*
September – *September*
October – *Oktober*
November – *November*
December – *December*

Giving the date

Use the following patterns:

- Simply stating the date: *der 5. April*, e.g. *Heute ist der 5. April.*
- At the top of letters: *den 5. April*, e.g. *Berlin, den 5 April.*
- Saying 'on the': *am 5. April*, e.g. *Ich bin am 5. April geboren.*
- Saying 'from the . . . to the': *vom 5. April bis zum 10. Mai*, e.g. *Ich möchte vom 5. April bis zum 10. Mai bleiben.*

Writing letters

Informal letters

Put the town and date at the top of the letter:

Berlin, den 17. Februar

Opening phrase:

Lieber . . . (male), *Liebe . . .* (female)

Closing phrases:

Alles Liebe
Mit herzlichem Gruß
Bis bald
Tschüß
Dein (if you are male)
Deine (if you are female)
Use *du* or *ihr* for 'you' in the body of the letter.

Useful phrases:

Vielen Dank für deinen letzten Brief.
Many thanks for your last letter.

Hoffentlich geht es dir und deiner Familie gut.
I hope you and your family are well.

Ich freue mich auf deinen nächsten Brief.
I am looking forward to your next letter.

Bitte schreib bald wieder.
Please write again soon.

Formal letters

Put the town and date at the top of the letter:

Berlin, den 17. Februar

Opening phrases:

Sehr geehrter Herr . . . (male), *Sehr geehrte Frau . . .* (female)
Sehr geehrte Damen und Herren

Closing phrases:

Mit freundlichen Grüßen
Mit besten Grüßen
Ihr (if you are male)
Ihre (if you are female)
Use *Sie* in the body of the letter.

Useful phrases:

Vielen Dank für Ihren letzten Brief, den ich gestern erhalten habe.
Many thanks for your last letter which I received yesterday.
Vielen Dank für die Informationen, die Sie mir geschickt haben.
Many thanks for the information which you sent me.
Vielen Dank im Voraus für Ihre Mühe.
Many thanks in advance for your trouble.
Ich freue mich auf eine baldige Antwort.
I look forward to a prompt reply.

Strong verbs

Infinitive	3rd person present tense	Past participle	English translation
abfahren	fährt ab	abgefahren*	to leave, depart (by vehicle)
anfangen	fängt an	angefangen	to begin, start
ankommen	kommt an	angekommen*	to arrive
anrufen	ruft an	angerufen	to ring up
sich anziehen	zieht sich an	angezogen	to get dressed
aufessen	isst auf	aufgegessen	to eat up
aufgeben	gibt auf	aufgegeben	to give up, quit
aufschreiben	schreibt auf	aufgeschrieben	to write down
aufstehen	steht auf	aufgestanden*	to stand up, get up
ausgeben	gibt aus	ausgegeben	to spend (money), give out
ausgehen	geht aus	ausgegangen*	to go out
auskommen	kommt aus	ausgekommen*	to get on (with a person)
sich ausziehen	zieht sich aus	ausgezogen	to get undressed
backen	backt	gebacken	to bake
beginnen	beginnt	begonnen	to begin
bekommen	bekommt	bekommen	to get, obtain
besprechen	bespricht	besprochen	to talk about, discuss
sich bewerben	bewirbt sich	beworben	to apply (for a job)
bleiben	bleibt	geblieben*	to stay
bringen	bringt	gebracht	to bring
denken	denkt	gedacht	to think
dürfen	darf	gedurft	to be allowed (may)
einladen	lädt ein	eingeladen	to invite
einschlafen	schläft ein	eingeschlafen*	to go to sleep
empfehlen	empfiehlt	empfohlen	to recommend
entscheiden	entscheidet	entschieden	to decide
erkennen	erkennt	erkannt	to recognise
essen	isst	gegessen	to eat
fahren	fährt	gefahren*	to go (by vehicle)
fernsehen	sieht fern	ferngesehen	to watch TV
finden	findet	gefunden	to find
fliegen	fliegt	geflogen*	to fly
fließen	fließt	geflossen*	to flow
fressen	frisst	gefressen	to eat (of animals)
geben	gibt	gegeben	to give
gefallen	gefällt	gefallen	to please
gehen	geht	gegangen*	to go, walk
gießen	gießt	gegossen	to pour
haben	hat	gehabt	to have
heißen	heißt	geheißen	to be called
helfen	hilft	geholfen	to help
kennen	kennt	gekannt	to know (a person)
kommen	kommt	gekommen*	to come
können	kann	gekonnt	to be able (can)
lassen	lässt	gelassen	to leave (something, someone)
laufen	läuft	gelaufen*	to run, walk
leiden	leidet	gelitten	to suffer
lesen	liest	gelesen	to read
liegen	liegt	gelegen	to lie, be situated

Infinitive	3rd person present tense	Past participle	English translation
losgehen	geht los	losgegangen*	to set off
lügen	lügt	gelogen	to tell lies
mitbringen	bringt mit	mitgebracht	to bring along, bring with you
mitkommen	kommt mit	mitgekommen*	to come along, come with someone
mitnehmen	nimmt mit	mitgenommen	to take with you
mögen	mag	gemocht	to like
müssen	muss	gemusst	to have to (must)
nachdenken	denkt nach	nachgedacht	to think through
nehmen	nimmt	genommen	to take
riechen	riecht	gerochen	to smell
rufen	ruft	gerufen	to call, shout
scheinen	scheint	geschienen	to seem, appear, shine
schlafen	schläft	geschlafen	to sleep
schließen	schließt	geschlossen	to shut
schmelzen	schmilzt	geschmolzen*	to melt
schneiden	schneidet	geschnitten	to cut
schreiben	schreibt	geschrieben	to write
schwimmen	schwimmt	geschwommen*	to swim
sehen	sieht	gesehen	to see
sein	ist	gewesen*	to be
singen	singt	gesungen	to sing
sollen	soll	gesollt	to be to (should)
sprechen	spricht	gesprochen	to speak
springen	springt	gesprungen*	to jump
stehen	steht	gestanden*	to stand
stehlen	stiehlt	gestohlen	to steal
stinken	stinkt	gestunken	to stink
teilnehmen	nimmt teil	teilgenommen	to take part
tragen	trägt	getragen	to carry/wear
treffen	trifft	getroffen	to meet/hit
treiben	treibt	getrieben	to do (a sport, activity)
trinken	trinkt	getrunken	to drink
tun	tut	getan	to do
umsteigen	steigt um	umgestiegen*	to change (trains etc.)
sich umziehen	zieht sich um	umgezogen	to get changed
sich unterhalten	unterhält sich	unterhalten	to talk (with)
verbringen	verbringt	verbracht	to spend (time)
vergessen	vergisst	vergessen	to forget
verlassen	verlässt	verlassen	to leave (a person or a place)
sich verlaufen	verläuft sich	verlaufen	to get lost
verschwinden	verschwindet	verschwunden*	to disappear
verstehen	versteht	verstanden	to understand
vorhaben	hat vor	vorgehabt	to intend, plan
waschen	wäscht	gewaschen	to wash
wegfahren	fährt weg	weggefahren*	to leave, drive away
werden	wird	geworden*	to become
werfen	wirft	geworfen	to throw
wissen	weiß	gewusst	to know (facts)
wollen	will	gewollt	to want
zurückkommen	kommt zurück	zurückgekommen*	to come back, return
zusehen	sieht zu	zugesehen	to watch

* perfect tense uses *sein*, not *haben*.

Using your German dictionary

Use your head before you use your dictionary!

Dictionaries are a great help to language students, but only when you know how to use them effectively! If you don't, they can waste a lot of your time. This is especially crucial in an exam, when you are under time pressure: you need to know how to limit the time spent looking up words.

The following advice aims to help you make the best use of your dictionary and your time in reading and in written work.

Quick time-savers

- Scan the whole passage first to find out what it's about.
- Make an intelligent guess, using the clues you are given.
- Think about how a word will be listed, before you look it up.

Reading work

- Read the passage first, and decide **what it is generally about** before you open the dictionary. There will be clues to help you: in the question itself, in the title of the text, in the form of a picture or a symbol, or a word that looks like an English word.
- Watch out for different meanings when you look something up – **choose the meaning which makes most sense** in the context.
- Ask yourself: is the word likely to be a noun, or a verb, or an adjective, etc.? This will help you to work out its meaning, or to choose the right meaning if you look it up.
- When you are looking up a verb, remember that **verbs are listed under the infinitive**. For example, if you want to check the meaning of *ich stehe auf*, you need to look up *aufstehen* in the dictionary.

Written work

- Many words have several meanings – make sure you choose the right one. For example, under 'lie' do you choose *lügen* or *liegen*? If you are not sure, then cross-check by looking up the German words in the German–English part of the dictionary.
- When you are looking up a verb, remember that **verbs are listed under the infinitive**. You can't look up the individual parts of verbs. For example, if you want to look up the German for *bought*, you need to look up *buy* in the dictionary and then work out the past participle for yourself, or check it. Use the strong verb list on pages 142–43 to check whether it's a strong verb or not.

- There is a group of verbs which can be particularly tricky to look up. These are verbs which in English are always followed by a preposition, such as 'to look **at**', 'to go **on**', 'to put **out**'. The solution is:
  1 Don't look up 'look' and 'at' separately – it doesn't work! Scan the list of meanings under 'look' until you find 'look at'.
  2 If you have a small dictionary it might not include 'look at' under 'look'. To get the right German word, try to think of a single English word you could look up instead. Here are some examples of one-word alternatives:

  to **look at** the paper   to **read** the paper
  to **go on** writing the letter   to **continue** writing the letter
  to **finish off** the housework   to **complete** the housework

  If you look these up you are more likely to find the right German word.

Using the glossary in this book

Words given in the Hilfe lists in this book, and listed in the *Glossary* at the back, have abbreviations after them to tell you whether the word is

(nm)	a masculine noun
(nf)	a feminine noun
(nn)	a neuter noun
(npl)	a plural noun
(adj)	an adjective
(adv)	an adverb
(prep)	a preposition
(conj)	a conjunction
(v)	a verb

The plural of a noun is given in brackets after the noun itself:
Freund (-e) means the plural of *Freund* is *Freunde*.
Bahnhof (nm) (¨e) means the plural of *Bahnhof* has an Umlaut (¨) on the last vowel and an *-e* on the end: *Bahnhöfe*.
- Strong verbs (see pages 142–43) are indicated by (vs). If they change in the present tense, the vowel change is given in brackets: *fahren (ä) (vs)* means the *du* and *er/sie/es* forms of the verb are *fährst* and *fährt*.
- Separable verbs (see page 134) can be recognised by the fact that their prefix is underlined: *ankommen*

The abbreviations after words can help you choose the right word. For example, if you want the word for 'cook', do you want *Koch (nm)* or *kochen (v)*?

Quick time-savers

It's a good idea to:

- stick to words or phrases that you **already know**, if you possibly can
- use the dictionary to check spellings **after** you have drafted your piece.

It's **not** a good idea to look up totally new words unless you really need to – it takes ages!

GLOSSARY

German–English

a

abbiegen (vs)   to turn, to turn off
Abfall (nm) (¨e)   rubbish, refuse
Abfalleimer (nm) (-)   dustbin, waste paper bin
abgeben (i) (vs)   to hand in
abhalten (vs)   to keep off, prevent
Abkühlung (nf)   cooling down
Abkürzung (nf) (-en)   abbreviation
ablegen (v)   to take off
abrunden (v)   to round off
Absatz (nm) (¨e)   heel
abschicken (v)   to send off
abschließen (v)   to lock
Abschnitt (nm) (-e)   period of time
Abstand (nm) (¨e)   distance
abstimmen (v)   to vote
abweisend (adj)   unfriendly
achten auf (v)   to pay attention to
Affe (nm) (-n)   ape, monkey
Ahnung (nf) (-en)   idea
Akte (nf) (-n)   file
Akten ordnen (v)   to file
aktuell (adj)   up to date
Akzent (nm)   accent
akzeptabel (adj)   acceptable
akzeptieren (v)   to accept
Alkoholiker (nm) (-)   alcoholic
alleinstehend (adj)   single
Alltag (nm)   day to day life
Alpenlandschaft (nf)   Alpine scenery, landscape
als (conj)   when
Altersheim (nn) (-e)   old people's home
altmodisch (adj)   old fashioned
sich amüsieren (v)   to enjoy oneself
Analyst (nm) (-e)   analyst
anbieten (vs)   to offer
sich ändern (v)   to change
Anfang (nm) (¨e)   start, beginning
anfangen (ä) (vs)   to start, begin
Angestellte (nm) (-n)   employee
Angst haben   to be afraid
angucken (v)   to look at
anhaben (vs)   to have on, to be wearing
Ankunft (nf)   arrival
anlocken (v)   to attract
anmelden (v)   to report
Anmeldung (nf)   registration
annehmen (i) (vs)   to accept
Anreise (nf)   arrival
Anruf (nm) (-e)   phone call
anrufen (v)   to telephone
Anrufer (nm) (-)   caller
Anschlag (nm) (¨e)   attack
anschliessend (adv)   afterwards

im Anschluss   following on
anschreien (vs)   to shout at
ansprechen (i) (vs)   to talk to, to address
anstarren (v)   to stare at
anstreichen (vs)   to paint (decorate)
Anzahl (nf)   amount
anziehen (vs)   to put on
Anzug (nm) (¨e)   suit
am Apparat   on the phone
Arbeitgeber (nm) (-)   employer
Arbeitnehmer (nm) (-)   employee
Arbeitslosigkeit (nf)   unemployment
Ärger (nm)   annoyance, anger
ärgern (v)   to annoy
arm (adj)   poor
Armbanduhr (nf) (-en)   wristwatch
Armee (nf) (-n)   army
Ärmel (nm) (-)   sleeve
Art (nf)   way
Atmosphäre (nf)   atmosphere
Aubergine (nf) (-n)   aubergine
aufbauen (v)   to re-build
aufbewahren (v)   to keep, store
aufgeben (vs)   to give up
aufgeregt (adj)   excited
aufhören (v)   to stop
aufmachen (v)   to open
aufpassen (v)   to look out, pay attention
Aufsatz (nm) (¨e)   essay
Aufsatzwettbewerb (nm) (-e)   essay competition
aufstellen (v)   to put up
Ausbildung (nf)   training
Ausbildungsplatz (nm) (¨e)   place to train, training vacancy
ausdrücken (v)   to express
auseinander reißen (v)   to tear apart
Ausfahrt (nf) (-en)   exit (for vehicles)
Ausflug (nm) (¨e)   trip, excursion
Ausgang (nm) (¨e)   exit, way out
ausgeruht (adj)   rested
aushalten (ä) (vs)   to put up with
Auskunft (nf) (¨e)   information, piece of information
auslachen (v)   to laugh at
Ausländer (nm) (-)   male foreigner
Auspuff (nm)   exhaust (car)
Außenhandel (nm)   foreign trade
Außenpolitik (nf)   foreign policy
Außentasche (nf) (-n)   outer pocket
äußer (adj)   external, outward
außer (prep)   except
außerdem   as well as that
ausstatten (v)   to fit out, equip
Ausstattung (nf)   furnishings

aussteigen (vs)   to get out, to get off
austauschen (v)   to exchange, swap
sich austoben (v)   to play around
austrengend (adj)   tiring
Auswahl (nf)   selection, choice
Auswirkung (nf) (-en)   effect
Autodach (nn) (¨er)   car roof
Autounfall (nm) (¨e)   car/road accident
Autowaschdienst (nm) (-e)   car washing service
Autowäsche (nf)   car wash
Autowascher (nm) (-)   car washer

b

Babywickelraum (nm) (¨e)   baby changing room
Bäcker (nm) (-)   male baker
Bäckerin (nf) (-nen)   female baker
Bahnsteig (nm) (-e)   platform
Bahnübergang (nm) (¨e)   level crossing
Band (nn)   production line
Bart (nm)   beard
Basar (nm)   sale, jumble sale, bazaar
Basis (nf)   basis
Batterie (nf) (-n)   battery
Bauer (nm) (-n)   peasant, farmer
baufällig (adj)   dilapidated
Baum (nm) (¨e)   tree
Baustelle (nf) (-n)   building site, roadworks
bedeuten (v)   to mean
Bedienung (nf)   service, the waiter/waitress
sich befinden (v)   to be situated
befreien (v)   to free
befreundet (adj)   friends with
befürchten (v)   to be afraid
begraben (v)   to bury
Begrüßungsdrink (nn) (-s)   welcome drink
Begrüßungsvortrag (nm) (¨e)   speech of welcome
behalten (ä) (vs)   to keep
behindert (adj)   disabled
behindertengerecht (adj)   adapted for the disabled
beigelegt (adj)   enclosed
Bekannte (nm) (-n)   acquaintance, friend
bekommen (v)   to get
Belgien   Belgium
bellen (v)   to bark
bemerken (v)   to notice
benutzen (v)   to use
Benzin (nn)   petrol
Benzintank (nm) (-s)   petrol tank
Berater (nm) (-)   advisor
Bereich (nn) (-e)   area
bereit (adj)   ready, prepared

Berg (nm) (-e)   mountain
Bericht (nm) (-e)   report
Berufsberaterin (nf) (-nen)   careers advisor
Berufsberatung (nf)   careers advisory service, careers advice
berufstätig (adj)   in employment, working
Berufswahl (nf)   choice of career
berühmt (adj)   famous
beschäftigt (adj)   busy
beschließen (v)   to decide
beschmieren (v)   to paint, daub
sich beschweren (v)   to complain
besorgen (v)   to get
Besprechung (nf) (-en)   discussion
bestellen (v)   to order (in restaurant)
Bestellung (nf) (-en)   order
Besuch (nm) (-e)   visit
zu Besuch kommen (v)   to come and visit
Besucher (nm) (-)   visitor
Betonblock (nm) (¨e)   block of concrete
Betreuung (nf)   care, looking after
Betrieb (nm) (-e)   firm, company
Betriebsferien (npl)   annual holiday, company holiday
Betriebspraktikum (nn)   work experience
betroffen (adj)   affected
betrunken (adj)   drunk
Bettzeug (nn)   bed linen
bevor (conj)   before
bewachen (v)   to guard, watch closely
Beweis (nm)   evidence
sich bewerben (i) (vs)   to apply
Bewohner (nm) (-)   inhabitant
Bewölkung (nf)   cloud cover
beziehungsweise   and/or
Bezirk (nm) (-e)   district, area
Bibel (nf)   Bible
Bierflasche (nf) (-n)   beer bottle
bieten (vs)   to offer
Bikini (nm) (-s)   bikini
billig (adj)   cheap
bitten (v)   to request
Blatt (nn) (¨er)   leaflet, piece of paper
Blätterteig (nm)   pastry
blaue Flecke (nf) (-n)   bruise
bleifrei   lead-free
Blick (nm) (-e)   view
Blickkontakt (nm)   eye contact
Blinker (nm) (-)   indicator light
blockieren (v)   to block, to blockade
bloß   just, only
Blume (nf) (-n)   flower
Blumenstrauß (nm) (¨sse)   bunch of flowers
Bohne (nf) (-n)   bean
Bombe (nf) (-n)   bomb

böse (adj) *angry*

Brandsatz (nm) (¨e) *incendiary device*

Brandstifter (nm) (-) *arsonist*

braunhaarig (adj) *brown-haired*

breit (adj) *wide, broad*

Bremse (nf) (-n) *brake*

bremsen (v) *to brake*

brennen (v) *to burn*

brennend (adj) *burning*

Brieffreund (nm) (-e) *penfriend*

Brille (nf) (-n) *glasses*

Brühe (nf) *stock, thin soup*

Bücherregal (nm) (-e) *book shelves*

Buchhandel (nm) *book/printing industry*

bügeln (v) *to iron*

Bulgarien *Bulgaria*

Bulle (nm) (-n) *cop*

bunt (adj) *brightly coloured, colourful*

Bürger (nm) (-) *citizen*

buschig (adj) *bushy*

Busfahrer (nm) (-) *bus driver*

Büstenhalter/BH (nm) (-) *bra*

Bustransfer (nn) *bus transfer*

Butterbrot (nn) (-e) *sandwich*

c

Campingladen (nm) (¨) *camping shop*

Campingurlaub (nm) (-e) *camping holiday*

Casino (nn) (-s) *casino*

Cent (nm) (-) *cent (100 cents = 1 Euro)*

CDU = Christlich-Demokratische Union *Christian Democratic Union*

Champignonsuppe (nf) *mushroom soup*

Chance (nf) *chance*

charmant (adj) *charming*

Charterlinie (nf) (-n) *charter flight company*

Chemie (nf) *chemistry*

Chemiker (nm) (-) *chemist*

chemisch (adj) *chemical*

chinesisch (adj) *Chinese*

Christbaum (nm) (¨e) *Christmas tree*

Compartment (nn) (-s) *compartment*

Computerkenntnisse (npl) *knowledge of computers*

Computerwissenschaft (nf) *computer studies*

Crash (nn) (-s) *crash*

d

Dach (nn) (¨er) *roof*

dagegen *about it*

daher *therefore*

Damentoiletten (npl) *ladies toilets*

Dampfbad (nn) *steam bath*

Dänemark *Denmark*

darauf *on it/them*

darstellen (v) *to represent*

das ist mir egal *that doesn't matter to me*

das ist noch kein Beinbruch *it's not the end of the world*

dass (conj) *that*

Datei (npl) *data*

dauern (v) *to last*

dazwischen *in the meantime*

Dealer (nm) (-) *drug dealer*

Demofahrt (nf) (-en) *demonstration run*

Demokratie (nf) (-n) *democracy*

demokratisch (adj) *democratic*

deprimiert (adj) *depressed*

deswegen *because of that*

Dieb (nm) (-e) *thief*

Diebstahl (nm) *theft*

diesmal *this time*

Digitaluhr (nf) (-en) *digital watch*

Dillsoße (nf) *dill sauce*

diskutieren (v) *to discuss*

Dokumentarfilm (nm) (-e) *documentary*

Döner-Kebab (nn) *doner kebab*

Doppelleben (nn) *double life*

Dorfplatz (nm) (¨e) *village square*

downloaden (v) *to download*

dreitägig (adj) *three-day long*

dreiwöchig (adj) *lasting three weeks*

dringend (adv) *urgently*

Drittel (nn) (-) *third*

dritter Reich *period when Hitler was in power*

Drogendealer (nm) (-) *drug dealer*

Drogen (npl) *drugs*

Drogenabteilung (nf) *drug department*

Drogengeschäfte (npl) *drug dealing*

Drogenhändler (nm) (-) *drug dealer*

Drogenoperationen (npl) *drugs operations*

Drogenproblem (nn) (-e) *drug problem*

Drohbrief (nn) (e) *threatening letter*

drohen (v) *to threaten*

drucken (v) *to print*

drücken (v) *to push, press*

dunkel (adj) *dark*

dunkelbraun (adj) *dark brown*

durch (prep) *through*

durchdenken (vs) *to think through*

Durchfall (nm) *diarrhoea*

durchgehend (adv) *all the time, 24 hours*

durchlesen (ie) (vs) *to read through*

im Durchschnitt *on average*

Durchschnittslänge (nf) *average length*

Dürre (nf) *drought*

e

echt (adj) *real*

echt (adv) *really*

eckig (adj) *angular, square*

egozentrisch (adj) *self-centred*

ehemalig (adj) *former*

ehrgeizig (adj) *ambitious*

ehrlich (adj) *honest*

Ei (nn) (-er) *egg*

eifersüchtig (adj) *jealous*

eigen (adj) *own*

eigensinnig (adj) *obstinate, stubborn*

eigenständig (adj) *independent*

eigentlich (adv) *actually*

Einbahnstraße (nf) (-n) *one-way street*

Einblick (nm) (-e) *insight*

Einbrecher (nm) (-) *burglar*

Eindruck (nm) (¨e) *impression*

einfarbig (adj) *of one colour, one-coloured*

einfühlsam (adj) *sympathetic, sensitive*

Eingang (nm) (¨e) *entrance, way in*

eingeben (v) *to enter (on computer)*

einkaufen (v) *to shop*

Einkaufspassage (nf) *shopping arcade*

Einkaufszentrum (nn) (-en) *shopping centre*

einladen (ä) (vs) *to invite*

Einladung (nf) (-en) *invitation*

einlösen (v) *to cash*

einpacken (v) *to pack*

einplanen (v) *to plan in*

einschlafen (ä)(vs) *to go to sleep, fall asleep*

einsteigen (vs) *to get into, to get on*

einstellen (v) *to take on, employ*

Einstellungstest (nm) (-s) *suitability test for job*

Eintopf (nm) *casserole, stew*

Eintrittskarte (nf) (-n) *ticket*

einverstanden (adj) *in agreement, agreed*

Einwohnerzahl (nf) *number of inhabitants*

Einzelhandel (nm) *retail trade*

Einzelhandelskaufmann (nm) (¨er) *retail salesman*

Eis (nn) *ice, ice cream*

Eisdiele (nf) (-n) *ice cream café, ice cream parlour*

Eiszeit (nf) *ice age*

ekelhaft (adj) *revolting*

elastisch (adj) *elastic*

elektrisch (adj) *electric*

Elektronik (nf) *electronics*

Elternhaus (nn) (¨er) *parental home*

Emoticon (nn) (-s) *emoticon*

empfehlen (vs) *to recommend*

empfinden als (vs) *to consider as*

enden (v) *to end*

eng (adj) *narrow*

Enkelin (nf) (-nen) *granddaughter*

entdecken (v) *to discover*

entfernen (v) *to get rid of, take away*

entkommen (vs) *to escape*

entlassen (ä) (vs) *to dismiss, sack*

sich entscheiden (v) *to decide*

entschliessen (vs) *to decide*

sich entspannen (v) *to relax*

entsprechen (i) (vs) *to correspond*

entweder . . . oder *either . . . or*

Entwerter (nm) *ticket validating/stamping machine*

entwickeln (v) *to develop*

Entzündung (nf) *infection*

Erde (nf) *earth*

Erfahrung (nf) (-en) *experience*

erfassen (v) *to catch*

erfinden (vs) *to discover, invent*

erfolgreich (adj) *successful*

erkältet (adj) *with a cold*

Erkältung (nf) *cold*

erkennen (vs) *to recognise*

erlaubt (adj) *allowed*

Erlebnis (nn) (-se) *experience*

erlebnisreich (adj) *eventful*

Ermässigung (nf) (-en) *reduction*

ermorden (v) *to murder*

ernst (adj) *serious*

erobern (v) *to take over, conquer*

erscheinen (vs) *to appear*

Erscheinung (nf) *appearance*

erst (adv) *not until*

erstaunt (adj) *astounded*

zum ersten Mal *for the first time*

erstmal *for the moment*

Erwärmung (nf) *warming up*

erwarten (v) *to expect*

erwerben (v) *to acquire, obtain*

erzählen (v) *to tell, narrate*

Essensreste (npl) *food remains*

Essig (nm) *vinegar*

etwas *something*

Euro (nm) (-) *euro*

Europäer (nm) (-) *European*

eventuell (adv) *perhaps, possibly*

existieren (v) *to exist*

Extraleistung (nf) (-en) *extra facility*

f

Fabrik (nf) (-en) *factory*

fabrizieren (v) *to make, manufacture*
Fach (nn) (¨er) *school subject*
Fachrichtung (nf) *subject*
Fähigkeit (nf) (-en) *ability, capability*
Fähre (nf) (-n) *ferry*
Fahrkarte (nf) (-n) *ticket*
Fahrprüfung (nf) *driving test*
Fahrradgeschäft (nn) (-e) *bicycle shop*
Fahrradständer (nm) (-) *bike rack*
Fall (nm) (¨e) *case*
fallen (ä) (vs) *to fall*
Familienkreis (nm) *family circle*
Familienstand (nm) *marital status*
Farbe (nf) *paint, colour*
faul (adj) *lazy*
Fehler (nm) (-) *mistake*
feiern (v) *to celebrate*
Feind (nm) (-en) *enemy*
Fensterbank (nf) (¨e) *window sill*
Fernsehstar (nm) (-s) *TV star*
fertigen (v) *to produce*
feststellen (v) *to find out*
fett (adj) *greasy*
Feuer (nn) *fire*
Feuer legen (v) *to set fire*
Feuerwehr (nf) *fire brigade*
Feuerwehrmann (nm) (¨er) *fireman*
Fieber (nn) *a temperature, fever*
Filiale (nf) (-n) *branch*
finanziell (adj) *financial*
finanzieren (v) *to finance*
Fingernagel (nf) (¨) *finger nail*
Firma (nf) (-en) *firm, company*
Fischsorte (nf) (-n) *type of fish*
Fläche (nf) (-n) *area*
Flamme (nf) (-n) *flame*
fliegen (v) *to fly*
Flitterwochen (npl) *honeymoon*
Flocke (nf) (-n) *flake (of snow)*
Flohmarkt (nm) (¨e) *flea market*
Florist/in (nm/f) *florist*
flüchten (vs) *to flee*
Flug (nm) (¨e) *flight*
Fluglotse (nm) (-n) *flight controller*
Flur (nm) *hall, corridor*
Föhn (nm) (-s) *hairdryer*
folgend (adj) *following*
Fordhändler (nm) (-) *Ford Dealer*
Forelle (nf) (-n) *trout*
fortgeschritten (adj) *advanced*
Frankreich *France*
freiberuflich (adj) *self-employed*
freihalten (ä) (vs) *to keep clear*
freiwillig (adj) *voluntary*
fressen (i) (vs) *to eat (animal)*
Freundschaft (nf) *friendship*

Friseur (nm) *male hairdresser*
Friseuse (nf) *female hairdresser*
froh (adj) *happy*
Fronttasche (nf) (-n) *front pocket*
Frosch (nm) (¨e) *frog*
frustrierend (adj) *frustrating*
führen (v) *to lead*
Füllung (nf) (-en) *filling*
Fund (nm) *find*
funktionieren (v) *to work, be in working order*
Fußballspiel (nn) (-e) *football match*
Fußgängerschild (nn) (-er) *pedestrian sign*

g
Gabel (nf) (-n) *fork*
Gang (nm) (¨e) *gear (car), course (meal)*
Gasflasche (nf) (-n) *bottle of gas*
Gasse (nf) (-n) *lane, alley*
Gastarbeiter (nm) (-) *immigrant worker*
Gastfreundschaft (nf) *hospitality*
Gebirge (nn) *mountains*
gebraten (adj) *roast*
Geburtstagsfeier (nf) (-) *birthday celebration*
Geburtstagsgeschenk (nn) (-e) *birthday present*
Gedächtnis (nn) *memory*
Geduld (nf) *patience*
geeignet (adj) *suitable, suited*
gefährlich (adj) *dangerous*
Gefährt (nn) (-e) *vehicle*
gefallen (ä) (v) *to please*
Gefängnis (nn) (-se) *prison, jail*
Geflügel (nn) *poultry*
Gefühl (nn) (-e) *feeling*
Gegenteil (nn) (-en) *opposite*
Geheimnis (nn) (-se) *secret*
gehören (v) *to belong*
geisteskrank (adj) *mentally ill*
geistig behindert (adj) *mentally handicapped*
Geldautomat (nm) (-en) *automatic money machine, ATM*
Geldwechsel (nm) *bureau de change*
Gelegenheit (nf) (-en) *chance, opportunity*
Gelegenheitsjob (nm) (-s) *odd job*
gemein (adj) *horrid, mean*
gemeinsam (adv) *together with*
Gemüseauflauf (nm) *vegetable soufflé*
gemustert (adj) *patterned*
gemütlich (adj) *comfortable, cosy*
Generation (nf) (-en) *generation*
genießen (v) *to enjoy*
Gepäckaufbewahrung *Left Luggage*
Gerät (nn) (-e) *machine*

geräumig (adj) *roomy*
Geräusch (nn) (-e) *noise*
Gericht (nn) (-e) *dish*
gering (adj) *slight*
Gesamtbevölkerung (nf) *total population*
geschehen (ie) (vs) *to happen*
Geschenk (nn) (-e) *present*
Geschichte (nf) (-n) *story, history*
geschieden (adj) *divorced*
Geschirr (nn) *crockery*
geschnappt *caught*
geschwollen (adj) *swollen*
Gesetz (nn) (-e) *law*
Gesicht (nn) (-er) *face*
Gespräch (nn) (-e) *conversation*
gestreift (adj) *striped*
Gesundheit (nf) *health*
Getränkekarte (nf) *drinks list*
Gewaltakt (nm) (-e) *act of violence*
gewinnen (vs) *to win*
Gewitter (nn) (-) *storm*
gewittrig (adj) *stormy*
Gewürz (nn) (-e) *herb, spice*
giessen (vs) *to pour*
giftig (adj) *poisonous*
Glas (nn) (¨er) *glass*
glatt (adj) *straight*
gleich (adj) *the same, identical*
gleich (adv) *equally*
Gleichberechtigung (nf) *equality*
Glied (nn) (-er) *limb*
Glück (nn) *luck, happiness*
glücklicherweise (adv) *fortunately*
Glühwein (nm) *mulled wine*
golden (adj) *made of gold, golden*
Gondelfahrt (nf) (-en) *gondola ride*
sich gönnen (v) *to grant/allow yourself*
gratulieren (v) *to congratulate*
Grenze (nf) (-n) *frontier, border*
Großhandel (nm) *wholesale trade*
Großstadt (nf) (¨e) *city*
am größten (adj) *the biggest*
großzügig (adj) *generous*
Grund (nm) (¨e) *reason*
gründlich (adv) *thoroughly*
Grundschule (nf) (-n) *primary school*
Grünen (npl) *Greens (political party)*
gucken (v) *to look*
Gulasch (nm) *goulasch*
gültig (adj) *valid*
Gummibaum (nm) (¨e) *rubber plant*
Gummistiefel (nm) (-) *wellington boot*
günstig (adj) *cheap, convenient, well-placed, favourable*

geräumig (adj) *roomy*
Gurke (nf) (-n) *gherkin, cucumber*
Güterzug (nm) (¨e) *goods train*

h
Haartrockner (nm) (-) *hairdryer*
Hackfleisch (nn) *minced meat, mince*
Hafen (nm) *harbour, port*
Hähnchen (nn) *chicken*
Halbpension *half board*
Hallenbadbesuch (nm) (-e) *visit to the swimming pool*
Haltegriff (nm) *rail, handle*
halten (ä) (vs) *to keep, to stop*
halten für (vs) *to consider*
sich handeln um (v) *to be about*
Handelsmesse (nf) (-n) *trade fair*
Handelsplatz (nm) (¨e) *centre of trade, commerce*
Handlauf (nm) *rail, railing*
Händler (nm) (-) *dealer*
Handtuch (nn) (¨er) *towel*
Handy (nn) (-s) *mobile phone*
Haschisch (nm) *cannabis*
Hass (nm) *hatred*
Hassbrief (nm) (-e) *hate letter/mail*
Haube (nf) (-n) *bonnet (car)*
Hauptgericht (nn) (-e) *main dish*
Hauptproblem (nn) (-e) *main problem*
Hauptquartier (nn) *headquarters*
hauptsächlich (adv) *mainly*
Hauptschulabschluss (nm) *leaving certificate from Hauptschule*
Hauptsitz (nm) (-e) *main branch, headquarters*
Hausbelieferung (nf) *home delivery*
heftig (adj) *violent, severe*
Heilsarmee (nf) *Salvation Army*
Heim (nn) (-e) *home*
Heimat (nf) *home, home town, home area*
heimlich (adj) *secret*
heiraten (v) *to marry*
heiter (adj) *fine*
hektisch (adj) *hectic*
hell (adj) *bright*
hellbraun (adj) *pale, light brown*
Hemd (nn) (-e) *shirt*
herausschmeißen (vs) *to throw out*
Herd (nm) (-e) *cooker*
Heroin (nf) *heroin*
Herrentoiletten (npl) *gents toilets*
herumlungern (v) *to lounge about*
im Herzen *in the heart of*
heulen (v) *to cry, to wail*

heutig (adj) *of today*

heutzutage (adv) *nowadays*

Hexe (nf) (-n) *witch*

hilfsbereit (adj) *helpful, ready to help*

hinausschmeißen (vs) *to throw out*

hineinlassen (ä) (vs) *to let in, to allow in*

hinten (adv) *at the back*

Hinterhof (nm) (¨e) *back yard*

Hinweis (nm) (-e) *information, tip*

historisch (adj) *historic*

Hitler-Jugend (nf) *Hitler Youth Organisation*

Hochwasser (nn) *flood*

Hochzeit (nf) (-en) *wedding, marriage*

Hoffnung (nf) *hope*

hoffnungslos (adj) *hopeless*

Höhe (nf) *height*

Höhle (nf) (-n) *cave*

Hörerkarte (nf) (-n) *proof of attendance (Volkshochschule)*

Hose (nf) (-n) *pair of trousers*

Hotelkeller (nm) *hotel basement*

Hurrikan (nm) (-e) *hurricane*

Hydraulikbagger (nm) (-) *hydraulic digger, excavator*

hygienisch (adj) *hygienic*

i

illegal (adj) *illegal*

Imbisshalle (nf) (-n) *snack bar*

in Brand stecken (v) *to set alight*

informativ (adj) *informative*

sich informieren (v) *to find out about*

Inhaberin (nf) (-nen) *owner*

Inhalt (nm) *contents*

Innenstadt (nf) *centre of town*

Insekt (nn) (-en) *insect*

Insel (nf) (-n) *island*

integriert (adj) *integrated*

Interesse (nn) (-n) *interest*

sich interessieren (v) für *to be interested in*

international (adj) *international*

Internetcafé (nn) *Internet café*

Intuition (nf) *intuition*

investieren (v) *to invest*

inzwischen *in the meantime*

irgendwo (adv) *somewhere*

isolieren (v) *to isolate*

italienisch (adj) *Italian*

j

Jacht (nf) (-en) *yacht*

Jahrhundert (nn) (-e) *century*

Jahrhundertwende (nf) *turn of the century*

je nach der Reihe *in turn*

jede Menge *a lot of*

jeder für sich *everyone for himself*

jemand *someone, anyone*

jobben (v) *to have a holiday/ part-time job*

Joghurtdressing (nm) *yoghurt dressing*

Jura *law (as subject to study)*

k

Kabel-TV *cable TV*

kalkulieren (v) *to calculate*

kalt (adj) *(for house) with no bills included*

Kamillentee (nm) *camomile tea*

kämpfen (v) *to fight*

Kanal (nm) (¨e) *canal*

Kantor (nm) *leader of choir*

Kanzler (nm) (-) *Chancellor*

kapitalistisch (adj) *capitalist*

kaputt (adj) *broken*

Kapuzen-Shirt (nn) (-s) *hooded shirt*

Karibik (nf) *Caribbean*

Kartoffelschalen (npl) *potato peelings*

Kasse (nf) *cash desk, till, check out*

Kasseler (nn) *smoked loin of pork, ham*

kassieren (v) *to work at check out, to pay, settle bill*

Kastanie (nf) (-n) *chestnut*

Katalog (nn) (-e) *catalogue*

Katastrophe (nf) (-n) *catastrophe*

Kategorie (nf) (-n) *category*

Kauffrau (nf) (-en) *business woman*

Kaufmann (nm) (¨er) *business man*

kaum (adv) *hardly*

Kein Zutritt *No Admittance*

Kette (nf) (-n) *chain, necklace*

Kinderheim (nn) (-e) *children's home*

Kissen (nn) (-) *cushion, pillow*

Klamotten (npl) *clothes*

klappen (v) *to be alright, work*

klar (adj) *clear*

Klassenfahrt (nf) (-en) *school trip*

Klassenkameradin (nf) (-nen) *school friend*

klauen (v) *to nick, steal*

Klavierstunde (nf) (-n) *piano lesson*

Kleid (nn) (-er) *dress*

Kleidung (nf) *clothing*

Kleinigkeit (nf) (-en) *a little present, a little something*

Klimaanlage (nf) *air conditioning*

klug (adj) *clever*

Klumpen (nm) (-) *lump*

Knabenchor (nm) *boy's choir*

knallrot (adj) *bright red*

Knie (nf) (-n) *knee*

Kochecke (nf) *cooking corner, kitchenette*

Koffer (nm) (-) *suitcase*

Kofferraum (nm) (¨e) *boot (car)*

Kohle (nf) *coal*

Kollaps (nm) (-e) *collapse*

komfortabel (adj) *comfortable*

Kommode (nf) (-n) *chest of drawers, dressing table*

kommunistisch (adj) *communist*

kompetent (adj) *competent*

kompliziert (adj) *complicated*

Komplizin (nf) (-nen) *accomplice*

Komponist (nm) (-en) *composer*

Konferenz (nf) (-en) *conference, meeting*

Kontakt (nm) *contact*

Kontaktfähigkeit (nf) *ability to communicate*

Kontinent (nn) (-en) *continent*

Kontrolle (nf) (-n) *check-up*

kontrollieren (v) *to check*

Konzentrationsfähigkeit (nf) *ability to concentrate*

Kooperation (nf) *cooperation*

Kopfkissen (nn) (-) *pillow*

Kopie (nf) (-n) *copy*

kopieren (v) *to copy*

körperlich behindert (adj) *physically handicapped*

Körperspray (nn) *body spray*

korrekt (adj) *correct, decent*

korrigieren (v) *to correct, mark*

kostenlos (adj) *free of charge*

Kostüm (nn) (-e) *suit for a woman*

Kotelett (nn) (-s) *cutlet, chop*

Krabbencocktail (nn) *prawn cocktail*

Krach haben (v) *to argue*

Kraftfahrzeug (nn) (-e) *motor vehicle*

Krankenwagen (nm) (-) *ambulance*

Kreativität (nf) *creativity*

Kreuz (nn) (-e) *cross*

kreuzen (v) *to cross*

kriechen (vs) *to creep, crawl*

Krieg (nm) (-e) *war*

kriegen (v) *to get*

Krimineller/e (nm/f) *criminal*

Krokette (nf) (-n) *potato croquette*

Kuh (nf) (¨e) *cow*

Kühler (nm) (-) *radiator (car)*

Kühlschrank (nm) (-e) *fridge*

Kultur (nf) (-en) *culture*

Kunde (nm) (-n) *customer, client*

Kunststoff (nn) *synthetic material*

Kupplung (nf) *clutch*

Kurs (nm) (-e) *course, exchange rate*

Kuss (nm) (¨e) *kiss*

küssen (v) *to kiss*

l

Lackierer (nm) (-) *painter (car)*

Lage (nf) (-n) *situation, position*

Lampe (nf) (-n) *lamp, light*

landen (v) *to land*

Landschaft (nf) (-en) *scenery, landscape*

Landschulheim (nn) (-e) *school hostel*

Landwirtschaft (nf) *agriculture*

Lappen (nm) (-) *cloth, rag*

Lärm (nm) *noise*

Lastwagen (nm) (-) *lorry*

laufen (ä) (vs) *to run*

Laune (nf) *mood*

lebend (adj) *alive*

lebendig (adj) *lively*

lebenshungrig (adj) *full of life*

Lebenslauf (nm) *CV, curriculum vitae*

lebenslustig (adj) *lively*

Leberwurst (nf) *liver sausage*

Lederjacke (nf) (-n) *leather jacket*

Lederpolster (nn) *leather upholstery*

Leggings (npl) *leggings*

Lehrberuf (nm) (-e) *job involving further training*

Lehre (nf) (-n) *apprenticeship*

Lehrerzimmer (nn) (-) *staff room*

Lehrling (nm) (-e) *apprentice*

leicht (adj) *easy, simple*

leider (adv) *unfortunately*

sich leisten (v) *to afford*

Leistungskurs (nm) (-e) *main course (Abitur)*

Leiter (nm) (-) *leader*

Lenkrad (nn) (¨er) *steering wheel*

Lernbehinderte (npl) *people with learning difficulties*

lernwillig (adj) *willing to learn*

der letzte Schrei *the "in" thing*

letzten Endes *after all*

lieb (adj) *nice, dear*

Liebesbrief (nm) (-e) *love letter*

Lieblingsbeschäftigung (-en) *favourite occupation*

Lieblingssängerin (nf) (-nen) *favourite singer*

Liechtenstein *Liechtenstein*

Lied (nn) (-er) *song*

liefern (v) *to deliver*

Lieferung (nf) (-en) *delivery*

Lippe (nf) (-n) *lip*

Lippenstift (nm) (-e) *lipstick*

Lithauen *Lithuania*

loben (v) *to praise*

lockig (adj) *curly, wavy*

Löffel (nm) (-) *spoon*

lösen (v) *to solve*

losrollen (v) *to roll loose*

GLOSSARY

Lösung (nf) (-en) solution
Lotterie-Los (nn) (-e) lottery ticket
Luft (nf) air
Luftbrücke (nf) air lift
Luftdruck (nm) air/tyre pressure
Luftfahrtexperte (nm) (-n) expert in air travel
lügen (vs) to lie, tell lies
Lunge (nf) (-n) lung
Lungenkrebs (nm) lung cancer
lustig (adj) funny
Luxemburg Luxembourg
luxuriös (adj) luxurious
Luxushotel (n) (-s) luxury hotel
Luxusschiff (nn) (-e) luxury ship

m

es macht nichts aus it doesn't matter
Magenverstimmung (nf) stomach upset
Mahlzeit (nf) (-en) meal
Maler (nm) (-) painter
Malerei (nf) (-en) painting
männerfeindlich (adj) unfriendly to men, anti-men
Mannschaft (nf) (-en) team
Manteltasche (nf) (-n) coat pocket
Märchen (nn) (-) fairy tale
marschieren (v) to march
Maschine (nf) (-n) aeroplane, machine
Maschinengewehr (nn) (-e) machine gun
maskieren (v) to mask
Materialismus (nm) materialism
Mauer (nf) (-n) wall (exterior)
Maurer (nm) (-) bricklayer, builder
meckern (v) to moan
Medien (npl) media
Mehl (nm) flour
mehrere several
Meinung (nf) (-en) opinion
melden (v) to report
eine Menge a lot
Mensch (nm) (-en) person, human being
Messer (nn) (-) knife
Metallurgist (nm) (-en) metallurgist
mies (adj) lousy
Miete (nf) (-n) rent
mieten (v) to hire, to rent
Mikrowellenherd (nm) (-e) microwave oven
Militärdienst (nm) military service
zum Militär gehen (v) to do military service
militärisch (adj) military
Millionär (nm) millionaire
mindestens (adv) at least
mischen (v) to mix
Mischung (nf) mixture

missmutig (adj) sullen
Mitarbeiter (nm) (-) worker, colleague
Mitarbeiterin (nf) (-nen) colleague
Mitglied (nn) (-er) member
Mittelalter (nn) Middle Ages
mittellang (adj) medium length
Mittelpunkt (nm) central position
mitten (adv) in the middle
Mittlere Reife (nf) school leaving certificate at 16
Möbelladen (nm) (¨) furniture shop
modisch (adj) fashionable
mogeln (v) to cheat
Möglichkeit (nf) (-en) possibility
Molotowcocktail (nn) (-s) Molotov Cocktail
Monat (nm) (-e) month
Mönch (nm) (-e) monk
Mondlicht (nn) moonlight
montieren (v) to put on
Mord (nm) (-e) murder
Motel (nn) (-s) motel
Motor (nm) (-en) engine
Mücke (nf) (-n) mosquito
Mücken (slang) money, dosh
Müdigkeit (nf) tiredness
multikulturell (adj) multicultural
Mund (nm) (¨er) mouth
Musiksendung (nf) (-en) music programme
Mütze (nf) (-n) cap, hat

n

nachdem (conj) after
nachdenken (vs) to think about
Nachhilfestunde (nf) (-n) extra lesson, coaching
Nachricht (nf) (-en) piece of news
Nachrichten (npl) news
nachsitzen (vs) to stay behind (after school), to be in detention
Nachteil (nm) (-e) disadvantage
Nachtskilauf (nm) night ski run
Nacktstrand (nm) nude bathing beach
Nähmaschine (nf) (-n) sewing machine
nämlich (adv) in fact
Nase (nf) (-n) nose
die Nase voll haben to be fed up
Natursendung (nf) (-en) nature programme
Nazizeit (nf) period when Hitler was in power
nennen (v) to call, name
Nettoeinkommen (nn) net income
Neubau (nm) new building
neulich (adv) recently

Nichtraucher (npl) non-smokers
Nichtraucherzimmer (nn) (-) room for non-smoker
Niederlände Netherlands
Niederschlagswahrscheinlichkeit (nf) possibility of rain/snow
niedrig (adj) low
Notarzt (nm) (¨e) emergency doctor
Note (nf) (-n) mark
notieren (v) to note down
Notiz (nf) (-en) note
nutzen (v) to use, take advantage of

o

ob (conj) whether
obdachlos (adj) homeless
Oberlippe (nf) (-n) upper lip
obligatorisch (adj) compulsory
obwohl (conj) although
Ochsenschwanzsuppe (nf) oxtail soup
offen (adv) openly
öffentlicher Dienst (nm) public service
ohne weiteres without further ado
Ohr (nn) (-en) ear
Ohrring (nm) (-e) ear ring
Öl (nn) oil
Opfer (nf) (-) victim, sacrifice
optimal (adj) optimal, best
ordnen (v) to put into order
Organisationstalent (nn) talent for organisation
Organist (nm) (-en) organist
originell (adj) original
Osterferien (npl) Easter holidays
ostfriesisch (adj) East Frisian
oval (adj) oval

p

Panne (nf) breakdown
Panzerfahrer (nm) (-) tank driver
Papst (nm) Pope
Parkhaus (nn) (¨er) multi-storey car park
Parkverbot (nn) no parking
Passant (nm) (-en) passer by
passierbar (adj) passable (of streets)
passieren (v) to happen
der Pazifische Ozean Pacific Ocean
PC (nn) (-s) PC
Personal (nn) staff
Personalabteilung (nf) (-en) personnel department
Petersilie (nf) parsley
Petersilienkartoffeln (npl) potatoes with parsley
Pfeffersteak (nm) steak with pepper
Pflanze (nf) (-n) plant
pflanzen (v) to plant

Pflicht (nf) (-en) duty
Phantasie (nf) fantasy
Philosoph (nm) (-en) philosopher
Physiker (nm) (-) physicist
Pickel (nf) (-) spot
Pistole (nf) (-n) pistol
PKW (nm) (-s) car
planen (v) to plan
Planung (nf) planning
Plateau-Schuh (nm) (-e) platform shoe
platt (adj) flat (tyre)
Polen Poland
Politiker (nm) (-e) politician
Polizeiwache (nf) police station
Poloshirt (nn) (-s) polo shirt
polstern (v) to pad
Polsterung (nf) padding
Porree (nf) leek
Porzellan (nm) porcelain
Porzellanladen (nm) (¨) china shop
Postbeamter/e Post Office worker
Postwertzeichen (nn) (-) stamp
prahlen (v) to boast
praktisch (adj) practical
Praline (nf) (-n) (filled) chocolate
Preis (nm) (-e) prize, price
Preiskategorie (nf) (-n) category of prize
preiswert (adj) value for money
Priester (nm) (-) priest
Privatleben (nn) private life
probieren (v) to try
Prost cheers
prüfen (v) to check
Pulver (nn) (-) powder
Punkt (nm) (-e) point
Punsch (nm) punch

q

quatschen (v) to chat
Quizsendung (nf) (-en) quiz

r

Rad (nn) (¨er) wheel, bike
Radio-Weckuhr (nf) (-en) radio alarm
Rampe (nf) (-n) ramp
Randal (nm) (-e) lout
randalieren (v) to vandalise, run riot
Rasen (nm) (-) lawn
rasen (v) to rush, speed
sich rasieren (v) to shave
Rasierklinge (nf) (-n) razor blade
rassig (adj) spirited, lively, foreign-looking
Rassismus (nm) racism
Rassist (nm) (-en) racist
rassistisch (adj) racist

Rastplatz (nm) (⸚e) (motorway) services

Raststätte (nf) (-n) services, service station

Rat (nm) (Ratschläge) piece of advice

Ratatouille (nf) ratatouille

Rauch (nm) smoke

Raucher (nm) (-) smoker

Raucherecke (nf) (-n) smoker's corner

Rauschgift (nn) drugs

reagieren (v) to react

Realschule (nf) (-n) secondary school

rechnen (v) mit to count on

Rechnung (nf) bill

Recht haben (v) to be right

rechthaberisch (adj) self-opinionated

rechtsextremistisch (adj) right-wing

reden (v) to talk

Regal (nn) (-e) shelf

Regel (nf) (-n) rule, regulation

regelmässig (adj) regular

Regenschutz (nm) rainproofing

Regierung (nf) government

registrieren (v) to register

Reich (nn) (-e) empire

reichen (v) to pass, hand over

reichhaltig (adj) large, full

Reifen (nm) (-) tyre

Reifendienst (nm) replacement tyre service

Reifenpanne (nf) flat tyre, puncture

reinigen (v) to clean, to dry clean

Reiseführer (nm) (-) courier, travel guide

Relativität (nf) relativity

renovieren (v) to renovate

Rentner (nm) (-) senior citizen, old age pensioner

Reparaturwerkstatt (nf) (⸚e) repair garage, workshop

reparieren (v) to repair

reparieren lassen (v) to have repaired

Repertoire (nn) repertoire

Reportage (nf) (-n) TV report

Reporterin (nf) (-nen) reporter

Repräsentant (nm) (-en) rep

Reptil (nn) (-ien) reptile

retten (v) to save, rescue

Revier (nn) police station

Richtung (nf) direction

Rolle (nf) rôle

rollen (v) to roll

Rollstuhl (nm) (⸚e) wheelchair

rollstuhlgerecht (adj) adapted for wheelchairs

Römer (nm) (-) Roman

römisch (adj) Roman

röntgen (v) to X-ray

Rotkohl (nm) red cabbage

Rowdy (nm) (-s) bully, hooligan

Rowdytum (nn) hooligan-like behaviour

Rückflug (nm) (⸚e) return flight

Rücksicht (nf) consideration

rücksichtsvoll (adj) considerate

Ruhe (nf) quiet, calm

Ruhetag (nm) (-e) day when shut (shop, business)

Ruine (nf) (-n) ruin

ruinieren (v) to ruin

Rümpelstiltzchen Rumpelstiltskin

rund (adj) round

S

Sache (nf) (-n) thing

Sack (nm) (⸚e) sack

Safe (nm) (-s) safe

Saisonstart (nm) start to the season

Salatschüssel (nf) (-n) bowl of salad

Sandale (nf) (-n) sandal

sandsegeln (v) sand surfing

sanft (adj) soft

Satellitenfernsehen (nn) satellite television

satt (adj) full up

Sauberkeit (nf) cleanliness

Sauce Hollandaise (nf) Hollandaise sauce

sauer (adj) angry, sour

sauer auf (adj) angry with

Sauerbraten (nm) roast beef (marinated in vinegar)

Sauerrahm (nm) sour cream

Sauerstoff (nm) oxygen

schäbig (adj) shabby

Schachtel (nf) (-n) box

schade what a shame, pity

Schaden (nm) (⸚) damage

schaffen (v) to manage, cope

Schafskäse (nm) sheep's cheese

Schal (nm) (-s) scarf

schalldämmend (adj) soundproofed

Schande (nf) shame

Schatz (nm) treasure, (as form of endearment) dear

Schätzung (nf) (-en) estimate

Schauer (nf) (-) shower

Schauspieler (nm) (-) actor

Schauspielerin (nf) (-nen) female actor

Scheibenwischer (nm) (-) windscreen wiper

Scheinwerfer (nm) (-) headlight

scherzen (v) to joke

scheußlich (adj) revolting

Schiebetür (nf) (-en) sliding door

Schiedsrichter (nm) (-) referee

schief gehen (vs) to go wrong

Schild (nn) (-er) sign, notice

Schinkenröllchen (nn) (-) little rolls of ham

Schlaf (nm) sleep

schlagen (ä) (vs) to hit

Schlamm (nm) mud

Schließfach (nn) (⸚er) locker

schließlich (adv) in the end, finally

Schlips (nm) (-e) tie

Schlittschuh laufen (v) to ice skate

schmecken (v) to taste

Schmollmund (nm) pout

Schmuck (nm) jewellery

schmutzig (adj) dirty

Schnaps (nm) spirits

Schneeballschlacht (nf) (-en) snowball fight

Schneekulisse (nf) snow scene

Schneeregen (nm) sleet

Schneewittchen Snow White

schneiden lassen (v) to have cut

Schnuppertag (nm) (-e) have-a-go day

Schnurrbart (nm) moustache

Schock (nm) (-s) shock

schockiert (adj) shocked

Schreckensjahr (nn) (-e) year of terror

Schrei (nm) (-e) scream, cry

Schrift (nf) writing

Schriftsteller (nm) (-) author, playwright

Schrottpresse (nf) scrap metal press

Schublade (nf) (-n) drawer

schüchtern (adj) shy

Schulabschluss (nm) school leaving exam

Schulausbildung (nf) education (at school)

Schulchor (nm) school choir

Schulden (npl) debts

Schulfreundin (nf) (-nen) female school friend

Schulsachen (npl) things for school

Schultag (nm) (-e) school day

Schultergurte (nf) (-n) shoulder strap

schummeln (v) to cheat

Schutz (nm) protection

Schwägerin (nf) (-nen) sister-in-law

schwanger (adj) pregnant

schwänzen (v) to play truant, skive school

schwärmen für (v) to be mad about, to be keen on

Schweinebraten (nm) roast pork

Schweinesteak (nm) (-s) pork steak

Schwierigkeit (nf) (-en) difficulty

die Schweiz Switzerland

seekrank (adj) seasick

Seengebiet (nn) Lake District

Seifenoper (nf) (-n) soap opera

Seilbahn (nf) (-en) cable car

Sektempfang (nm) Champagne reception

selbständig (adj) independent, self-employed

Selbstbedienung (nf) self-service

Sendung (nf) (-en) programme

servieren (v) to serve

Serviette (nf) (-n) serviette

Sessel (nm) (-) armchair

sich setzen (i) (vs) to sit down

Sex (nm) sex

sexy (adj) sexy

Shampoo (nn) shampoo

Show (nf) (-s) show

sicher (adj) safe, secure

Sicherheitsproblem (nn) (-e) safety problem

Silber (nn) silver

Sinn (nm) mind

Sitz (nm) (-e) seat

Sitzplatzreservierung (nf) reservation of seat on train

Ski (nm) (-er) ski

Skiabfahrt (nf) (-en) ski run

Skihütte (nf) (-n) ski hut, refuge

Skilehrer (nm) (-) ski instructor

Skipass (nm) (⸚e) ski pass

Skipiste (nf) piste

Skischule (nf) (-n) ski school

Skistock (nm) (⸚e) ski stick, pole

Skistunde (nf) (-n) skiing lesson, ski instruction

Skiurlaub (nm) (-e) skiing holiday

Socke (nf) (-n) sock

Sofabett (nn) (-en) sofa bed

sofort beziehbar (adj) available immediately

sogar even

sogenannt (adj) so-called

Sommergarten (nm) (⸚) conservatory, veranda

Sommermonate (npl) summer months

Sonderangebot (nn) special offer

sondern but, but rather

sonst (adv) otherwise

Sorge (nf) (-n) worry

sorgfältig (adv) carefully

Sorte (nf) (-n) sort, type

Sozialproblem (nn) (-e) social problem

Sozialsystem (nn) social system

Spargel (nm) asparagus

spät (adj) late

SPD = Sozialdemokratische Partei Deutschlands Social Democratic Party of Germany

Speisekarte (nf) (-n) menu

sperren (v) to block

Spezialität (nf) (-en) speciality

Spiegel (nm) (-) mirror

Sportschuh (nm) (-e) trainer

Sportsendung (nf) (-en) sports programme

GLOSSARY

Sportwagen (nm) (-) *sports car*
sprachlich (adj) *linguistic*
Spruch (nm) (¨e) *slogan*
Spülbecken (nn) (-) *sink*
Spüle (nf) (-n) *sink*
Spülmaschine (nf) (-n) *dish washer*
Staat (nm) (-e) *state, country*
Staatsangehörigkeit (nf) *nationality*
Stacheldraht (nm) *barbed wire*
Stadttor (nn) (-e) *city gate*
stammen (v) *to date, come from*
Stand (nm) (¨e) *stall*
ständig (adv) *constantly*
stark (adj) *strong*
Stärke (nf) (-n) *strength*
starten (v) *to take off, start*
Statistik (nf) *statistics*
statt (prep) *instead of*
stattdessen *instead of that*
stattfinden (vs) *to take place*
stehen auf (v) *to go for, to prefer*
stehlen (ie) (vs) *to steal*
steigen (adj) *to climb, get into, rise*
Stein (nm) *stone*
sterben (vs) *to die*
Stimme (nf) (-n) *voice*
stimmen (v) *to be correct*
Stimmung (nf) *atmosphere*
Stoff (nn) *material*
stolz (adj) *proud*
Straßenrand (nm) (¨e) *edge of the street*
Straßenunfall (nm) (¨e) *road accident*
Strecke (nf) (-n) *stretch, distance*
strecken (v) *to stretch*
Streich (nm) (-e) *trick*
einen Streich spielen *to play a trick*
Streik (nm) (-s) *strike*
Streit (nm) (-e) *quarrel, argument*
sich streiten (vs) *to argue*
streng (adj) *strict*
Stresssituation (nf) (-en) *stress situation*
stricken (v) *to knit*
Strom (nm) *current, electricity*
Strömung (nf) (-en) *current*
Strumpf (nn) (¨e) *stocking, sports sock*
Strumpfhose (nf) (-n) *pair of tights*
Studentenanteil (nm) *percentage of students*
Stufe (nf) (-n) *step, stair*
Substanze (nf) (-n) *substance*
suchen (v) *to look for*
südländisch (adj) *southern, Latin*
Sweatshirt (nn) (-s) *sweatshirt*
symmetrisch (adj) *symmetrical*
System (nn) (-e) *system*

T
taktlos (adj) *tactless*
taktvoll (adj) *tactful*
tanken (v) *to fill up*
Tankstelle (nf) (-n) *petrol station*
Tanz (nm) (¨e) *dance*
Tänzerin (nf) (-nen) *dancer*
Tanzgruppe (nf) (-n) *dance group*
tapezieren (v) *to wallpaper*
Tasche (nf) (-n) *bag*
Taste (nf) (-n) *key (computer)*
Tat (nf) (-en) *deed*
Täter (nm) (-) *culprit, criminal*
tätig (adj) *active*
Tatort (nm) (-e) *scene of the crime*
Taugenichts (nm) *good for nothing*
tauschen (v) *to swap*
Tauschladen (nm) (¨) *swap shop*
technisch (adj) *technical*
Technologie (nf) *technology*
Teekanne (nf) *tea pot*
teilen (v) *to share*
teilmöbliert (adj) *partly furnished*
Teilnahme (nf) *participation*
teilnehmen (i) (vs) *to take part*
teilweise *partly*
Telefonkosten (npl) *telephone costs*
Telefonzelle (nf) (-n) *phone box*
Teller (nm) (-) *plate*
Teppich (nm) (-e) *carpet*
terrorisieren (v) *to terrorise*
Testament (nn) (-e) *will*
Textverarbeitung (nf) *word processing*
Theaterkarte (nf) (-n) *theatre ticket*
Theaterstück (nn) (-e) *play*
Thema (nn) (-en) *theme, topic*
Theorie (nf) (-n) *theory*
Tiefe (nf) *depth*
Tiermedizin (nf) *veterinary science*
Tipp (nm) (-s) *tip*
Tirol (nm) *Tyrol (area of Austria)*
Tischler (nm) (-) *carpenter*
Toast (nn) *toast*
Tod (nm) (-e) *death*
Toilettenfabrik (nf) *toilet factory*
Toilettenpapier (nn) *toilet paper*
Toleranz (nf) *tolerance*
Tomatensuppe (nf) *tomato soup*
Tonne (nf) (-n) *tonne*
tonnenschwer (adj) *weighing a tonne*
tot (adj) *dead*
töten (v) *to kill*
totlangweilig (adj) *deadly boring*
Tragekomfort (nm) *comfort to wear*

tragen (ä) (vs) *to wear, carry*
trainieren (v) *to train*
Trainingsanzug (nm) (¨e) *tracksuit*
Transfer (nm) (-s) *transfer*
Transportmittel (nn) (-) *means of transport*
Traumvilla (nf) (-en) *dream villa*
traurig (adj) *sad*
Treffpunkt (nm) (¨e) *meeting place*
Treppe (nf) *steps, stairs*
Trickfilm (nm) (-e) *cartoon*
Trockenperiode (nf) (-n) *dry period*
die Tschechische Republik *Czech Republic*
Tuch (nn) (¨er) *cloth*
Tunnel (nm) (-) *tunnel*
Tür (nf) (-e) *door*
Türbreite (nf) *door width*
Turnverein (nm) (-e) *gymnastics club*
Tüte (nf) (-n) *bag*
tyrannisieren (v) *to bully*

U
üben (v) *to practise*
überbacken (adj) *au gratin, browned under grill with cheese/breadcrumbs*
überbucht (adj) *over-booked*
Überfahrt (nf) *sea crossing*
Überflutung (nf) (-en) *flood*
sich übergeben (i) (vs) *to be sick*
überhaupt nicht *not at all*
überleben (v) *to survive*
übernachten (v) *to spend the night*
überprüfen (v) *to check*
überprüfen lassen (v) *to have checked*
Überraschung (nf) (-en) *surprise*
Überraschungseinlage (nf) (-n) *surprise item*
überreden (v) *to persuade*
überrollen (v) *to roll onto*
Überschwemmung (nf) (-en) *flood*
übersetzen (v) *to translate*
Übersetzer (nm) *interpreter, translator*
Überstunden (npl) *overtime*
überzeugen (v) *to convince*
Ultimatum (nn) *ultimatum*
Umfrage (nf) (-n) *survey, questionnaire*
umgehen mit (vs) *to deal with*
umgekehrt (adj) *the other way round*
Umkleideraum (nm) (¨e) *changing room*
Umleitung (nf) (-en) *diversion*
umtauschen (v) *to swap*

Umweltverschmutzung (nf) *pollution*
unabhängig (adj) *independent*
unbedingt (adv) *definitely*
ungarisch (adj) *Hungarian*
ungerecht (adj) *unfair*
ungeschickt (adj) *clumsy*
Uniform (nf) *uniform*
unmenschlich (adj) *inhuman*
unordentlich (adj) *untidy*
unrecht (adj) *wrong*
unreif (adj) *immature*
unterbrechen (vs) *to interrupt*
Unterlippe (nf) (-n) *lower lip*
unternehmen (i) (vs) *to undertake, do*
Unternehmer (nm) (-) *entrepreneur, business person*
Unterschied (nm) (-e) *difference*
Unterseite (nf) *underside*
untersuchen (v) *to examine*
Untersuchung (nf) (-en) *medical examination*
unterwegs (adv) *en route, on a journey, on the way*
untreu (adj) *unfaithful*
unvergesslich (adj) *unforgettable*
Urlaubsliebe (nf) *holiday romance*
Urlaubsprospekt (nm) (-e) *holiday brochure*
Urlaubsziel (nn) (-e) *holiday destination*

V
Vase (nf) (-n) *vase*
Verband (nm) *bandage*
verbarrikadieren (v) *to barricade*
verblüfft (adj) *astounded*
verboten (adj) *forbidden*
verdächtigen (v) *to suspect*
verdammt (adj) *damned, stupid*
Verein (nm) (-e) *club*
vereinigen (v) *to unite*
vereinzelt (adv) *occasionally*
verfügen über (v) *to have available*
verführerisch (adj) *seductive*
Vergangenheit (nf) *past*
vergehen (vs) *to pass (time)*
vergessen (i) (vs) *to forget*
verhaften (v) *to arrest*
Verhaftung (nf) *arrest*
verhindern (v) *to prevent*
verhören (v) *to interrogate, question*
verhungern (v) *to starve*
Verkaufsshop (nn) (-s) *shop*
Verkehr (nm) *traffic*
Verkehrszeichen (nn) (-) *road sign*
verlangen (v) *to demand*
Verlängerungsnacht (nf) (¨e) *extra night*
verletzen (v) *to injure*

Verlobte (nf)   fiancée
Verlobung (nf) (-en)   engagement
Verlust (nm) (-e)   loss
zu vermieten   for rent
vermissen (v)   to miss (person)
vermutlich (adv)   supposedly
Vernichtung (nf)   destruction
vernünftig (adj)   reasonable,
   sensible
verpflichtet (adj)   obliged
verreisen (v)   to go away
verrenken (v)   to sprain
Verschiedenes (nn)
   miscellaneous, various things
verschwinden (vs)   to disappear
Verspätung (nf) (-en)   delay
Verspätung haben   to be late
Verständnis (nn)   understanding
sich verstecken (v)   to hide
Versuch (nm) (-e)   try, attempt
verteidigen (v)   to defend
verteilen (v)   to distribute, give out
verteilt (adj)   divided
vertiefen (v)   to deepen, enlarge
vertikal (adj)   vertical
verursachen (v)   to cause
Verwaltung (nf)   administration
Verwandte (npl)   relatives,
   relations
verweigern (v)   to refuse
Verzeichnis (nn) (-se)   list
Videorekorder (nm) (-)   video
   recorder
Vierfache (nn)   four times
Viertel (nn) (-)   area, quarter
   of town
Vogel (nm) (¨)   bird
Volk (nn) (-er)   people
Volkshochschule (nf)
   equivalent of evening classes
Volksmusik (nf)   folk music
völlig (adv)   totally, completely
Vollpension (nf)   full board
vorbei   past
Vorbereitung (nf) (-en)
   preparation
Vorhang (nm) (¨e)   curtain
Vorjahr (nn)   year before
vorlesen (ie) (vs)   to read out,
   read aloud
vorschlagen (ä) (vs)   to suggest
Vorspeise (nf) (-n)   starter
sich vorstellen (v)   to imagine
Vorstellingegespräch (nn)
   (-e)   job interview
Vorteil (nm) (-e)   advantage

W

Wachhund (nm) (-e)   guard dog
Waffe (nf) (-n)   weapon
wagen (vs)   to dare
Wahl (nf)   choice
Wahlen (npl)   election
wählen (v)   to choose
wahr (adj)   true
während (conj)   while
   (prep)   during

Waldbrand (nm) (¨e)   forest fire
Wand (nf) (¨e)   wall (interior)
Wandschrank (nm) (¨e)   wall
   cupboard
Waren (npl)   goods, products
warnen (v)   to warn
Wartezimmer (nn) (-)   waiting
   room
waschen lassen (v)   to have
   washed
Waschpulver (nn) (-)   washing
   powder
Wasserflasche (nf) (-n)   water
   bottle
Wasservogel (nm) (¨e)   water
   bird
wechselhaft (adj)   changeable
wechseln (v)   to change
Wecker (nm) (-)   alarm clock
weder . . . noch   neither . . . nor
weg (adv)   away
wegbringen (vs)   to take away,
   dispose
wegen (prep)   because of
weggehen (vs)   to go away, leave
wegwerfen (i) (vs)   to throw away
wegziehen (vs)   to move away
Wehrpflicht (nf)   military service
weich (adj)   soft
weil (conj)   because
weinen (v)   to cry
Weinkarte (nf)   wine list
Weise (nf) (-n)   way
weit (adj)   far
weiter (adj)   further
weiterfahren (ä) (vs)   to travel
   further
Welt (nf)   world
weltberühmt (adj)   world famous
Weltkrieg (nm) (-e)   world war
weltoffen (adj)   open to the world
Weltreise (nf) (-n)   journey
   round the world
Weltrekord (nm) (-e)   world
   record
Weltruf (nm)   worldwide
   reputation
Wende (nf)   fall of the Berlin
   Wall, end of the GDR 1989
am wenigsten   the least
wenn (conj)   when, whenever,
   if
Werbung (nf)   publicity,
   advertising
werden (v)   to become
werfen (i) (v)   to throw
Werkstatt (nf) (¨e)   workshop,
   repair garage
wert (adj)   worth
wertvoll (adj)   useful
Westküste (nf)   western coast
Wettbewerb (nn) (-e)
   competition
das Wichtigste   the most
   important thing
wickeln (v)   to put nappies on,
   change a baby

widersprechen (vs)   to
   contradict
Wiederaufbau (nm)
   reconstruction
Wildlachs (nm)   wild salmon
willkommen (adv)   welcome
Windjacke (nf) (-n)   anorak
Windschutzscheibe (nf) (-n)
   windscreen
Wintersportort (nm)   place for
   winter sport
winzig (adj)   very small, minute
Wirtschaft (nf)   economy
Wirtschaftsenglisch (nn)
   business English
wissen (vs)   to know
Wissenschaftler (nm) (-)
   scientist
wissenschaftlich (adj)   scientific
Witz (nm) (-e)   joke
wöchentlich (adj)   weekly
woher   where from
zum Wohl   cheers
Wohnblock (nm) (¨e)   block of
   flats
Wolljacke (nf) (-n)   cardigan
Wrack (nn) (-s)   wreck
Wunde (nf) (-n)   wound
Wunder (nn) (-)   wonder
wünschen (v)   to wish
Wurm (nm) (¨e)   worm
Wurstbude (nf)   sausage stall
wütend (adj)   furious

Z

zählen (v)   to count
zählen zu (v)   to count as
Zahnarzthelfer/in (nm/f)
   dental technician
Zahnärztin (nf) (-en)   dentist
Zeichen (nn) (-)   sign
Zeitlang (nf)   while
Zeitung (nf)   newspaper
Zeitungsartikel (nm) (-)
   newspaper article
zeitweise (adv)   at times
Zelle (nf) (-n)   cell
Zelt (nn) (-e)   tent
Zentralheizung (nf)   central
   heating
zerquetschen (v)   to squash
zerschneiden (vs)   to cut into,
   cut up
zerstören (v)   to destroy
zerteilt (adj)   divided
Zertifikat (nn) (-en)   certificate
Zeugnis (nn) (-se)   school report
Zeugniskopie (nf) (-n)   copy of
   school report
ziehen (vs)   to move (house)
Ziel (nn) (-e)   destination
Zimmertür (nf)   door of the room
Zitadelle (nf) (-n)   citadel
Zivildienst (nm)   community
   service as an alternative to
   military service
zugehen auf (vs)   to approach

zuhören (v)   to listen
Zukunft (nf)   future
Zukunftsplan (nm) (¨e)   future
   plan
zulassen (vs)   to allow
zumachen (v)   to close, shut
zurechtkommen (v)   to cope
zurückfahren (ä) (vs)   to go
   back, travel back
zurückgeben (i) (vs)   to give back
zurückkehren (v)   to get back
zurückrufen (v)   to phone back,
   return the call
zurückschicken (v)   to send back
Zusammenarbeit (nf)
   cooperation
Zusammenfluss (nm)
   confluence (where two rivers
   join)
zusammenhängen (v)   to be
   connected
zusammensetzen (v)   to put
   together
Zusammenstoss (nm) (¨e)
   crash
Zuschlag (nm) (¨e)   supplement
zuschreien (vs)   to shout at
kein Zutritt   no admittance
zuverlässig (adj)   reliable
Zuverlässigkeit (nf)   reliability
Zweck (nm) (-e)   purpose
Zwiebel (nm) (-n)   onion

English–German

a

abbreviation *Abkürzung (nf) (-en)*

ability *Fähigkeit (nf) (-en)*

about, to be *sich handeln um (v)*

accent *Akzent (nm)*

accept, to *akzeptieren (v), annehmen (i) (vs)*

acceptable *akzeptabel (adj)*

accomplice *Komplizin (nf) (-nen)*

acquaintance *Bekannte (nm) (-n)*

acquire, to *erwerben (v)*

active *tätig (adj)*

actor *Schauspieler/in (nm/f) (-nen)*

actually *eigentlich (adv)*

administration *Verwaltung (nf)*

advanced *fortgeschritten (adj)*

advantage *Vorteil (nm) (-e)*

advisor *Berater (nm) (-)*

affected *betroffen (adj)*

afford, to *sich leisten (v)*

afraid, to be *Angst haben, befürchten (v)*

after *nachdem (conj)*

after all *letzten Endes*

afterwards *anschliessend (adv)*

agreed *einverstanden (adj)*

agriculture *Landwirtschaft (nf)*

air *Luft (nf)*

air conditioning *Klimaanlage (nf)*

air/tyre pressure *Luftdruck (nm)*

alarm clock *Wecker (nm) (-)*

alcoholic *Alkoholiker (nm) (-)*

all the time (24 hours) *durchgehend (adv)*

allow, to *erlauben (v), zulassen (vs)*

allowed *erlaubt (adj)*

alright, to be *klappen (v)*

although *obwohl (conj)*

ambitious *ehrgeizig (adj)*

ambulance *Krankenwagen (nm) (-)*

amount *Anzahl (nf)*

and/or *beziehungsweise*

angry *böse (adj)*

angry with *sauer auf (adj)*

annoy, to *ärgern (v)*

annoyance *Ärger (nm)*

anorak *Windjacke (nf) (-n)*

ape *Affe (nm) (-n)*

appear, to *erscheinen (vs)*

appearance *Erscheinung (nf)*

apply, to *sich bewerben (i) (vs)*

apprentice *Lehrling (nm) (-e)*

apprenticeship *Lehre (nf) (-n)*

approach, to *zugehen auf (vs)*

area *Bereich (nn) (-e), Fläche (nf) (-n)*

area of town *Viertel (nn) (-)*

argue, to *sich streiten (vs), Krach haben (v)*

armchair *Sessel (nm) (-)*

army *Armee (nf) (-n)*

arrest *Verhaftung (nf)*

arrest, to *verhaften (v)*

arrival *Ankunft (nf), Anreise (nf)*

as well as that *außerdem*

astounded *erstaunt (adj), verblüfft (adj)*

at least *mindestens (adv)*

atmosphere *Atmosphäre (nf), Stimmung (nf)*

attack *Anschlag (nm) (¨e)*

attract, to *anlocken (v)*

author, playwright *Schriftsteller (nm) (-)*

automatic money machine *Geldautomat (nm) (-en)*

available, to have *verfügen über (v)*

away *weg (adv)*

b

at the back *hinten*

bag *Tasche (nf) (-n), Tüte (nf) (-n)*

baker *Bäcker/in (nm/f) (-/-nen)*

bandage *Verband (nm)*

bark, to *bellen (v)*

basis *Basis (nf)*

battery *Batterie (nf) (-n)*

bean *Bohne (nf) (-n)*

beard *Bart (nm)*

because *weil (conj)*

because of *wegen (prep)*

because of that *deswegen*

become, to *werden (v)*

bed linen *Bettzeug (nn)*

before *bevor (conj), vor (prep)*

Belgium *Belgien*

belong, to *gehören (v)*

Bible *Bibel (nf)*

bicycle shop *Fahrradgeschäft (nn) (-e)*

biggest, the *am größten*

bikini *Bikini (nm) (-s)*

bill *Rechnung (nf)*

bird *Vogel (nm) (¨)*

birthday celebration *Geburtstagsfeier (nf) (-)*

birthday present *Geburtstagsgeschenk (nn) (-e)*

block of flats *Wohnblock (nm) (¨e)*

block, to *sperren (v)*

boast, to *prahlen (v)*

bomb *Bombe (nf) (-n)*

bonnet (car) *Haube (nf) (-n)*

book shelves *Bücherregal (nm) (-e)*

boot (car) *Kofferraum (nm) (¨e)*

box *Schachtel (nf) (-n)*

bra *Büstenhalter/BH (nm) (-)*

brake *Bremse (nf) (-n)*

brake, to *bremsen (v)*

branch (company, bank) *Filiale (nf) (-n)*

breakdown *Panne (nf)*

bricklayer *Maurer (nm) (-)*

bright *hell (adj)*

bright red *knallrot (adj)*

brightly coloured *bunt (adj)*

broken *kaputt (adj)*

brown-haired *braunhaarig (adj)*

bruise *blaue Flecke (nf) (-n)*

building site *Baustelle (nf) (-n)*

Bulgaria *Bulgarien*

bully *Rowdy (nm) (-s)*

bully, to *tyrannisieren (v)*

bunch of flowers *Blumenstrauß (nm) (¨sse)*

bureau de change *Geldwechsel (nm)*

burglar *Einbrecher (nm) (-)*

burn, to *brennen (v)*

burning *brennend (adj)*

bus driver *Busfahrer (nm) (-)*

business English *Wirtschaftsenglisch (nn)*

businessman *Kaufmann (nm) (¨er)*

businesswoman *Kauffrau (nf) (-en)*

bury, to *begraben (v)*

busy *beschäftigt (adj)*

but, but rather *sondern*

c

cable TV *Kabel-TV*

calculate, to *kalkulieren (v)*

call, to *nennen (v)*

caller *Anrufer (nm) (-)*

camping holiday *Campingurlaub (nm) (-e)*

camping shop *Campingladen (nm) (¨)*

canal *Kanal (nm) (¨e)*

cap *Mütze (nf) (-n)*

capitalist *kapitalistisch (adj)*

car *Auto (nn), PKW (nm) (-s)*

car roof *Autodach (nn) (¨er)*

car wash *Autowäsche (nf)*

car washing service *Autowaschdienst (nm) (-e)*

car/road accident *Autounfall (nm) (¨e)*

cardigan *Wolljacke (nf) (-n)*

care *Betreuung (nf)*

careers advisor *Berufsberaterin (nf) (-nen)*

careers advisory service, careers advice *Berufsberatung (nf)*

carefully *sorgfältig (adv)*

Caribbean *Karibik (nf)*

carpenter *Tischler (nm) (-)*

carpet *Teppich (nm) (-e)*

carry, to *tragen (ä) (vs)*

cartoon *Trickfilm (nm) (-e)*

case *Fall (nm) (¨e)*

cash desk *Kasse (nf)*

cash, to *einlösen (v)*

casserole *Eintopf (nm)*

catalogue *Katalog (nn) (-e)*

catastrophe *Katastrophe (nf) (-n)*

catch, to *erfassen (v)*

category *Kategorie (nf) (-n)*

cause, to *verursachen (v)*

cave *Höhle (nf) (-n)*

celebrate, to *feiern (v)*

cell *Zelle (nf) (-n)*

central heating *Zentralheizung (nf)*

centre of town *Innenstadt (nf)*

century *Jahrhundert (nn) (-e)*

certificate *Zertifikat (nn) (-en)*

chain *Kette (nf) (-n)*

chance *Chance (nf), Gelegenheit (nf) (-en)*

Chancellor *Kanzler (nm) (-)*

changeable *wechselhaft (adj)*

change, to *sich ändern (v)*

change money, to *wechseln (v)*

change the baby, to *wickeln (v)*

changing room *Umkleideraum (nm) (¨e)*

charming *charmant (adj)*

chat, to *quatschen (v)*

cheap *billig (adj)*

cheat, to *mogeln (v), schummeln (v)*

check-up *Kontrolle (nf) (-n)*

check, to *kontrollieren (v), prüfen (v), überprüfen (v)*

checked, to have *überprüfen lassen (v)*

cheers *Prost, zum Wohl*

chemical *chemisch (adj)*

chemist's *Apotheke (nf), Drogerie (nf)*

chemistry *Chemie (nf)*

chest of drawers *Kommode (nf) (-n)*

chicken *Hähnchen (nn)*

children's home *Kinderheim (nn) (-e)*

Chinese *chinesisch (adj)*

chocolate (filled) *Praline (nf) (-n)*

choice *Wahl (nf)*

choose, to *wählen (v)*

Christian Democratic Union *CDU = Christlich-Demokratische Union*

Christmas tree *Christbaum (nm) (¨e)*

citizen *Bürger (nm) (-)*

city *Großstadt (nf) (¨e)*

cleanliness *Sauberkeit (nf)*

clean, to *reinigen (v)*

clear *klar (adj)*

clever *klug (adj)*

climb, to *steigen (vs)*

close, to *schließen (vs), zumachen (v)*

cloth *Tuch (nn) (¨er), Lappen (nm) (-)*

clothes *Kleider (npl), Klamotten (npl)*

clothing *Kleidung (nf)*

club *Verein (nm) (-e)*

clumsy *ungeschickt (adj)*
clutch *Kupplung (nf)*
coal *Kohle (nf)*
cold *Erkältung (nf)*
colleague *Mitarbeiterin (nf) (-nen)*
colour *Farbe (nf)*
colourful *bunt (adj)*
comfortable *bequem (adj)*
cosy *gemütlich (adj)*
communist *kommunistisch (adj)*
community service (as an alternative to military service) *Zivildienst (nm)*
competition *Wettbewerb (nn) (-e)*
complain, to *sich beschweren (v)*
complicated *kompliziert (adj)*
composer *Komponist (nm) (-en)*
compulsory *obligatorisch (adj)*
computer studies *Computerwissenschaft (nf)*
conference *Konferenz (nf) (-en)*
congratulate, to *gratulieren (v)*
connected, to be *zusammenhängen (v)*
considerate *rücksichtsvoll (adj)*
consideration *Rücksicht (nf)*
consider, to *halten für (vs)*
constantly *ständig (adv)*
contact *Kontakt (nm)*
contents *Inhalt (nm)*
continent *Kontinent (nn) (-en)*
continual (all day) *durchgehend (adv)*
contradict, to *widersprechen (vs)*
convenient *günstig (adj)*
conversation *Gespräch (nn) (-e)*
convince, to *überzeugen (v)*
cooker *Herd (nm) (-e)*
cooperation *Kooperation (nf), Zusammenarbeit (nf)*
cope, to *zurechtkommen (v)*
copy *Kopie (nf) (-n)*
copy, to *kopieren (v)*
correct *korrekt (adj)*
correct, to *korrigieren (v)*
correct, to be *stimmen (v)*
correspond, to *entsprechen (i) (vs)*
corridor *Gang (nm) (¨e)*
count, to *zählen (v)*
course *Kurs (nm) (-e), (meal) Gang (nm) (¨e)*
cow *Kuh (nf) (¨e)*
crash *Crash (nn) (-s), Zusammenstoss (nm) (¨e)*
creep, to *kriechen (vs)*
criminal *Krimineller/e (nm/f)*
crockery *Geschirr (nn)*
cross *Kreuz (nn) (-e)*
cross, to *kreuzen (v)*
cry, to *weinen (v)*
cucumber *Gurke (nf) (-n)*
culprit *Täter (nm) (-)*
culture *Kultur (nf) (-en)*
curly *lockig (adj)*

current *Strom (nm), Strömung (nf) (-en)*
curtain *Vorhang (nm) (¨e)*
cushion *Kissen (nn) (-)*
customer *Kunde (nm) (-n)*
cut, to have *schneiden lassen (v)*
CV (curriculum vitae) *Lebenslauf (nm)*
Czech Republic *die Tschechische Republik*

d

damage *Schaden (nm) (¨)*
dance *Tanz (nm) (¨e)*
dance group *Tanzgruppe (nf) (-n)*
dancer *Tänzerin (nf) (-nen)*
dangerous *gefährlich (adj)*
dare, to *wagen (vs)*
dark *dunkel (adj)*
data *Datei (npl)*
date from, to *stammen (v)*
dead *tot (adj)*
deal with, to *umgehen mit (vs)*
dealer *Händler (nm) (-)*
death *Tod (nm) (-e)*
debts *Schulden (npl)*
decide, to *beschließen (v), sich entscheiden (v), entschliessen (vs)*
defend, to *verteidigen (v)*
definitely *unbedingt (adv)*
delay *Verspätung (nf) (-en)*
delivery *Hausbelieferung (nf), Lieferung (nf) (-en)*
deliver, to *liefern (v)*
demand, to *verlangen (v)*
democracy *Demokratie (nf) (-n)*
democratic *demokratisch (adj)*
Denmark *Dänemark*
dental technician *Zahnarzthelfer/in (nm/f)*
dentist *Zahnärztin (nf) (-en)*
depressed *deprimiert (adj)*
depth *Tiefe (nf)*
destination *Ziel (nn) (-e)*
destroy, to *zerstören (v)*
destruction *Vernichtung (nf)*
develop, to *entwickeln (v)*
diarrhoea *Durchfall (nm)*
die, to *sterben (vs)*
difference *Unterschied (nm) (-e)*
difficulty *Schwierigkeit (nf) (-en)*
direction *Richtung (nf)*
dirty *schmutzig (adj)*
disabled *behindert (adj)*
disadvantage *Nachteil (nm) (-e)*
disappear, to *verschwinden (vs)*
discover, to *entdecken (v), erfinden (vs)*
discuss, to *diskutieren (v)*
discussion *Besprechung (nf) (-en)*
dish *Gericht (nn) (-e)*
dishwasher *Spülmaschine (nf) (-n)*
dismiss, to, *entlassen (ä) (vs)*
distance *Abstand (nm) (¨e)*

distribute, to *verteilen (v)*
district *Bezirk (nm) (-e)*
diversion *Umleitung (nf) (-en)*
divided *verteilt (adj), zerteilt (adj)*
divorced *geschieden (adj)*
documentary *Dokumentarfilm (nm) (-e)*
door *Tür (nf) (-e)*
download, to *downloaden (v)*
drawer *Schublade (nf) (-n)*
dress *Kleid (nn) (-er)*
drinks list *Getränkekarte (nf)*
driving test *Fahrprüfung (nf)*
drought *Dürre (nf)*
drug dealer *Dealer (nm) (-), Drogendealer (nm) (-), Drogenhändler (nm) (-)*
drug dealing *Drogengeschäfte (npl)*
drug problem *Drogenproblem (nn) (-e)*
drugs *Drogen (npl), Rauschgift (nn)*
drunk *betrunken (adj)*
dustbin *Abfalleimer (nm) (-)*
duty *Pflicht (nf) (-en)*

e

ear *Ohr (nn) (-en)*
earring *Ohrring (nm) (-e)*
earth *Erde (nf)*
Easter holidays *Osterferien (npl)*
easy *leicht (adj)*
eat, to (of animal) *fressen (i) (vs)*
economy *Wirtschaft (nf)*
education (at school) *Schulausbildung (nf)*
effect *Auswirkung (nf) (-en)*
egg *Ei (nn) (-er)*
either . . . or *entweder . . . oder*
elastic *elastisch (adj)*
election *Wahlen (npl)*
electric *elektrisch (adj)*
electronics *Elektronik (nf)*
empire *Reich (nn) (-e)*
employee *Angestellte (nm) (-n), Arbeitnehmer (nm) (-)*
employer *Arbeitgeber (nm) (-)*
in employment, working *berufstätig (adj)*
enclosed *beigelegt (adj)*
end, to *enden (v)*
in the end *schließlich (adv)*
enemy *Feind (nm) (-en)*
engagement *Verlobung (nf) (-en)*
engine *Motor (nm) (-en)*
enjoy, to *genießen (v)*
enjoy oneself, to *sich amüsieren (v), sich unterhalten (vs)*
enter, to (on computer) *eingeben (v)*
entrance *Eingang (nm) (¨e)*
entrance ticket *Eintrittskarte (nf) (-n)*
entrepreneur *Unternehmer (nm) (-)*

equality *Gleichberechtigung (nf)*
equally *gleich (adv)*
escape, to *entkommen (vs)*
essay *Aufsatz (nm) (¨e)*
estimate *Schätzung (nf) (-en)*
euro *Euro (nm)*
European *Europäer (nm) (-)*
even *sogar*
evening classes (equivalent of) *Volkshochschule (nf)*
evidence *Beweis (nm) (-e)*
examine, to *untersuchen (v)*
except *außer (prep)*
exchange, to *austauschen (v)*
excited *aufgeregt (adj)*
excursion *Ausflug (nm) (¨e)*
exhaust (car) *Auspuff (nm)*
exist, to *existieren (v)*
exit *Ausgang (nm) (¨e)*
exit (for vehicles) *Ausfahrt (nf) (-en)*
expect, to *erwarten (v)*
experience *Erfahrung (nf) (-en), Erlebnis (nn) (-se)*
express, to *ausdrücken (v)*
external *äußer (adj)*
extra lesson *Nachhilfestunde (nf) (-n)*

f

face *Gesicht (nn) (-er)*
in fact *nämlich (adv)*
factory *Fabrik (nf) (-en)*
fairy tale *Märchen (nn) (-)*
fall, to *fallen (ä) (vs)*
famous *berühmt (adj)*
fantasy *Phantasie (nf)*
far *weit (adj)*
farmer *Bauer (nm) (-)*
fashionable *modisch (adj)*
fed up, to be *die Nase voll haben*
feeling *Gefühl (nn) (-e)*
ferry *Fähre (nf) (-n)*
fever *Fieber (nn)*
fiancée *Verlobte (nf)*
fight, to *kämpfen (v)*
file, to *Akten ordnen (v)*
fill up, to *tanken (v)*
filling *Füllung (nf) (-en)*
finance, to *finanzieren (v)*
financial *finanziell (adj)*
find *Fund (nm)*
find out about, to *sich informieren (v)*
find out, to *feststellen (v)*
fine *heiter (adj)*
finger nail *Fingernagel (nf) (¨)*
fire *Feuer (nn)*
fire brigade *Feuerwehr (nf)*
fireman *Feuerwehrmann (nm) (¨er)*
firm *Betrieb (nm) (-e), Firma (nf) (-en)*
for the first time *zum ersten Mal*
flame *Flamme (nf) (-n)*
flat (tyre) *platt (adj)*
flat tyre *Reifenpanne (nf)*

flight *Flug (nm) (¨e)*
flight controller *Fluglotse (nm) (-n)*
flood *Hochwasser (nn), Überflutung (nf) (-en), Überschwemmung (nf) (-en)*
florist *Florist/in (nm/f)*
flour *Mehl (nm)*
flower *Blume (nf) (-n)*
fly, to *fliegen (v)*
folk music *Volksmusik (nf)*
following *folgend (adj)*
football match *Fußballspiel (nn) (-e)*
forbidden *verboten (adj)*
foreigner *Ausländer (nm)(-)*
foreign policy *Außenpolitik (nf)*
foreign trade *Außenhandel (nm)*
forget, to *vergessen (i) (vs)*
fork *Gabel (nf) (-n)*
former *ehemalig (adj)*
fortunately *glücklicherweise (adv)*
France *Frankreich*
free of charge *kostenlos (adj)*
free, to *befreien (v)*
fridge *Kühlschrank (nm) (-e)*
friends with *befreundet (adj)*
friendship *Freundschaft (nf)*
frog *Frosch (nm) (¨e)*
frontier *Grenze (nf) (-n)*
frustrating *frustrierend (adj)*
full board *Vollpension (nf)*
full up *satt (adj)*
funny *lustig (adj)*
furious *wütend (adj)*
furniture shop *Möbelladen (nm) (¨)*
further *weiter (adj)*
future *Zukunft (nf)*

g

gear (car) *Gang (nm) (¨e)*
generation *Generation (nf) (-en)*
generous *großzügig (adj)*
get back, to *zurückkehren (v)*
get off, to *aussteigen (vs)*
get on, to *einsteigen (vs)*
get rid of, to *entfernen (v)*
get, to *bekommen (v), besorgen (v), kriegen (v)*
gherkin *Gurke (nf) (-n)*
give back, to *zurückgeben (i) (vs)*
give up, to *aufgeben (vs)*
glass *Glas (nn) (¨er)*
glasses *Brille (nf) (-n)*
go away, to *verreisen (v), weggehen (vs)*
go back, to *zurückfahren (ä) (vs)*
go to sleep, to *einschlafen (ä) (vs)*
go wrong, to *schief gehen (vs)*
goods *Waren (npl)*
government *Regierung (nf)*
granddaughter *Enkelin (nf) (-nen)*
greasy *fett (adj)*
guard dog *Wachhund (nm) (-e)*

guard, to *bewachen (v)*
gymnastics club *Turnverein (nm) (-e)*

h

hairdryer *Föhn (nm) (-s), Haartrockner (nm) (-)*
half board *Halbpension*
hall *Flur (nm)*
hand in, to *abgeben (i) (vs)*
happen, to *geschehen (ie) (vs), passieren (v)*
happy *froh (adj)*
harbour *Hafen (nm)*
hardly *kaum (adv)*
headlight *Scheinwerfer (nm) (-)*
headquarters *Hauptquartier (nn)*
health *Gesundheit (nf)*
hectic *hektisch (adj)*
heel *Absatz (nm) (¨e)*
height *Höhe (nf)*
helpful *hilfsbereit (adj)*
heroin *Heroin (nf)*
hide, to *sich verstecken (v)*
hire, to *mieten (v)*
historic *historisch (adj)*
hit, to *schlagen (ä) (vs)*
holiday brochure *Urlaubsprospekt (nm) (-e)*
holiday destination *Urlaubsziel (nn) (-e)*
holiday romance *Urlaubsliebe (nf)*
home *Heim (nn) (-e)*
home town/country *Heimat (nf)*
homeless *obdachlos (adj)*
honest *ehrlich (adj)*
honeymoon *Flitterwochen (npl)*
hooligan *Rowdy (nm) (-s)*
hope *Hoffnung (nf)*
hopeless *hoffnungslos (adj)*
hospitality *Gastfreundschaft (nf)*
hot dog stall *Wurstbude (nf)*
human being *Mensch (nm) (-en)*
Hungarian *ungarisch (adj)*

i

ice *Eis (nn)*
ice age *Eiszeit (nf)*
ice cream café *Eisdiele (nf) (-n)*
ice skate, to *Schlittschuh laufen (v)*
idea *Ahnung (nf) (-en)*
if *wenn (conj)*
illegal *illegal (adj)*
imagine, to *sich vorstellen (v)*
immature *unreif (adj)*
immigrant worker *Gastarbeiter (nm) (-)*
impression *Eindruck (nm) (¨e)*
independent *eigenständig (adj), unabhängig (adj)*
independent/self-employed *selbständig (adj)*
indicator light *Blinker (nm) (-)*

infection *Entzündung (nf)*
information, piece of *Auskunft (nf) (¨e)*
information (tip) *Hinweis (nm) (-e)*
inhabitant *Bewohner (nm) (-)*
injure, to *verletzen (v)*
injured *verletzt (adj)*
insect *Insekt (nn) (-en)*
instead of *statt (prep)*
instead of that *stattdessen*
interest *Interesse (nn) (-n)*
interested in, to be *sich interessieren (v) für*
international *international (adj)*
interpreter *Übersetzer (nm)*
interrogate, to *verhören (v)*
interrupt, to *unterbrechen (vs)*
invitation *Einladung (nf) (-en)*
invite, to *einladen (ä) (vs)*
iron, to *bügeln (v)*
island *Insel (nf) (-n)*
Italian *italienisch (adj)*

j

jealous *eifersüchtig (adj)*
jewellery *Schmuck (nm)*
job interview *Vorstellungsgespräch (nn) (-e)*
joke *Witz (nm) (-e)*
joke, to *scherzen (v)*
just, only *bloß, nur*

k

keep, to *behalten (ä) (vs), aufbewahren (v)*
key (computer) *Taste (nf) (-n)*
kill, to *töten (v)*
kiss *Kuss (nm) (¨e)*
kiss, to *küssen (v)*
knee *Knie (nf) (-n)*
knife *Messer (nn) (-)*
knit, to *stricken (v)*
know, to *wissen (vs), kennen (vs)*

l

Lake District *Seengebiet (nn)*
lamp *Lampe (nf) (-n)*
land, to *landen (v)*
landscape *Landschaft (nf) (-en)*
lane *Gasse (nf) (-n)*
last, to *dauern (v)*
late *spät (adj)*
late, to be *Verspätung haben*
laugh at, to *auslachen (v)*
law *Gesetz (nn) (-e)*
law (as subject to study) *Jura*
lawn *Rasen (nm) (-)*
lazy *faul (adj)*
lead, to *führen (v)*
leader *Leiter (nm) (-)*
lead-free *bleifrei*
leaflet/piece of paper *Blatt (nn) (¨er)*
least, the *am wenigsten*

leather jacket *Lederjacke (nf) (-n)*
leek *Porree (nf)*
Left Luggage *Gepäckaufbewahrung*
let in, to *hineinlassen (ä) (vs)*
lie, to (tell lies) *lügen (vs)*
linguistic *sprachlich (adj)*
lip *Lippe (nf) (-n)*
lipstick *Lippenstift (nm) (-e)*
listen, to *zuhören (v)*
lively *lebendig (adj), lebenslustig (adj)*
lock, to *abschließen (v)*
locker *Schließfach (nn) (¨er)*
look, to *gucken (v), schauen (v)*
look at, to *angucken (v), ansehen (vs)*
look for, to *suchen (v)*
look out, to *aufpassen (v)*
lorry *Lastwagen (nm) (-)*
loss *Verlust (nm) (-e)*
lot, a *eine Menge*
lottery ticket *Lotterie-Los (nn) (-e)*
love letter *Liebesbrief (nm) (-e)*
low *niedrig (adj)*
luck *Glück (nn)*
lump *Klumpen (nm) (-)*
luxurious *luxuriös (adj)*
luxury hotel *Luxushotel (n) (-s)*

m

machine *Gerät (nn) (-e), Maschine (nf) (-n)*
machine gun *Maschinengewehr (nn) (-e)*
mad about, to be *schwärmen für (v)*
mainly *hauptsächlich (adv)*
make, to (manufacture) *fabrizieren (v)*
manage, to *schaffen (v)*
march, to *marschieren (v)*
mark *Note (nf) (-n)*
married (adj) *verheiratet*
marry, to *heiraten (v)*
material *Stoff (nn)*
matter, it doesn't *es macht nichts aus*
meal *Mahlzeit (nf) (-en)*
mean, to *bedeuten (v)*
means of transport *Transportmittel (nn) (-)*
meantime, in the *dazwischen, inzwischen*
media *Medien (npl)*
medical examination *Untersuchung (nf) (-en)*
meeting place *Treffpunkt (nm) (¨e)*
member *Mitglied (nn) (-er)*
memory *Gedächtnis (nn)*
mentally handicapped *geistig behindert (adj)*
mentally ill *geisteskrank (adj)*

menu *Speisekarte* (nf) (-n)
microwave oven
 Mikrowellenherd (nm) (-e)
Middle Ages *Mittelalter* (nn)
in the middle *mitten* (adv)
military *militärisch* (adj)
military service *Militärdienst*
 (nm), *Wehrpflicht* (nf)
military service, to do *zum*
 Militär gehen (v)
millionaire *Millionär* (nm)
minced meat *Hackfleisch* (nn)
mind *Sinn* (nm)
mirror *Spiegel* (nm) (-)
miss, to (person) *vermissen* (v)
mistake *Fehler* (nm) (-)
mix, to *mischen* (v)
mixture *Mischung* (nf)
moan, to *meckern* (v)
mobile phone *Handy* (nn) (-s)
month *Monat* (nm) (-e)
mood *Laune* (nf)
mountain *Berg* (nm) (-e)
mountains *Gebirge* (nn)
moustache *Schnurrbart* (nm)
mouth *Mund* (nm) (¨er)
move away, to *wegziehen* (vs)
move, to (house) *ziehen* (vs)
mud *Schlamm* (nm)
multi-storey car park *Parkhaus*
 (nn) (¨er)
murder *Mord* (nm) (-e)
murder, to *ermorden* (v)
music programme
 Musiksendung (nf) (-en)

n

narrow *eng* (adj)
nationality *Staatsangehörigkeit*
 (nf)
nature programme
 Natursendung (nf) (-en)
neither … nor *weder … noch*
Netherlands *Niederlände*
news *Nachrichten* (npl)
newspaper *Zeitung* (nf)
newspaper article
 Zeitungsartikel (nm) (-)
nice (dear) *lieb* (adj)
noise *Geräusch* (nn) (-e), *Lärm*
 (nm)
non-smokers *Nichtraucher* (npl)
nose *Nase* (nf) (-n)
not at all *überhaupt nicht*
not until *erst* (adv)
note *Notiz* (nf) (-en)
note down, to *notieren* (v)
notice, to *bemerken* (v)
nowadays *heutzutage* (adv)

o

obliged *verpflichtet* (adj)
obstinate *eigensinnig* (adj)
occasionally *vereinzelt* (adv)
offer, to *anbieten* (vs), *bieten* (vs)
oil *Öl* (nn)
old fashioned *altmodisch* (adj)

old people's home *Altersheim*
 (nn) (-e)
on, to have *anhaben* (vs)
one-way street *Einbahnstraße*
 (nf) (-n)
onion *Zwiebel* (nm) (-n)
open, to *aufmachen* (v)
open(ly) *offen* (adj/adv)
opinion *Meinung* (nf) (-en)
opposite *Gegenteil* (nn) (-en)
order *Bestellung* (nf) (-en)
order, to (in restaurant)
 bestellen (v)
original *originell* (adj)
other way round, the
 umgekehrt (adj)
otherwise *sonst* (adv)
overtime *Überstunden* (npl)
own *eigen* (adj)
owner *Inhaberin* (nf) (-nen)
oxygen *Sauerstoff* (nm)

p

Pacific Ocean *der Pazifische*
 Ozean
pack, to *einpacken* (v)
paint *Farbe* (nf)
paint, to (decorate) *anstreichen*
 (vs)
painter *Maler* (nm) (-)
painting *Malerei* (nf) (-en)
partly *teilweise*
pass, to (time) *vergehen* (vs)
pass (hand) over, to *reichen* (v)
passer by *Passant* (nm) (-en)
past *Vergangenheit* (nf), *vorbei*
pastry *Blätterteig* (nm)
patience *Geduld* (nf)
patterned *gemustert* (adj)
pay attention, to *achten auf* (v),
 aufpassen auf (v)
PC *PC* (nn) (-s)
penfriend *Brieffreund* (nm) (-e),
 Brieffreundin (nf) (nen)
people *Volk* (nn) (¨er)
personnel department
 Personalabteilung (nf) (-en)
persuade, to *überreden* (v)
petrol *Benzin* (nn)
petrol station *Tankstelle* (nf)
 (-n)
petrol tank *Benzintank* (nm) (-s)
phone back, to *zurückrufen* (v)
phone box *Telefonzelle* (nf) (-n)
phone call *Anruf* (nm) (-e)
physically handicapped
 körperlich behindert (adj)
physicist *Physiker* (nm) (-)
pillow *Kopfkissen* (nn) (-)
pistol *Pistole* (nf) (-n)
pity, what a *schade*
plan, to *planen* (v)
plant *Pflanze* (nf) (-n)
plant, to *pflanzen* (v)
plate *Teller* (nm) (-)
platform *Bahnsteig* (nm) (-e),
 Gleis (nn) (-e)

play *Theaterstück* (nn) (-e)
play a trick, to *einen Streich*
 spielen
play truant, to *schwänzen* (v)
please, to *gefallen* (ä) (v)
point *Punkt* (nm) (-e)
poisonous *giftig* (adj)
Poland *Polen*
police station *Polizeiwache*
 (nf), *Revier* (nn)
politician *Politiker* (nm) (-e)
pollution
 Umweltverschmutzung (nf)
poor *arm* (adj)
Pope *Papst* (nm)
position *Lage* (nf)
possibility *Möglichkeit* (nf) (-en)
Post Office worker
 Postbeamter/e (nm/f)
poultry *Geflügel* (nn)
pour, to *giessen* (vs)
powder *Pulver* (nn) (-)
practical *praktisch* (adj)
practise, to *üben* (v)
praise, to *loben* (v)
pregnant *schwanger* (adj)
preparation *Vorbereitung* (nf)
 (-en)
present *Geschenk* (nn) (-e)
prevent, to *verhindern* (v)
price *Preis* (nm) (-e)
priest *Priester* (nm) (-)
primary school *Grundschule*
 (nf) (-n)
print, to *drucken* (v)
prison *Gefängnis* (nn) (-se)
private life *Privatleben* (nn)
prize *Preis* (nm) (-e)
produce, to *fertigen* (v)
programme *Sendung* (nf) (-en)
protection *Schutz* (nm)
proud *stolz* (adj)
publicity *Werbung* (nf)
purpose *Zweck* (nm) (-e)
push, to *drücken* (v)
put together, to
 zusammensetzen (v)
put up, to *aufstellen* (v)
put up with, to *aushalten* (ä) (vs)

q

quarrel *Streit* (nm) (-e)
quiet *Ruhe* (nf)
quiz *Quizsendung* (nf) (-en)

r

racism *Rassismus* (nm)
racist *Rassist* (nm) (-en),
 rassistisch (adj)
radiator (car) *Kühler* (nm) (-)
ramp *Rampe* (nf) (-n)
react, to *reagieren* (v)
read aloud, to *vorlesen* (ie) (vs)
read through, to *durchlesen* (ie)
 (vs)
ready *bereit* (adj)
real *echt* (adj)

reason *Grund* (nm) (¨e)
recently *neulich* (adv)
recognise, to *erkennen* (vs)
recommend, to *empfehlen* (vs)
reconstruction *Wiederaufbau*
 (nm)
reduction *Ermässigung* (nf) (-en)
referee *Schiedsrichter* (nm) (-)
refuse, to *verweigern* (v)
register, to *registrieren* (v)
registration *Anmeldung* (nf)
regular *regelmässig* (adj)
relatives *Verwandte* (npl)
relax, to *sich entspannen* (v)
reliability *Zuverlässigkeit* (nf)
reliable *zuverlässig* (adj)
renovate, to *renovieren* (v)
rent *Miete* (nf) (-n)
rep *Repräsentant* (nm) (-en)
repair, to *reparieren* (v)
repaired, to have *reparieren*
 lassen (v)
report, to *anmelden* (v), *melden*
 (v)
report *Bericht* (nm) (-e)
reporter *Reporter* (nm) (-e)/
 Reporterin (nf) (-nen)
represent, to *darstellen* (v)
request, to *bitten* (v)
return flight *Rückflug* (nm) (¨e)
revolting *ekelhaft* (adj),
 scheußlich (adj)
right, to be *Recht haben* (v)
right-wing *rechtsextremistisch*
 (adj)
rise, to *steigen* (vs)
road accident *Straßenunfall*
 (nm) (¨e)
road sign *Verkehrszeichen* (nn) (-)
roast *gebraten* (adj)
roast pork *Schweinebraten* (nm)
rôle *Rolle* (nf)
roll, to *rollen* (v)
Roman *Römer* (nm) (-),
 römisch (adj)
roof *Dach* (nn) (¨er)
roomy *geräumig* (adj)
round *rund* (adj)
rubbish *Abfall* (nm) (¨e)
ruin, to *ruinieren* (v)
ruin *Ruine* (nf) (-n)
rule *Regel* (nf) (-n)
run, to *laufen* (ä) (vs)
run riot, to *randalieren* (v)
rush, to *rasen* (v)

s

sack *Sack* (nm) (¨e)
sad *traurig* (adj)
safe (secure) *sicher* (adj)
same, the *gleich* (adj)
sandal *Sandale* (nf) (-n)
sandwich *Butterbrot* (nn) (-e)
satellite television
 Satellitenfernsehen (nn)
save, to *retten* (v)
scarf *Schal* (nm) (-s)

school day *Schultag (nm) (-e)*
school friend *Klassenkameradin (nf) (-nen), Schulfreundin (nf) (-nen)*
school report *Zeugnis (nn) (-se)*
school subject *Fach (nn) (¨er)*
school trip *Klassenfahrt (nf) (-en)*
scientific *wissenschaftlich (adj)*
scientist *Wissenschaftler (nm) (-)*
scream *Schrei (nm) (-e)*
seasick *seekrank (adj)*
seat *Sitz (nm) (-e)*
secondary school *Realschule (nf) (-n)*
secret *Geheimnis (nn) (-se), heimlich (adj)*
secretly *heimlich (adv)*
selection *Auswahl (nf)*
self-centred *egozentrisch (adj)*
self-employed *freiberuflich (adj)*
self-service *Selbstbedienung (nf)*
send back, to *zurückschicken (v)*
send off, to *abschicken (v)*
senior citizen *Rentner (nm) (-)*
sensible *vernünftig (adj)*
serious *ernst (adj)*
serve, to *servieren (v)*
service *Bedienung (nf)*
services (motorway) *Rastplatz (nm) (¨e)*
set fire, to *Feuer legen (v)*
several *mehrere*
sex *Sex (nm)*
shabby *schäbig (adj)*
shame *Schande (nf)*
shame, what a *schade*
shampoo *Shampoo (nn)*
share, to *teilen (v)*
shave, to *sich rasieren (v)*
shelf *Regal (nn) (-e)*
shirt *Hemd (nn) (-e)*
shock *Schock (nm) (-s)*
shocked *schockiert (adj)*
shop, to *einkaufen (v)*
shop *Geschäft (nn) (-e)*
shopping arcade *Einkaufspassage (nf)*
shopping centre *Einkaufszentrum (nn) (-en)*
shout at, to *anschreien (vs), zuschreien (vs)*
shower (rain) *Schauer (nm) (-)*
shy *schüchtern (adj)*
sick, to be *sich übergeben (i) (vs)*
sign *Zeichen (nn) (-), Schild (nn) (-er)*
silver *Silber (nn)*
sink *Spülbecken (nn) (-), Spüle (nf) (-n)*
sister-in-law *Schwägerin (nf) (-nen)*
sit down, to *sich setzen (i) (vs)*
situated, to be *sich befinden (v)*
situation *Lage (nf) (-n), Situation (nf) (-en)*
ski *Ski (nm) (-er)*

ski instructor *Skilehrer (nm) (-)*
skiing holiday *Skiurlaub (nm) (-e)*
skiing lesson *Skistunde (nf) (-n)*
sleep *Schlaf (nm)*
sleep, to *schlafen (vs)*
sleet *Schneeregen (nm)*
sleeve *Ärmel (nm) (-)*
slogan *Spruch (nm) (¨e)*
smoke *Rauch (nm)*
smoker *Raucher (nm) (-)*
snack bar *Imbisshalle (nf) (-n)*
soap opera *Seifenoper (nf) (-n)*
Social Democratic Party of Germany *SPD = Sozialdemokratische Partei Deutschlands*
sock *Socke (nf) (-n)*
sofa bed *Sofabett (nn) (-en)*
soft *sanft (adj), weich (adj)*
solution *Lösung (nf) (-en)*
solve, to *lösen (v)*
someone *jemand*
something *etwas*
somewhere *irgendwo (adv)*
song *Lied (nn) (-er)*
sort *Sorte (nf) (-n)*
sour *sauer (adj)*
special offer *Sonderangebot (nn)*
speciality *Spezialität (nf) (-en)*
spend the night, to *übernachten (v)*
spice *Gewürz (nn) (-e)*
spoon *Löffel (nm) (-)*
sports car *Sportwagen (nm) (-)*
sports programme *Sportsendung (nf) (-en)*
spot *Pickel (nf) (-)*
sprain, to *verrenken (v)*
squash, to *zerquetschen (v)*
staff *Personal (nn)*
staff room *Lehrerzimmer (nn) (-)*
stall *Stand (nm) (¨e)*
stare at, to *anstarren (v)*
start *Anfang (nm) (¨e)*
start, to *anfangen (ä) (vs)*
starter *Vorspeise (nf) (-n)*
starve, to *verhungern (v)*
state *Staat (nm) (-e)*
statistics *Statistik (nf)*
stay behind, to (after school) *nachsitzen (vs)*
steal, to *stehlen (ie) (vs)*
steering wheel *Lenkrad (nn) (¨er)*
step *Stufe (nf) (-n)*
steps/stairs *Treppe (nf)*
stock *Brühe (nf)*
stocking *Strumpf (nm) (¨e)*
stomach upset *Magenverstimmung (nf)*
stone *Stein (nm)*
stop, to *aufhören (v), halten (ä) (vs)*
storm *Gewitter (nn) (-)*
stormy *gewittrig (adj)*
story *Geschichte (nf) (-n)*

straight *glatt (adj)*
strength *Stärke (nf) (-n)*
stretch, to *strecken (v)*
strict *streng (adj)*
strike *Streik (nm) (-s)*
striped *gestreift (adj)*
strong *stark (adj)*
subject *Fach (nn) (¨er), Fachrichtung (nf)*
successful *erfolgreich (adj)*
suggest, to *vorschlagen (ä) (vs)*
suit *Anzug (nm) (¨e)*
suit (for a woman) *Kostüm (nn) (-e)*
suitable *geeignet (adj)*
suitcase *Koffer (nm) (-)*
surprise *Überraschung (nf) (-en)*
survey *Umfrage (nf) (-n)*
survive, to *überleben (v)*
suspect, to *verdächtigen (v)*
swap, to *tauschen (v), umtauschen (v)*
sweatshirt *Sweatshirt (nn) (-s)*
Switzerland *die Schweiz*
swollen *geschwollen (adj)*
symmetrical *symmetrisch (adj)*
sympathetic *einfühlsam (adj)*
system *System (nn) (-e)*

T

tactful *taktvoll (adj)*
tactless *taktlos (adj)*
take away, to *wegbringen (vs)*
take off, to (clothes) *ablegen (v)*
take off, to (plane) *starten (v)*
take on, to (employ) *einstellen (v)*
take over, to (conquer) *erobern (v)*
take part, to *teilnehmen (i) (vs)*
take place, to *stattfinden (vs)*
talk, to *sprechen (vs), reden (v)*
talk to, to *ansprechen (i) (vs)*
taste, to *schmecken (v)*
tea pot *Teekanne (nf)*
team *Mannschaft (nf) (-en)*
technical *technisch (adj)*
technology *Technologie (nf)*
telephone, to *anrufen (v), telefonieren (v)*
tell, to *erzählen (v)*
temperature (fever) *Fieber (nn)*
tent *Zelt (nn) (-e)*
that *dass (conj)*
theatre ticket *Theaterkarte (nf) (-n)*
theft *Diebstahl (nm)*
theme *Thema (nn) (-en)*
theory *Theorie (nf) (-n)*
therefore *daher, deshalb*
thief *Dieb (nm) (-e)*
thing *Sache (nf) (-n), Ding (nn) (-e)*
think about, to *nachdenken (vs)*
think through, to *durchdenken (vs)*

third *Drittel (nn) (-)*
this time *diesmal*
thoroughly *gründlich (adv)*
threaten, to *drohen (v)*
threatening letter *Drohbrief (nn) (-e)*
through *durch (prep)*
throw away, to *wegwerfen (i) (vs)*
throw out, to *hinausschmeißen (vs)*
throw, to *werfen (i) (v)*
ticket (admission) *Eintrittskarte (nf) (-n)*
ticket (transport) *Fahrkarte (nf) (-n)*
tie *Schlips (nm) (-e)*
tights (pair of) *Strumpfhose (nf) (-n)*
tip *Tipp (nm) (-s), Hinweis (nm) (-e)*
tiredness *Müdigkeit (nf)*
tiring *austrengend (adj)*
toast *Toast (nn)*
together with *gemeinsam (adv)*
toilet paper *Toilettenpapier (nn)*
tolerance *Toleranz (nf)*
tonne *Tonne (nf) (-n)*
topic *Thema (nn) (-en)*
totally, completely *völlig (adv)*
towel *Handtuch (nn) (¨er)*
tracksuit *Trainingsanzug (nm) (¨e)*
traffic *Verkehr (nm)*
train, to *trainieren (v)*
trainer *Sportschuh (nm) (-e)*
training *Ausbildung (nf)*
translate, to *übersetzen (v)*
translator *Übersetzer (nm) (-)*
tree *Baum (nm) (¨e)*
trick *Streich (nm) (-e)*
trip *Ausflug (nm) (¨e)*
trousers *Hose (nf) (-n)*
trout *Forelle (nf) (-n)*
true *wahr (adj)*
try (attempt), to *versuchen (v)*
try (sample), to *probieren (v)*
tunnel *Tunnel (nm) (-)*
turn, in *je nach der Reihe*
turn off, to *abbiegen (vs)*
TV report *Reportage (nf) (-n)*
TV star *Fernsehstar (nm) (-s)*
tyre *Reifen (nm) (-)*
Tyrol (area of Austria) *Tirol (nm)*

U

understanding *Verständnis (nn)*
undertake, to *unternehmen (i) (vs)*
unemployment *Arbeitslosigkeit (nf)*
unfair *ungerecht (adj)*
unfaithful *untreu (adj)*
unforgettable *unvergesslich (adj)*
unfortunately *leider (adv)*
uniform *Uniform (nf)*